# 中国抗日战争史

### 第一卷

**日本侵华与中国的局部抗战（1931.9—1937.6）**

张宪文　庞绍堂　等著

U0331431

化学工业出版社

**图书在版编目（CIP）数据**

中国抗日战争史·第一卷，日本侵华与中国的局部抗战（1931 年 9 月—
1937 年 6 月）/ 张宪文等著.

北京：化学工业出版社，2017.10（2025.2 重印）

ISBN 978-7-122-29591-0

Ⅰ.①中… Ⅱ.①张… Ⅲ.①抗日战争史–中国–1931～1937 Ⅳ.①K265

中国版本图书馆 CIP 数据核字（2017）第 094363 号

责任编辑：王冬军　王占景
特约编辑：范国平
责任校对：程晓彤
装帧设计：水玉银文化

出版发行：化学工业出版社（北京市东城区青年湖南街 13 号　邮政编码 100011）
印　　装：三河市双峰印刷装订有限公司
开　　本：710mm×1000mm　1/16　印张：16½　字数：240 千字
2025 年 2 月北京第 1 版第 2 次印刷

购书咨询：010-64518888
售后服务：010-64518899
网　　址：http://www.cip.com.cn

凡购买本书，如有缺损质量问题，本社销售中心负责调换。

定　价：42.00 元　　　　　　　　　　　　版权所有　违者必究

中国抗日战争研究协同创新中心　　科研项目成果
南京大学中华民国史研究中心

# 关于《中国抗日战争史》的修订工作

**张宪文　教授**　　发起并主持修订工作。修订事项包括对原书结构的调整、错漏的纠正、新内容的增加以及全书的通稿。在修订过程中，李继锋教授予以协助。

**庞绍堂　教授**　　负责修订　第一编
**李继锋　教授**　　负责修订　第二编
**左用章　教授**　　负责修订　第三编
**陈谦平　教授**　　负责修订　第四编

本书在原书基础上增加了约 26 万字的内容。

涉及中国海空军作战、苏联援华、美国空军援华、驼峰航线、苏联出兵东北等内容，由庞绍堂教授修订撰写。

涉及华北走私、绥远抗战、国防联席会议、征兵制度等内容，由李继锋教授修订撰写。

涉及国民政府的敌后游击战，由左用章教授修订撰写。

涉及滇缅反攻、豫中会战、长衡会战、湘西会战、雅尔塔会议等内容，由陈谦平教授修订撰写。

本书参考书目和历史图片由李继锋教授搜集提供。

张宪文

首版为国家社科"七五"规划重点研究项目

# 首版编委会

主　编　张宪文
副主编　陈谦平　陈红民
撰　著　（以姓氏笔画为序）
　　　　左用章　申晓云　冯　冶
　　　　朱宝琴　李继锋　吴伟荣
　　　　张宪文　张益民　陈红民
　　　　陈谦平　武　菁　庞绍堂

**前言**

**总论**

# 第一部分　九一八事变与东北沦陷

## 第1章　日本军国主义的形成及其对华政策

## 第2章　九一八事变

前言

张宪文

（一）

1986 年，国家实施第七个五年计划，在人文社会科学历史学重点研究项目中，第一次提出"抗日战争研究"课题，可是没有人申请。规划组负责人、中国社会科学院近代史研究所副所长李宗一研究员在南京开会时，动员我认领这个题目，我答应了。他说，可以资助您 5 万元经费。我说，太多了，写一本书哪里需要这么多钱，三四万元就够了，否则朋友会笑话的。因为那个年代，还是"万元户"时代，5 万元就等于 5 个万元户。最后，国家规划办批准了 3.5 万元经费。这笔钱对我们的科研工作帮助很大。由于这是一个大型项目，一个人在短期内无力完成，因而我组织了由年轻学者参与的学术团队，开始改变过去一段时间以来庶几已经定型的观念，运用中华民族全民抗战的思想，在课题中多方面反映国共两党、两军、两个战场共同抗战的历程，于 1991 年完成了一百多万字的著作《中国抗日战争史（1931—1945）》。后来，由于种种原因，延到 2001 年才由南京大学出版社出版。2003年，该书荣获江苏省人民政府颁发的2001～2002年度人文社会科学优秀成果一等奖和江苏省五个一工程奖。虽然该书完稿至今已经20余年，但是我们认为它的指导思想、史料运用、学术观点，都是比较科学的，真实地反映了全面抗战的历程。以今天的认识来观察，仍然不失为一部严谨的、尊重历史的学术著作。

（二）

纪念抗日战争胜利，回顾抗战研究历程，总结学术研究的经验和教训，有利于抗战研究的进步和发展。抗日战争研究的历史，大体上可以划分为三个阶段：

第一阶段，是意识形态严重影响下的抗战研究，时间大约自1949年至1985年纪念抗日战争胜利40周年之前。

众所周知，抗日战争胜利是全国各族人民、各政党团体团结抗敌的结果。战争胜利后的主题是医治战争创伤，重建家园，建设新中国。可是，国共两党在建什么国、如何建国、能否建成由各政党组成的联合政府等重大原则问题上，未能达成共识，以致很快由政治分歧而矛盾激化，再次转入内战。

由于意识形态的对抗，在对待国共两党曾经团结抗日的认识上，产生了极为对立的观点。国民党认为，共产党在敌后游而不击，趁抗战抢占地盘，发展自己的力量；共产党认为，国民党消极抗日、积极反共，实施不抵抗主义和片面抗战路线，丢失大片国土；国民党发表何应钦撰写的小册子《谁领导了抗战?》和《八年抗战之经过》以及蒋纬国编著的《抗日御侮》，绝口不提共产党的抗日。虽然共产党领导八路军、新四军与日军进行了上千次的大型战斗，而国民党只谈正面战场；共产党则强调抗日战争是共产党领导的，强调"人民战争"，强调全面抗战路线和敌后战场的主体作用。

国共两党关于抗日战争认识的严重分歧，对两岸学术界和人们的观念产生了极为消极的影响。这一时期，台湾方面，学者们编辑出版了一批专题研究著作，如李云汉著《宋哲元与七七抗战》（传记文学出版社 1973 年版）、梁敬錞著《史迪威事件》（台北商务印书馆 1973 年版）和《开罗会议》（台北商务印书馆 1978 年版）等，影响最大的有吴相湘著《第二次中日战争史》（上、下册，台北综合月刊社 1973 年版），但是也主要论述正面战场。大陆方面，自上世纪 50 年代至 70 年代末（改革开放初期），关于国共两党的军事档案，均未开放。这一时期，有一些口述史料出版，如专讲中共军事斗争的《星火燎原》系列，以及涉及国民政府军事活动的"政协文史资料"，还有一些讲述抗日根据地的小册子等。历史教材中，基本上没有正面战场，顶多有七七卢沟桥事变、八一三淞沪抗战和台儿庄大捷。武汉会战以后的许多重大战役，虽然多数以失败而告终，但是国民党官兵浴血抗敌、英勇牺牲的爱国精神，还是值得纪念的。这方面的内容在教材中销声匿迹。学生们对正面战场的历史认识，大多只知道有个豫湘桂大溃退，一溃千里。实际上豫、湘、桂是三个省，哪有三个省的大战役，它仅仅是连续作战而已。相持阶段后，敌后战场的地位突出起来。青年一代，只知道地道战、地雷战、铁道游击队、敌后武工队等。影视片对他们的影响甚大，如《平原游击队》《鸡毛信》等。

　　从 1950 年代至改革开放前，中国大陆研究抗日战争的论著极少。1961 年出版的李新等著的《中国新民主主义革命时期通史》，是 1956 年高等教育部提出的大学历史系中国现代史教材，由一批著名学者合著，其内容较何干之、胡华编的两部中国革命史有较大进步，但实际上其学术体系，包括第三卷抗日战争内容，仍然是中国革命史思路和框架，却被批评为"国民党家谱"。"文革"之后，出版了第一部《中国抗日战争史稿》，由北京师范大学和上海大学两位教授合著，其内容仍然无法摆脱传统史学体系和观点。当时，中国学术界专门研究抗日战争的学者寥若晨星。虽然曾经生活在抗日战争年代或参加过抗日斗争的人很多，但他们对抗日战争历史的认识却是片面的或模糊不清的。

　　第二阶段，是初步开放阶段，时间自 1985 年至 2005 年。1985 年是抗日战争胜利四十周年，这一阶段是对抗日战争认识的转折点，不仅研究者逐渐多起来，而且在思想观念上也有了很大进步。

转折点的重要推动者是胡乔木。当时，中国抗日战争的主要历史陈列馆是中国人民解放军军事博物馆的抗日战争馆。1984 年，胡乔木指示军事博物馆抗战馆的历史陈列，不能只反映八路军和新四军的抗战活动，而应将国民党抗战和正面战场内容加进去，以全面反映国共两党共同进行了抗日战争。同时，还建议在卢沟桥畔宛平城建立中国人民抗日战争纪念馆。中共中央批准了胡乔木的建议，中国人民解放军军事博物馆制定了抗日战争馆的陈列改革方案。作者也有幸参与了这一方案的讨论。该方案的制定与实施，直接影响和推动了中国大陆的抗日战争研究，特别是对国民党和正面战场的研究。

1985 年，为了纪念抗日战争胜利四十周年，中共中央宣传部向全国宣传系统发布了一个文件，其中说：抗日战争是在中国共产党抗日民族统一战线的旗帜下，以国共合作为基础，全国各民族、各阶级、各政党、各团体、工农商学兵、海外华人华侨，共同进行的一场反对日本帝国主义侵略的民族战争。文件同时指出，为抗日战争殉国而献出生命的国民党官兵，都值得我们纪念。

胡乔木的建议和中共中央宣传部的这一文件精神，说明了中国共产党对抗日战争认识的发展，体现了由"人民战争观"向"民族战争观"的转变，对国共两党、两军、两个战场的地位和作用，给予了充分的肯定。

1985 年，为了纪念抗日战争胜利四十周年，在北京和全国若干主要省市召开了学术研讨会。各地研讨会争论最激烈的问题，是谁领导了抗日战争。对此，有各种各样的观点，一说共产党领导，一说国民党或国民政府领导，一说国共两党共同领导，不一而足。作者在江苏省纪念抗日战争的学术研讨会上，就正面战场的地位和作用作了学术报告。事后得知在讨论时至少有三分之一的与会者不赞成我的观点。他们认为，怎么能说国民党还抗战呢？这反映出 1984 年至 1986 年是处在抗日战争认识的转折时期，其中包括对两党、两军、两个战场地位作用的认识问题。

对抗日战争认识的变化，在很大程度上影响着人们对民国时期政治、经济、外交特别是国民党军政人物的评述和判断。如国民党领袖蒋介石，长期以来被陈伯达等戴上了几顶大帽子："人民公敌""国贼""四大家族官僚资本主义集团""投机革命""帝国主义在中国的总代表"等。也是在1985年纪念抗日战争胜利四十周年前后，对蒋介石才慢慢地给予了客观的真实评价，若干不恰当的帽子才慢慢地摘掉。

大约在1985年，时任中共中央总书记的胡耀邦，在重庆的一次会议上指出，国民政府为什么能够在西南大后方坚持抗战八年，它的经济战略如何？希望学者们研究。后来，这个任务交给了成都西南财经大学。该校的教授们曾到南京搜集史料，编著出版了《抗日战争时期国民政府经济战略研究》。

在这一转折时期，1984年作者与陈谦平利用原始军事档案，写出了《简论台儿庄战役》的论文，是中国大陆这一时期第一篇反映正面战场的文章。同时，我们也开始编写大陆第一部全面反映正面战场各次重大战役的专著《抗日战争的正面战场》。自1985年至1995年的十年间，在中国内地，抗日战争史的研究有了很大的进展。出版了何理著《抗日战争史》、军事科学院三卷本的《抗日战争史》以及刘大年主编的《民族复兴的枢纽》等。作者主编的国家"七五"重点项目《中国抗日战争史（1931—1945）》，也于20世纪80年代末写出了初稿。这一时期，抗日战争正面战场、汪伪和伪满史、抗日战争的大后方、敌后财政经济史和抗日根据地史的研究，均成就斐然，成果发表和出版很多，并在学术观点上有了很大改进，认识更加实事求是。档案史料的开放使用和编纂，都有很大发展。八路军和新四军的文献材料，也陆续编辑出版。1995年9月，在台北举行了庆祝抗战胜利五十周年的学术研讨会，大陆有31位学者出席。研讨会体现了海峡两岸学者对抗战历史的认识，已基本上达成一致，是两岸抗战史研究的重要转折点。

第三阶段，是思想全面开放，抗日战争研究走向繁荣的阶段。时间自2005年至今。

这一时间，各地开展了日军暴行史的调查研究。1990年代后期，中国社会科学院成立中日历史研究中心，在全国范围内开展日军侵华罪行史的研究，先后设立了近百个课题组织调查研究，取得了较好的成绩。特别是推动了日军细菌战研究、强掳劳工研究、南京大屠杀研究、"慰安妇"研究等。2000 年初，由中共中央党史研究室牵头，在全国范围内开展了抗战损失的调查，取得了较大的进展。

2005 年 9 月，中国共产党再次举行盛大集会纪念抗日战争胜利六十周年。胡锦涛总书记在纪念大会上的报告全面肯定了国民党在抗日战争中的地位，肯定了抗日战争正面战场的重要作用。这对于进一步解放思想、全面开展抗日战争史的研究，起了重要的作用。2014 年，在研究日本侵华和纪念抗日战争的相关活动中，有两件事具有特殊的意义。其一是 12 月 13 日在南京大屠杀遇难同胞纪念馆举行了首次国家公祭仪式，这对于批判日本军国主义罪行、追思遇难同胞、捍卫人类正义、维护世界和平，有重大的政治意义。其二是北京国家档案馆公布了在抗战中殉国的烈士名单，不仅有共产党人，也包括国民党官兵将领。这一做法体现了抗日战争是保卫祖国的民族战争，为国家民族付出生命的国共两党的烈士，都值得我们纪念。

2015 年，适逢中国抗日战争和世界反法西斯战争胜利七十周年，中国和俄罗斯联合举办了大规模的纪念活动。中国许多省市也举行了一系列的纪念活动或学术研讨会。同时，学术界也推出了一大批有关抗战史的著作。台湾学者出版了 6 卷本、约 200 多万字的中国抗日战争史，团结出版社出版了步平等主编的《抗日战争与中华民族复兴》大型丛书 21 卷。为揭露日本侵华历史罪行，我们联合各地高校、档案馆、抗战纪念馆的学者，编纂了《日本侵华图志》25 卷。该书收入日本侵华罪行照片达 25000 张，全面揭露了日本帝国主义自 1894 年中日甲午战争以来至 1945 年日本投降为止的历史罪行。这种图文并茂历史图书的编纂出版，显示我国史学工作者对历史载体认识的转变。此外，前述由作者等主编的《中国抗日战争史（1931—1945）》，也将在修订后于 2016—2017 年先后以精装版和平装版再版。

## （三）

抗日战争的研究，从战后至今已有七十年的历史。随着国共两党关系的变化和海峡两岸政治形势的起伏，走过了一个漫长、曲折和复杂的历程，终于基本摆脱了意识形态和政治观念的制约，逐步走向繁荣。研究成果反映出学者们的观念更加趋向于实事求是，在众多历史问题的认识上，两岸历史学者基本达成一致。

从已有的研究成果观察，军事史、战争史、抗战经济史、国共两党关系史、中外关系史的研究，已较深入、广泛。但是有几个方面的问题，尚待拓展研究和深入探讨。

第一，关于如何看待蒋介石"攘外必先安内"和所谓"不抵抗主义"问题。

关于"攘外必先安内"，蒋介石把它公开视为国策，对此应该如何判断和认识。我们认为，从单纯的军事角度而言，蒋介石政府认为在战争中只有后方安定了，才能集中力量对付敌人。问题是蒋介石"安内"指的对象是谁和如何"安内"。日本发动侵华战争之后，蒋介石是采取消灭异己力量的办法，达到安内的目的。这个异己力量主要指的是中国共产党、工农红军和与蒋介石持不同政见、立场的国民党内外的军政势力。在日本强敌面前，蒋介石不是调整自己的政策，团结一切可以团结的军政力量共同对敌，而是企图消灭异己力量，单枪匹马地去应对日本的侵略，这从政治战略上说显然是错误的，也是违背国家民族利益的。

在进入全面抗战阶段，蒋介石在军事战略、政治战略和经济战略三方面，均作了相应的调整。

1937 年 7 月 17 日，蒋介石在庐山发表谈话，表达了坚决抗战的决心，也受到中国共产党毛泽东的赞扬。不久，第二次国共合作的正式形成，显示了蒋介石在与中共团结抗战方面，向前跨出一大步。对国民政府控制下不同的军事政治力量，在抗战的旗帜下，也表现了合作的态度，如川军、桂军等军事力量，都走上了抗战的第一线。这些都体现了蒋介石政治战略的变化和进步。

在军事战略方面，1937 年 8 月，南京的国防会议提出了"全面抗战"和"持久消耗战"的战略方针。所谓"持久消耗战"即"以空间换时间"和"积小胜为大胜"。这一方针与中共周恩来、朱德、叶剑英向国民党军委会提出的持久作战原则以及 1938 年 5 月毛泽东的《论持久战》基本精神是一致的。国民党的方针虽然提出的时间较早，但是共产党的方针较完整、全面、科学。

蒋介石的这一军事战略思想，其本质仍是消极防御的方针，是与敌人打阵地战、拼消耗，远远达不到消灭敌人、保存自己和保卫国土的目的。

蒋介石的军事战略思想虽然是保守的、消极防御性的，但是总体上说，随着中日战争的发展，他逐步放弃了"攘外必先安内"的国策，走上团结抗战的道路。

对蒋介石所谓"不抵抗主义"问题，应如何认识？蒋介石在十四年的抗日战争中，在不同阶段表现了不同的对日政策和不同的战略、策略。

在 1931 年九一八事变后的局部抗战阶段，蒋介石的对日政策，基本上是采取妥协、退让，谋求通过谈判以求解决冲突的方针，从而未进行真正的抵抗准备。过去，我们一直批判蒋介石的不抵抗政策，甚至上升为"不抵抗主义"，而且从战争行动上也给人以不抵抗的判断。但是，直到目前为止，我们没有看到蒋介石命令东北军和其他部队实施不抵抗的文件。在九一八事变后短短的四个多月时间丢失了东北大片国土，蒋介石因此受到国人的普遍批评、谴责、抗议，他是无法辩解的。

研究蒋介石的不抵抗问题，首先应该观察中日战争爆发后中国面临的形势。当时，中国是弱国，日本是强国；中国是大国，日本是小国。这种对比形势的改变，需要经过漫长的过程。九一八事变后，中国政府在军事上面临三种选择：一是不讲求军事策略，调动力量与敌人进行拼死斗争；一是不作任何准备，在敌人面前不作任何抵抗；一是实行有利于本国利益的妥协政策，实施以达到消灭敌人为目标的战略性撤退，在运动转移中消灭敌人的有生力量。九一八事变后，蒋介石所应采取的正确战略方针，是有计划、有组织地实行这种战略性的撤退。

1931～1933 年间，国民政府军事机关虽然也制定了一些作战方案（原件存中国第二历史档案馆），但仅仅是书面上的构想，并未实施和部署。在整个东三省作战期间，蒋介石缺乏明确的、坚定的抗战态度和周密细致的以消灭日军有生力量为目标的战略部署。因此，在战争进程中表现出来的是军队不抵抗或软弱的抵抗或不战而退。观察抗日战争初期特别是东北战场的战争，中方采取的战略、策略和战术，必须从当时的国情出发，即"敌强我弱"是考虑一切问题的出发点。虽然我们不应该轻易地给蒋介石戴上"不抵抗主义"的帽子，可是缺乏战争准备和未组织有计划有成效的战略撤退或转移，应当受到批评和谴责。战争初期，反蒋的群众运动、谴责蒋介石的呼声不断涌现，反映了广大民众对蒋介石软弱的抗日政策的反弹。

总之，对蒋介石的对日不抵抗甚至加上"主义"的帽子，应当从中国面临的国情和中日军事经济力量对比而给予实事求是的分析，不应一棍子打死。战争中期之后，蒋介石逐步转向积极的抗战态度，从多个方面积极备战、迎战。

第二，关于日本侵华罪行的研究。

我们认为，侵略和反侵略是一个事物的两个方面。长期以来，中日战争历史的研究，从中国人民积极组织抵抗的角度研究多，出版的著述也多，研究队伍也较庞大。然而，对日本的侵华政策、侵华罪行，揭露与研究甚少。事实上，日军随着战争的进展，不仅给中国造成严重的破坏和损失，而且犯下了种种残暴罪行，诸如实施大规模的细菌战和化学战，虐杀战俘和强掳劳工，对中国许多大中城市实施无差别轰炸，在南京实施极端残暴的大屠杀，在华北等地实行"三光作战"制造"无人区"，对中国的经济资源和文化财富进行掠夺和破坏，在广大的日军占领区实行严密的社会控制，等等。

当前，日本国内右翼势力十分猖獗，不断否认侵略战争的性质，否认侵华罪行，否认南京大屠杀史实。在这种形势下，加强日本侵华罪行历史的研究，揭露其真实面貌，显得日益紧迫。然而，我们的研究工作远远跟不上形势的需要。其中有些罪行史的研究，史料匮乏，研究力量十分薄弱，有关部门应该引起关注。日本罪行历史的研究，以南京大屠杀为例，二十年前国内只出版了约200万字的史料，远不能适应研究工作的需要。南京地区组织了约100余人的研究团队、翻译人员，花了十年时间，远赴8个国家和地区，广泛搜集史料，掌握了英、日、法、德、俄、意、西班牙及中文约5000万字的原始文献，翻译、整理出版了4000万字的《南京大屠杀史料集》。尽管日本右翼不断抵赖，这4000万字的铁一般的证据是无法否认的。

第三，关于日本侵华战争对中国社会影响的研究。

多年来，我们十分重视抗日军事史的研究，但是，对日本侵华给中国造成的严重危害及后果，关注不够。事实上，日本侵华战争造成了中国社会的大变动，导致了中国现代化事业的严重挫折，影响了中国历史的发展进程。譬如：

日本侵华造成了中国社会人口的巨大变化。其一是大规模战争、遍及各地的自然灾害和不断爆发的各种严重瘟疫，造成中国人口大量的非正常死亡，这对中国社会的发展带来严重危害；其二在一般情况下，国家人口的自然流动是正常现象，然而日本侵华战争却造成中国人口大规模非正常的被动迁徙。当时有短距离的从城市向乡村或山区流动，这种情况多属暂时的逃亡或投亲靠友。可是，1937年日本发动全面侵华战争后，广大沿海地区各省人口向内地尤其是西南地区大规模流动，却造成了深远的影响，带来种种严重的社会问题。

日本在侵华战争期间，大量掠夺中国的经济财富和文化财产，使中国经济蒙受严重损失和破坏。许多沿海地区的工厂企业，被迫迁往西南、西北地区，在极为艰难的条件下，勉强维持生产。战争也打乱了教育事业正常的教学秩序。华北、华东地区众多的大学、中等学校和文化事业机关，被迫迁往西南、西北地区的城市甚至边远农村，在简陋的校舍环境中，开展教学和科学研究，在中国教育史上留下了浓重的一笔。

中国的大好河山，在日军的铁蹄下，被踏得支离破碎，形成了大后方、沦陷区、敌后抗日根据地、上海孤岛以及日据台湾等。在日占地区，日本侵略者实施着不同的政治、经济统治政策。人民的生活无法安居乐业，各种灾难不断降临，广大的中国民众生活在极度的不安和恐慌之中。

影响最为深远的是日本侵华导致中国人民思想分化，形成了不同的思想观念。其中，大多数人，在大敌当前的形势下，为保卫祖国，奋不顾身，直至献出生命，为国捐躯，表现了高尚的爱国精神。也有的人，面临强敌，为保存自己，不惜卖国求荣，充当了汉奸；也有的人，大敌当前，不惜采取软弱逃避的态度，置国家与民族危难于不顾；有的人生活在日本侵略者的统治之下，感到无能为力，采取委曲求全、逆来顺受的态度。在西南西北大后方，许多人在努力支援抗日战争，为保卫国家民族作贡献。但是也有人生活依旧，早上进茶馆，晚上入澡堂。有人形容说，前方吃紧，后方紧吃。形形色色的不良思想，侵蚀着中国人民，影响着优秀的中华文明。

日本侵华带来的中国社会大变动，虽然也促进了中国的民族大团结，增强了全国人民的凝聚力，但是中国也面临着一个危险的境地。我们必须加强这方面的研究，使中国人民更加认清日本侵华给中国造成的危害。

张宪文

## 一、全民族的反侵略战争

20 世纪初，日本作为世界东方新崛起的帝国主义国家，在列强争夺瓜分中国的斗争中企图独占中国利益，排斥英美等国在华势力。20 世纪 20 年代，田中义一内阁提出了新的"大陆政策"。这一政策的主旨，不仅要独占在华利益，把满蒙从中国本土分离出去，而且要并吞整个中国，消灭中华民族。1931 年在中国东北发动的九一八事变，以及其后的华北事变、七七事变和对中国内地的大规模入侵，无不是日本企图实现这一阴谋的具体步骤。

日本的军事侵略，严重地威胁着中国的生存，陷中华民族于亡国灭种之绝境。挽救民族的危亡，成为每一个中国人义不容辞的责任。中国各民族、各阶级、各政党、各团体以及海外侨胞，都必须以民族大义为重，把维护中华民族的生存放在第一位，团结起来，组成浩浩荡荡的反侵略大军，把日本侵略者赶出中国。这是中华民族的大局，也是检验社会各界以及每一个中国人是否忠诚于祖国的唯一标准。

面对日本帝国主义的侵华暴行和大片国土的沦丧，除极少数汉奸卖国贼外，全国各阶层人民纷纷行动起来，加入了抗日斗争的行列。整个抗日战争时期，全国性的抗日高潮持续不断，一浪高过一浪。

青年学生是抗日救亡运动的先锋。他们不断集会，示威游行，发表通电、宣言，声讨日本帝国主义的侵华罪行，要求南京国民政府奋起抗日。一二九运动，是中国学生运动史上光辉的一页。平津和上海的学生分别组成宣传团，沿平汉、京沪线深入农村，宣传抗日救国的道理。七七事变后，武汉的青年救国团7个月时间发展到2万人，其中有七八千团员到豫东和第五战区参加游击战。广西的学生军也像铁流一样活跃在苏、皖、豫、鄂战场。

在全国人民抗日斗争中，工人阶级站在最前列。九一八事变一爆发，上海35000名码头工人，首先掀起反日大罢工，拒绝为日本船只装卸货物。随之，上海80万工人成立抗日救国联合会。北平、南京、广州、香港及全国各地的工人，不断地关车、罢工，或组织同盟罢工、总罢工等，以实际行动参加抗日斗争。卢沟桥事变发生后，长辛店的铁路工人，将大批铁轨、枕木运往前线，供士兵构筑工事。

各地爱国工商业者也纷纷参加到抗日救亡的热潮之中。北平、天津、南京、上海、汉口等许多大、中城市的工商界，相继提出对日经济绝交、抵制日货等主张，拒绝与日商往来。

在广大农村，抗日热情亦十分高涨。北平附近的农民，自动献粮，出民工，抬伤员，运输物资。华北沦陷后，民众的自发抗日斗争此起彼伏。他们到处破坏铁路和电线，不断袭击小股日军，配合正规军作战。当日军侵入黄淮地区以后，民众自动起来参加游击队，不断伏击日军。在苏、鲁、皖等作战地区，农民红枪会的发展，使日军坐立不安。

抗日战争的烽火，燃起了广大文化工作者的爱国热情。在全国各大中城市，各种文化救亡团体不断涌现。许多作家、记者深入前线，写出大量歌颂抗日英雄，揭露日军暴行的报告文学和战地通讯。群众性的救亡戏曲、歌咏活动，抗战电影、美术等，振奋了民族精神，鼓舞着广大人民的斗志。

各少数民族，尤其是北方的蒙、朝、满各族人民的抗日斗争，自九一八事变以来一直不断。散居在东北、察哈尔、绥远等地的蒙古族人民不甘受日本侵略者的奴役，与汉族同胞一道组成东北抗日军蒙边骑兵、反帝大同盟、蒙汉抗日同盟会、抗日同盟军等。著名的百灵庙起义给日军很大的震动。东北朝鲜族人民组建的游击队是东满和南满地区抗日游击战争的主力。在满族聚居的辽东、辽南地区，许多优秀的满族儿女成为活跃在这一带的抗日游击队的指战员。哈尔滨的许多满族大中学生走出课堂，奔赴抗日战场。在抗日斗争的洪流中，我国各族人民加强了团结，建立了生死与共、血肉相连的深厚感情。

抗日战争时期，侨居在世界各地的一千多万华侨密切地注视着祖国的安危，他们纷纷建立救亡团体，开展救亡工作。在陈嘉庚等人的推动下，东南亚各地 45 个华侨社团联合成立了南洋华侨筹赈祖国难民总会。在欧洲各国，有 40 多个华侨救亡团体共同组建全欧华侨抗日联合会。美国纽约也成立华侨救济总委员会。至 1940 年底，世界各地华侨组织的大型救国团体就有 649 个。他们广泛开展筹赈工作，为祖国捐款献物，有的回国直接参加抗日斗争，仅南洋、美洲、澳洲等地的粤籍华侨，回国参军参战的就有 4 万多人，有的组成各种服务队、救护队驰骋在疆场，活跃在后方，不少华侨为保卫祖国英勇地献出了生命。

综上所述，可以清楚地看到，在这场关系着中华民族独立和生存的反侵略战争中，中国各民族各阶层人民都积极地贡献了力量。当然，作为反侵略战争主力的中国军队，其重大贡献更是不可磨灭的。抗日战争是一次动员最广泛、影响最深远的伟大的民族解放战争，它是全国各族各界人民用自己的悲壮行动谱写的一曲可歌可泣的全民族反侵略颂歌。在这场战争中，各族同胞都付出了巨大的代价和牺牲。它促进了中国人民的新觉醒，增强了全国人民的凝聚力，提高了广大民众的民族自尊心和自信心。抗日战争在近代中国反侵略斗争史上，在中国革命运动中，有着特殊的地位和重大的作用。历史学者必须清除狭隘的观念，扩大研究视野，把抗日战争作为一次全民族反侵略战争进行深入考察，才能得出符合历史实际的正确认识。

## 二、国共两党在抗战中的地位和作用

对国共两党在抗战中的地位和作用，长期以来没有给予科学的阐述。台湾出版的某些抗战史书，把共产党进行的抗战，说成"破坏抗战，危害国家"。这种说法歪曲事实，不能令人信服；而大陆出版的一些书籍和文章，也曾把抗战中的国民党说成是"中国抗日阵营中的暗藏的投降派"、"中国人民的凶恶敌人"。这些论断，显然也是不恰当、不科学的。事实上，国共两党在抗战中的地位和作用，有一个发展演变的过程。特别是国民党，对日本的侵华战争，经历了一个由不抵抗到积极抵抗，进而消极抵抗的变化。共产党在抗战中的作用，也是逐步得到发挥的。

九一八事变发生后，南京国民政府对日本帝国主义的武装入侵，采取了妥协方针，而对内则采取"攘外必先安内"的政策。一方面，对中国共产党和工农红军所控制的革命根据地，发动了五次军事围剿，企图武装消灭中国共产党；另一方面，排斥、并吞国民党内部的异己势力。这一政策实施后，立即遭到全国人民的强烈反对，各地纷纷掀起抗日反蒋怒潮。中国共产党旗帜鲜明地支持全国人民的抗日反蒋民主运动，并连续发表通电，要求抗日，反对国民党的对日妥协政策。

日本侵占中国东北的目的，是要按照"大陆政策"的既定方针，继续南下灭亡全中国，而不是以中国东北为踏板进攻苏联。所以，日本在攻陷长城以后，1935年下半年扩大了在华北的侵略行动。日本策动华北五省的"自治"运动，使五省的政治、外交、财政脱离南京政府，企图不战而得整个华北。经济上，日本加紧向华北渗透。在"中日经济提携"口号下，将日本"南满洲铁道株式会社"的侵略触角伸入华北，成立形形色色的公司、协会，插手或控制华北的工业、矿山、交通运输业。在商业贸易方面，则在武装保护下，进行大规模的走私活动。

华北本是英美的势力范围，日本在华北的扩张，加剧了他们争夺中国的矛盾。南京国民政府的财政收入，主要依靠关税、盐税、统税，而华北的三税收入更占有重要地位。日本在华北的经济掠夺和走私贸易，不仅严重损害了中国民族工商业的利益，也使南京政府的财政收入日益减少，威胁着国民党的统治。

在这种形势下，南京国民政府的内外政策开始发生变化。对日政策方面，在一系列的双边谈判中，采取了拖延方针，要求日本"必须尊重中国之主权，与不妨害中国之统一"，"对于华北之战时状态，更须首先解除"。① 同时表示，要一面谈判，一面抵抗；在谈判无结果时，将采取武装抵抗，开始改变对日消极抵抗和外交上的妥协方针。1935 年 11 月，蒋介石在国民党五全大会上的报告和次年 7 月国民党五届二中全会的宣言，都显露了内外政策变化的征兆。

中国共产党根据国内政治形势的特点和阶级关系的新变化，1935 年 12 月在陕北瓦窑堡召开了中央政治局扩大会议。会议制定了反对日本帝国主义的新策略，即建立最广泛的抗日民族统一战线，并提出了一些有利于团结抗日的新政策。此后，中国共产党改"抗日反蒋"政策为"逼蒋抗日"。国民党亦开始调整与共产党的关系，通过各种渠道与共产党秘密接触。1936 年 12 月的西安事变，迫使蒋介石最终放弃了"攘外必先安内"的错误政策。国民党开始走上积极抗战的道路。

南京国民政府对抗日战争作了一定的准备。它整理财政，整顿税务，实行关税自主和币制改革，限制白银外流，开展国民经济建设运动。

20 世纪 30 年代初，虽然由于世界资本主义经济危机的影响，资本主义国家加紧向中国进行商品倾销，国内又连年不断地发生内战和自然灾荒，官僚资本亦乘机加强掠夺，这无疑给中国社会经济以严重的打击。但是，国民经济仍在艰难曲折中缓慢发展，到 1936 年达到了一个新的发展水平。经济的稳定，对全面抗战爆发后国民政府坚持抗战起了积极的作用。

---

① ［日］古屋奎二：《蒋总统秘录》（全译本）第 10 册，第 55 页，台北《中央日报》翻译出版。

1935 年以后，南京国民政府开始加强国防建设，并从军事战略的高度全盘考虑对日作战计划。其拟定的 1935 年度《防卫计划纲要》、《民国 25 年度国防计划大纲草案》、《民国 26 年度作战计划》① 等，对可能发生的作战区域和具体的作战方案，作了较为实际的构想。

南京国民政府加紧修筑国防工事。为防止日军从长江口登陆作战，由张治中主持在长江下游三角洲地带，修筑了吴江到福山、无锡到江阴、乍浦到嘉兴三道坚固的国防工事，至卢沟桥事变前夕已经完成。对各战略要地、江海防要塞，全面进行整顿，配置水雷和各种障碍物。至 1937 年上半年，先后整顿了南京、镇江、江阴、宁波、虎门、马尾、厦门、南通、连云港等 9 个要塞区。南京政府计划在察哈尔、绥远、河北、山东、山西、河南、江苏、浙江、福建、广东十个省区的重要战略要地，加紧构筑国防工事。相当一部分工程，在七七事变以前已经初具规模。与此同时，南京政府还召开整军会议，整编军队，加强军事训练，实行征兵制度，使军队的战斗力有一定程度的提高。

交通运输在战争中具有重要的战略地位。1936 年，苏嘉铁路、粤汉铁路通车；1937 年浙赣铁路、沪杭甬铁路、同蒲铁路全线通车，陇海铁路延伸到宝鸡，湘桂铁路开始动工。此外，黔桂、湘黔、川滇、滇缅等铁路，在抗战开始后也先后破土兴建。公路已发展到 10 万公里。

开发内地，建设西南、西北后方基地，是在日本发动大规模进攻面前坚持抗战、夺取最后胜利的战略性措施。南京国民政府经过长时间争论，确定了以国防为中心的西南、西北腹地经济建设方针，并付诸实施。

卢沟桥事变发生后，蒋介石一面指示华北当局宋哲元等与日本谈判，以求作为地方事件加以解决；另一方面则加紧军事部署，密令孙连仲、庞炳勋、高桂滋率所部向石家庄、保定集中，并电令宋哲元"星夜赶筑"工事，"如限完成"。还

---

① 国民政府军事委员会档案，均藏于中国第二历史档案馆。

计划组织保定会战，设立石家庄行营，以军令部部长徐永昌为主任，就近指挥。[①] 同时，电令何应钦迅速由四川返回南京，主持战事。7 月 17 日，蒋介石在庐山发表动员抗战的谈话，表示了反对日本扩大侵略的强硬态度，指出："只有牺牲到底，抗战到底"。

卢沟桥事变发生的第二天，中共中央便发表通电，号召全民族抗战，提出："全中国同胞、政府与军队团结起来，筑成民族统一战线的坚固长城，抵抗日寇的侵掠！""国共两党亲密合作抵抗日寇的新进攻！"同一天，红军将领毛泽东、朱德、彭德怀等致电蒋介石，表示：红军将士咸愿"为国效命，与敌周旋，以达保土卫国之目的"。[②] 对蒋介石的庐山谈话，毛泽东当即指出："这个谈话，确定了准备抗战的方针，为国民党多年以来在对外问题上的第一次正确的宣言，因此，受到了我们和全国同胞的欢迎。"并指出："他在国防上的许多措施，是值得赞许的。"[③] 中共在《为日本帝国主义进攻华北第二次宣言》中，提出了立即实行全面抗战的七项办法。

由于这一时期蒋介石和国民党表现了积极抗战的态度，并采取了许多准备抗战的措施，中国共产党从有利于国共合作和团结抗战的大局出发，在坚持本党独立自主政策的同时，承认了国民党作为执政党的地位。毛泽东在中共六届六中全会上说："抗日战争的进行与抗日民族统一战线的组成中，国民党居于领导与基干的地位。""统一战线以国共两党为基础，而两党中又以国民党为主干，我们承认这个事实。"接着，"号召全国一致拥护"国民政府。[④] 这一时期，中国共产党接连不断地与国民党进行谈判，为实现团结抗日、捍卫民族生存和独立，作出了重大贡献。

但是，由于抗日民族统一战线没有一个明确的组织形式和组织机构，也没有

---

① 《蒋介石致宋哲元、孙连仲、庞炳勋、高桂滋函电》（1937 年 7 月 9 日），国民政府侍从室电稿，中国第二历史档案馆藏。
② 《九一八以来国内政治形势的演变》，1957 年版，第 156 页。
③ 《毛泽东选集》合订本，第 316、324 页。
④ 毛泽东：《论新阶段》，《解放》第 57 期，1938 年 11 月 25 日。

一个为两党共同信守的共同纲领，在政治上、组织上对双方均没有任何约束力，双方仍执行着不同的抗战路线。国民党虽然承认了共产党的合法性，但是没有给共产党以两党间的平等地位。就这些重大原则问题上的分歧，共产党和国民党继续进行了多次商谈，但始终未能得到圆满解决。从抗日民族统一战线建立开始，国民党就不断秘密下达指示，限制共产党的活动和政治宣传工作，密示对共产党的对策。

从总体上说，全面抗战爆发初期国共两党的关系基本上是好的。但是，随着战争的发展，国民党由进步的抗日政策，逐步倒退下来。倒退的主要标志是1939年1月国民党五届五中全会的召开。这次会议确定了"溶共、防共、限共、反共"的错误方针，通过了《限制异党活动办法》等文件。会后，加强了反共宣传，加强了对陕甘宁边区的军事封锁，在敌后不断与八路军、新四军制造摩擦，终于导致晋西事变、皖南事变等悲剧的发生。

毫无疑义，整个抗日战争时期，中共一直坚持与国民党团结抗战的立场，可是国民党始终不肯放弃反共政策。这一时期国民党的防共、限共、反共的政策，与十年内战中企图彻底消灭共产党的强硬政策，不完全相同。因此，中国共产党也采取了不同的斗争方针。由抗日反蒋，推翻国民党的统治，转而采取逼蒋抗日、联蒋抗日的政策。对国民党坚持反共的种种做法，采取"人不犯我，我不犯人；人若犯我，我必犯人"，以及有理、有利、有节的斗争方针。目的是为了维护国共团结、共同抗日。这里表现了中国共产党政治上的成熟，以及在民族危亡面前使阶级矛盾服从于民族利益的伟大政略思想。

抗日战争进入相持阶段以后，由于日本帝国主义加紧诱降活动，尤其是敌后中共抗日根据地和军事力量的迅速发展，导致国民党主要当权者对抗战的态度由积极逐渐消极下来。国民党一直没有放弃与日本谈判的机会，企图以有限的退让、妥协，求得日本停止武装侵略。但是，国民党的妥协政策，满足不了日本强烈的侵略欲望。日本要把势力范围扩展到整个长江流域，进而控制全中国。谈判始终不能达成协议。

蒋介石对抗战的态度，虽然时有动摇，并坚持反共政策，但是，由于中共执行了正确的抗日民族统一战线政策，由于全国人民抗日爱国运动的持续高涨，国共两党的合作没有破裂，团结抗日的局面一直坚持到抗战胜利。以蒋介石为首的一派力量，始终留在抗日阵营，坚持抗战。

## 三、相互依存的两个战场

抗日战争全面爆发后，中华民族的反侵略战争，逐步形成了两个巨大的战场，即正面战场和敌后战场。两个战场的存在及其在中国抗日战争中的贡献，是抹煞不了的客观事实。海内外学者对两个战场的研究，都曾出现过一些不够全面的看法。有的笼统地把正面战场叫做国民党战场，敌后战场叫做解放区战场。从军事上说，这种说法不仅不科学，也不完全符合事实。因为在全面战争爆发初期，譬如在山西战场，八路军尚未挺进敌后，仍在正面或侧翼协同友军作战。而敌后战场，也不只有八路军、新四军抗击日军，国民党也开展了敌后游击战争。有的只承认某一战场的作用，否定另一战场的地位，或继续散播共产党在敌后"游而不击"，专打友军不抗日的论调，对两个战场不能给予恰当的评价。

两个并存战场的出现，是中国抗日战争的重要特点。

当抗日战争由局部作战发展为全面战争后，战争区域日益扩大，战线亦不断延长。日军虽然占领了中国的大片领土，但是因为兵力不足而只能控制主要交通线和城镇，这样，敌后广大农村就成为日军统治的薄弱地带。为了更有效地打击敌人，陷日军于两面作战的不利地位，开辟敌后战场，发展敌后战争，成为夺取中国抗日战争胜利的重要战略行动。

同时，由于抗日战争时期中国政治形势的特殊性，出现两个既有联系又相对独立的战场，也是历史发展的必然结果。大敌当前，国共两党虽然形成了全国抗日民族统一战线，但是，双方在政治上还存在重大分歧。政治上的不一致，导致军事上的不统一，双方在反抗外国侵略者的大前提下，形成两个战场，各自独立作战，是抗日战争这个特定的政治、军事环境造成的。毛泽东曾经指出："就目前和一般的条件说来，国民党担任正面的正规战，共产党担任敌后的游击战，是必须的，恰当的。"①

正面战场和敌后战场是相互依存、相互支持的关系。敌后战场的出现，不仅是为了发展人民革命力量，建立和扩大革命根据地，而且也是军事上抗敌御侮的需要。没有正面战场吸引着日本的大量兵力，并给日军以大量杀伤，敌后战场的开辟和根据地粉碎日军的扫荡、进攻，都将是困难的。同样，没有敌后八路军、新四军坚持不懈地、广泛地钳制和打击日军，正面战场所承受的军事压力将更大，失败得也将更惨。毛泽东、朱德对两个战场有过这样的评价："八路军的这些成绩从何而来？……其中友军的协助是明显的，没有正面主力军的英勇抗战，便无从顺利地开展敌人后方的游击战争；没有同处于敌后的友军之配合，也不能得到这样大的成绩。八路军的将士应该感谢直接间接配合作战的友军，尤其应该感谢给予自己各种善意援助与忠忱鼓励的友军将士。"② 但是，"如果没有解放区战场，又如果没有解放区战场这种与敌人相持的战争，如果解放区战场的战争不能在最困难的条件下长期坚持下来，那么敌人就会继续长驱向西南、西北进攻，而国民党的反人民的政治机构及其军队，则又必然招架不住，那就不会有什么相持阶段，抗日战争的局面早已是不堪设想的了"。③

两个战场相互支持、相互依存的关系，在整个抗日战争中都是存在的，不过在抗日战争的战略防御阶段，是两个战场配合得较好的时期。它有战争指导上的配合，如毛泽东关于持久战的思想，在国民政府上层军事领导者中产生了良好的影响，周恩来、朱德等多次向国民党方面就军队建设、军事战略方针和部署问题，提出了有价值的建议。在战役战斗上的配合，也不乏其例。如八路军在进入山西以后，即分别到晋东北、晋西北、晋北以及晋东正太铁路沿线，直接协同友

---

① 《毛泽东选集》合订本，第 518 页。
② 毛泽东：《〈八路军军政杂志〉发刊词》（1939 年 1 月 2 日）。
③ 朱德：《论解放区战场》，《朱德选集》第 140 页，人民出版社 1983 年 8 月版。

军与日本侵略军作战，先后参加了平型关、忻口和太原的保卫战。新四军在鄂豫边区配合友军与日军进行了 25 次规模不等的战斗。

两个战场在战略上的配合，直接影响着整个战局的发展。八路军、新四军在敌后实行战略外线作战，对国民党方面的战略内线作战无疑是最大的支持。仅在徐州、武汉两次会战期间，八路军就在华北地区敌后战场作战 1400 次，歼灭日军 4 万人以上，牵制了大量敌人，减轻了正面战场的压力。就是在战争后期日军发动打通大陆交通线的战役，正面战场大规模的战役南移华南地区以后，两个战场在战略上的配合仍然发挥着重大作用。

通常在一般性战争中，敌后游击战争只起着配合正面作战的作用，它给敌人以扰乱、破坏，使之不得安宁。可是，中国抗日战争形成如此巨大的敌后战场，在战争史上也是罕见的。抗日战争的敌后战场起着改变整个战局发展的战略作用，影响着战争的胜负。据不完全统计，仅八路军、新四军在战略防御阶段，共作战 1600 余次，歼灭敌人 54000 余人；以后在 1938 年至 1943 年的 5 年中，作战 62000 余次，歼灭日伪军 59 万余人，粉碎日军"扫荡""清乡" 280 余次；在 1944 年一年中，作战 2 万余次，歼灭日伪军 30 余万人。毫无疑义，敌后战场作战为整个中国反侵略战争作出了巨大的贡献。

如前所述，抗日战争的敌后战场亦包含着国民党方面的敌后游击战争。早在 1937 年冬天在武汉举行的军事会议上，国民政府军委会即作出了在敌后开展游击战争的决策。其后在南京军事会议、南岳军事会议上，均进一步讨论了开辟敌后游击战场的问题。除于 1939 年建立冀察、苏鲁两个敌后战区外，先后形成了第一战区豫东游击区、第二战区山西游击区、第三战区浙西游击区、第四战区海南游击区、第五战区豫鄂皖边区游击区等，并规定敌后兵力约占抗战总兵力的五分之一。国民党敌后游击战争的开展，虽然也牵制了颇多的敌军，困扰了敌军后方，配合了正面战场作战，但是由于不少部队叛变投敌，并不断与八路军、新四军发生摩擦，因而也限制了国民党敌后游击战争在抗战中发挥有效的作用。

抗日战争的正面战场，是整个中国战场的重要部分，在相当长的时间内发挥着主战场的作用。只是后来国民党主要当权者采取了消极抗战的政策，因而使正面战场的作用受到严重影响。但是，从整个抗日战争看，广大官兵是爱国的，作战也是英勇的，并给日军以沉重的打击。这不仅表现在战略防御阶段的平津、淞沪、晋北、晋东、鲁南和保卫武汉诸战役中，就是在战略相持阶段进行的南昌、随枣、枣宜、长沙、上高、常德等战役，战斗亦十分激烈，牺牲也是惨重的。1944 年反抗日军打通大陆交通线的豫中、长衡、桂柳作战，表现了国民党主要当权者的消极避战思想，以第五、八、九、四共 4 个战区的兵力，未能阻挡住日军十几个师团的进攻，这不能不说是战略指导上的严重失误。但是，大批爱国军队艰苦作战，表现了强烈的抗敌御侮精神。如衡阳会战，虽然最后失败了，但是中国守军第 10 军先后与 4 个半师团的日军激战 47 天，双方展开了激烈的巷战，使日军造成了严重的伤亡。正面战场上的中国军队仍然存在着国民党嫡系与杂牌军的宗派矛盾，但在外敌入侵面前，多数能以民族大义为重，积极投入作战。许多过去曾经割据一方的地方军事力量，也奔赴抗日疆场。

总之，两个战场都为捍卫中华民族的独立和领土完整，作出了贡献。它们是整个中国战场和民族反侵略战争不可分割的一部分，否认任何一个战场的地位和作用，都是不恰当的。

## 四、抗日军事战略的演变

战争中，正确的战略战术，是取得胜利的重要保证。所谓战略，是军事上长期起作用的因素，对战争的胜负具有决定意义。抗日战争总的战略方针是持久战，这是由于战争的基本点是消灭敌人、保存自己，也是由战争双方的国情和力量对比所决定的。

对比中日双方，日本是一个小而强的帝国主义国家，中国是一个大而弱的半封建半殖民地国家。战争初期，日本处战略进攻态势，中国处战略防御态势。日本的军事实力远优于中国军队。中国抗日战争要取得最后胜利，必须通过长期的奋斗过程，通过持久作战，才能逐步改变敌我双方力量对比，改变敌强我弱的形势，变被动为主动。因此，我国实行持久战和以空间换取时间的战略方针是恰当的。战争过程中，弃守一些城市和地区，也是坚持持久战略的需要。但是，由于中国政府没有实施战略持久战中的战役速决战，战略内线作战中的战役外线作战，以及运动战和阵地战相结合的灵活多变的军事战略，而是实行了单纯的、消极的防御战略方针，加上军事上存在的许多弱点，诸如部分将领贪生怕死消极作战、战略部署上缺乏全盘考虑、部队之间不能协同作战等，因而在战略防御阶段发生的多次大规模防御性战役，连连失利，未能达到战略防御作战的基本目的，许多战略要地和铁路干线白白沦入敌手。

国民党政略上的错误，也影响着军事战略的执行。所谓抗日战争的政略，就是要调动、团结全国人民，团结各阶级、各政党、各派系共同抗日。但是，国民党的政略错误，集中一点是执行了一条片面抗战路线，即不要人民抗战，坚持反共政策。在华北战场表现为战和不定，在华东战场表现为死守上海以待国际联盟和列强各国的干涉和调停。政略错误必然导致军事战略的失误。

1938 年秋，战略相持阶段到来之后，日本在军事战略上的弱点日益明显地暴露出来。随着战争区域的扩大，战线延长，多点进攻，分兵把守，兵力不足的困难日益突出。日军不得不逐步增加侵华兵力，到 1938 年底日本在华总兵力达到 100 万人，其国内可以机动的部队已经很少。抗日战争全面爆发后的一年零四个月时间内，日本军费开支大大增加，1937 年的直接军费占国家总支出的 69%，1938 年的直接军费占国家总支出的 76%。军费的不断攀升，给日本财政经济造成很大困难，国内的各种矛盾日益发展并进一步尖锐化。这一切导致日军在军事战略上逐渐陷于被动，很难再发动新的、有效的战略攻势。敌我双方的有利因素和不利因素在转化中，中国方面的有利因素在上升。如果国民政府采取正确的政略和军事战略方针，可以进一步发展有利因素，扩大有利形势，缩短相持阶段的进程，从而造成战略大反攻的形势，以结束抗日战争。可是，在战略相持阶段，国民党的政略错误在继续发展，反共活动不断增加。如前所述，1939 年 1 月中国国民党在重庆召开的第五届中央委员会第五次全体会议上，进一步确定了"溶共、防共、限共、反共"的方针，这标志着国民党政略有了明显变化。1938年11月25日，蒋介石在南岳军事会议上，虽然宣称要"转守为攻，转败为胜"，在五届五中全会上制定的《第二期作战指导方针》中，提出要"继续发动有限度之攻势与反击以牵制消耗敌人……粉碎其以华制华以战养战之企图"，但这不过是一句空话，实际上国民党当权者进一步动摇、妥协。他们消极避战，保存实力，不主动发展有利因素，不积极改变中日双方力量的对比。

由此可以看出，抗日战争的战略相持阶段之所以这样长，从中共方面说，八路军、新四军力量弱小，要发展壮大以改变敌我相持的状态，需要一个较长过程。而国民党方面坚持错误的政略、战略方针，是中国抗日战争不能迅速改变战略相持局面的重要原因。中华民族的反侵略战争一定会取得胜利，但是如果没有国际反法西斯战争形势的变化，中国抗日战争的战略相持阶段可能还要延长。

太平洋战争爆发，直接影响着中国战局的发展，日本的失败已指日可待。国民党为了达到战后继续控制全中国的目的，在抗日战争的后期，军事战略上的保守主义进一步发展，从而导致中南战场继续丧失大片国土。虽然曾在桂柳地区实施反击作战，但总体上说，其军事战略更加消极、被动。相反，在敌后战场，自1944年至1945年夏，八路军、新四军的攻势越来越大，显示着敌后抗日武装的发展壮大，呈现出由游击战向运动战转变的战略趋势。它直接促成了抗日战争的最后胜利。

## 五、日军侵华后各国对华关系的变化

中日战争的爆发，恶化了中日关系，也对整个中国对外关系产生了巨大影响，改变着各国对华关系的格局。

日本独占中国的政策，破坏了"凡尔赛—华盛顿体系"所形成的各大国在中国的均势，导致各国在远东地区的关系复杂化。中国政府力图获得各大国的支持以对抗日本的侵略政策。纵观整个中日战争时期，各大国对华关系，大体上分为三种类型。

苏联，积极支持中国的抗日战争。

九一八事变后，苏联出于维护远东地区和平的战略考虑，积极主张改善自中东路战争以来的中苏关系，提议立即恢复中苏邦交。其后双边关系虽然在贸易、中东铁路、外蒙古等问题上，出现过一些障碍，但由于日本的不断扩大侵略，不仅对中国而且对苏联也构成了严重威胁，由此中苏两国政府都有进一步加强双边关系的愿望。1938 年 8 月 21 日，签订了《中苏互不侵犯条约》，苏联政府采取各种措施，从军事上、财政上、物资上积极援助中国抗战，不仅给中国以巨额贷款，还向中国提供军事装备，派遣军事干部和志愿航空队来华参加对日作战。苏联希望中国拖住日本，以保障其东部地区的安全。这种愿望随着欧战的爆发，表现得更加明显。苏联在援助中国的同时，也谋求与日本改善关系。中苏关系再次趋于冷淡的转折点是 1941 年 4 月 13 日《日苏中立条约》的签订。苏联不惜以牺牲中国、损害中国的主权和领土完整为代价，促使日本坚持南进政策。第二次世界反法西斯战争胜利前夕，即 1945 年 2 月，苏联出于战后远东战略格局的考虑，与美、英首脑签订了《雅尔塔协定》。这个协定是苏联再次以牺牲中国主权而与美、英大国所作的幕后交易，理所当然地受到中国人民的谴责。

美、英等国，在日本武装入侵中国后，虽然不愿意放弃其在华利益，但亦不愿意加剧与日本的矛盾和冲突。自 1931 年九一八事变到 1941 年珍珠港事变前，美国对日本的侵华行为总的来说是采取"不承认主义"和"不干涉政策"。1932 年 1 月 7 日美国国务卿史汀生给日本外务省的照会，1937 年 7 月 16 日美国国务卿赫尔所发表的关于国际政策的声明，以及这一时期美国政府发表的其他一些声明，均明显地表示了美国的两面政策。它既不赞成日本的侵略行径，希望其在华利益不因日本的侵略而受损害，又不愿开罪日本，甚至鼓励日本反苏、反共。自 1937 年至 1940 年，美国继续坚持并且不断扩大对日本的贸易。日本从美国获取了大量战略物资。

1940 年 9 月《德意日三国同盟条约》的签订，激化了日美矛盾，美国对中国的援助亦渐趋积极，并宣布禁止向日本输出钢铁。但是，日本的战略目标不仅要把美国从中国赶出去，而且要把美国驱逐出太平洋。1941 年 12 月，日军偷袭珍珠港，给美军以沉重打击，也深刻教训了美国政府。美国被迫宣布对日作战，并向中国提供大量贷款和军用物资，宣布建立中国战区，以蒋介石为统帅，以史迪威为参谋长。1943 年，美、英等国先后与中国签订关于取消在华领事裁判权及处理有关问题的条约与换文。美英等国宣布废除对华不平等条约，虽无多少实际意义，但毕竟是一项友好行动。1942 年以后，美国成为中国的主要盟国。

这时，美国在远东及太平洋地区的政策，主要是反抗日本帝国主义的侵略，而把反苏、反共暂时搁置一边。美国大量援助中国政府，目的是维护国民党在抗战中的地位，以分散日本在太平洋上的兵力，并逐步加强对国民党政权的控制，扩展美国在华势力。抗日战争后期，美国不希望蒋介石把力量放在反共方面，以免自行削弱力量。但是，抗战后期国共力量的消长，无疑对美国战后在华地位形成威胁。美国政府派遣观察组访问延安，以及相继发生的史迪威事件，导致中美关系的危机。美国担心失去蒋介石就意味着失去中国，并直接影响着战后美苏在远东地区的战略格局。美国迅速调整对华关系，派遣魏德迈、赫尔利使华。

1944 年下半年，世界反法西斯战争胜利在望。在中国战场上，以中共为代表的人民力量迅速壮大，而蒋介石的统治日趋腐败。美国为了战后能取代日本独霸中国，其对华政策由支持国共合作抗日，走向公开的扶蒋反共。除在军事上、经济上继续给国民党以大量支持外，新任驻华大使赫尔利以调解国共关系为幌子，努力帮助国民党"统一境内的一切军事力量"，支持蒋介石的"领袖地位"，"防止国民政府的崩溃"。毛泽东批评美国政府这种扶蒋反共政策的危害性，"就在于它助长了国民党政府的反动，增大了中国内战的危机"。[①]

抗日战争时期，中国和德国、意大利等国的关系，又是一种类型。

---

① 毛泽东：《评赫尔利政策的危险》，参见《毛泽东选集》（合订本），第 1015 页。

第一次世界大战的炮火，摧毁了德国帝国主义妄图称雄世界的迷梦。凡尔赛和约不仅使德国在非洲和太平洋上的殖民地被战胜国瓜分殆尽，而且将德国在中国山东掠夺的权利全部让与日本。此后，大国在中国的争夺主要是美、日、英三国，德国因战败被排除在争夺之外。

德国对华关系的复苏，大约在 20 世纪 20 年代后期。从南京国民政府成立到 1933 年，蒋介石虽有求于德国方面的支持，但是尚未达到十分迫切的地步。中国在德国政府的战略格局上，也不具有重要地位。其后虽有大批军事人员来华或组织军事顾问团，但并不具有官方性质。双方的经济贸易，亦局限于民间。

1931 年，日本发动九一八事变，德国政府对中日冲突表面上严守中立，实则不敢开罪于日本。在国联大会上，德国代表对中日冲突的争辩，常沉默不语，或人云亦云。当日本在 1932 年南侵锦州并在上海发动一二八事变时，德国报纸纷纷抨击日本暴行，表现了对中国的同情态度。可是，德国政府却三次警告各报馆，禁止过分敌视日本。

1934 年至 1937 年，中德关系进入比较和谐活跃的时期。双方进一步密切了政府间的往来，许多双边事务纳入政府间的渠道，并相互寄予较多的期望。这时，从中国政府方面说，蒋介石坚持"攘外必先安内"的方针，倾全力对付共产党和削弱异己力量。面临日本的大规模侵华行动，美国、英国都表现了骑墙政策，中苏关系尚在改善中，因此，南京政府把全面军事援助的希望寄予德国方面，并且表现了极大的热情。而德国方面，自 1933 年希特勒上台后，加紧扩军备战，极力摆脱凡尔赛条约的束缚，冲破对德国军备的限制，迫不及待地希望加强与中国的贸易，借以倾销军火，进口军备原料，特别是钨砂等矿产。希特勒对中日战争继续采取两面政策。一方面，德国保持着对中国的友好关系，因为德国在中国有大量权益，这是他们不能忽视并不愿放弃的；另一方面，日本是德国的主要同盟国。1936 年德日签订《反共产国际协定》，德国希望日本能在远东给苏联以牵制，并在太平洋上向美、英施加影响，使德国能在欧洲放手大干。这一政策的结果，导致了 1937 年冬德国驻华大使陶德曼的调停。

1938 年以后，中德关系开始逆转。这是由于日本侵华战争不断扩大，日本政府对德国执行两面政策表示了强烈的不满，要求德国停止向中国供应武器、军火，撤退军事顾问团。德国政府在中日之间面临抉择。德国政府从其称霸世界的全球战略考虑，逐步明显地倾向日本一方。1938 年 6 月，德国外交部严令顾问团成员"尽速离华"，国防部亦禁止向中国输出军火。这时，双方关系虽渐趋冷淡，但是德国政府尚未发展到公开支持和帮助日本侵华的地步，两国还保持着一般外交关系。经济贸易额虽下降，双方仍继续维持着往来。1940 年 9 月《德意日三国同盟条约》的签订，进一步恶化了中德关系。德国在条约中，"承认并尊重日本在建立大东亚新秩序中的领导地位"。这无疑是对中国及远东地区各国人民利益的粗暴干涉。1941 年 7 月，德国更进一步宣布承认汪精卫伪政权。中国政府在忍无可忍的情况下，正式宣告与德国断绝外交关系，并宣告与德国"立于战争地位"，与德国间的"所有一切条约、协定、合同"，"一律废止"。① 中德关系完全破裂。

# 六、抗日战争的经济战略

战争不仅是敌对双方军事力量的拼杀，同时也是经济实力的较量。正确的经济战略和雄厚的物质基础，是取得战争胜利的根本保证。如前所述，20 世纪 30 年代初期，国民政府采取的财政经济政策，对发展经济和准备抗战，起了良好的作用。但是，随着战争的日益扩大，作为中国经济重心的沿海地区迅速沦陷，社会经济遭受严重破坏，并很快陷入混乱和困苦境地。国民政府为了保证前方军需供应和后方生活需要，必须迅速调整经济战略，建立战时经济体制，把整个经济纳入战时轨道。

首先，调整了经济政策和经济机构。1938 年 3 月，中国国民党临时全国代表

---

① 《中华民国重要史料初编——对日抗战时期》第 3 编，《战时外交》（2），第 704 页，中国国民党中央党史委员会编印，1981 年台北版。

大会提出了《抗战建国纲领》。这个纲领虽然有不少缺陷，但它是国民党战时的施政纲领。其中对经济问题，规定"经济建设应以军事为中心，同时注意改善人民生活，本此目的，以实行计划经济，奖励海内外人民投资，扩大战时生产"，"以全力发展农村经济"等。在通过的《非常时期经济方案》中，强调"目前之生产事业，应以供给前方作战之物资为其第一任务"。这样就确定了使国民经济军事化的战时经济政策。与此同时，为了适应战时领导经济的需要，便于实行经济统制，1938 年 1 月，国民政府颁布了《调整中央行政机构令》，对行政院、军事委员会的机构进行了调整，合并、裁撤或新建了一些部、委。如将一些部、委归并，新建经济部、交通部，改变了过去经济部门纷乱，政出多门的现象。在金融方面，建立了中、中、交、农四大银行联合总办事处，由蒋介石任主席，以协调国家财力，决策战时金融财政政策。

其次，建设西南西北后方基地，组织沿海各省工矿企业内迁。在日本不断扩大侵略面前，建设一个可靠的后方基地，成为坚持抗战以夺取最后胜利的重大战略措施。早在 1934 年 1 月，中国国民党四届四中全会就作出决议，确定了以国防为中心的西南、西北腹地经济建设的方针。此后，国民政府不断制订计划，促进后方基地的建设，特别是在交通运输方面取得了较好的成效。在沿海各省沦陷前夕，由于各方面的强烈呼吁，国民政府实行了大规模的工业西迁活动。上海、江苏、浙江、安徽、山东、江西、河北、山西、河南、广东等省市，都有一批工厂西迁湖南、广西、四川、陕西等西南、西北地区。其中有民营工业，也有国营厂矿。这些工业的内迁，保存了中国的一部分经济财富，也促进了西南、西北地区经济的开发和发展，有利于实行持久抗战。

再次，实行了战时统制经济政策。在金融方面，由于沿海地区城乡相继陷落，国家财政收入的主要来源关税、盐税、统税三大税收和其他税收，大幅度下降。通货膨胀日益严重，出现了抢购外汇、提取存款的风潮，金融财政陷于混乱。国民政府乃改革税收制度，修改关税税率，并公布《非常时期安定金融办法》，统制外汇管理，扩大法币发行，建立地方金融网，使金融管理进入战时体制。在对外贸易方面，也实行统制政策。在财政部下面设立贸易委员会，直接控制桐油、猪鬃、茶叶、生丝、羊毛和其他土特产品的出口贸易。经济部资源委员会则直接掌握钨、锑、锡、铋、钼、汞等与国防有密切关系的特种矿品的生产与出口。对于影响人民生活甚大的物资如盐、糖、茶、酒、火柴、卷烟等，则实行专卖制度。对交通运输也实行统制政策，建立了西南交通网。

农业生产是坚持战争、维持人民生活的重要保证。1939 年以后，西南地区由于人口增多及战争的影响，粮食价格迅速上涨，再加上投机商人囤积居奇，市场粮食供应紧张。1941 年 3 月，国民政府颁布《田赋改征实物办法暂行规则》，将各省田赋收归中央，并将田赋征收货币改为折征实物。田赋征实，从形式上看是落后的、倒退的，但在战争环境下，是一项重大的应变措施。为了杜绝高利贷者对农产品的操纵，国民政府在大后方广泛建立合作金库等农业金融机构，向农民发放农业贷款。为了发展农业生产，国民政府采取措施，改良农业生产技术，筹设难民垦殖，扩大耕地面积，推进农田水利建设。这些措施，虽然未能从根本上解决粮食的紧张状况，但政府却收集到大量粮食，然后统筹调剂使用，从而保证了军粮供应和民食的调配，有利于充实财力，稳定粮食市场，也使国库收入免遭货币贬值的损失。

总之，抗日战争时期国民政府经济战略的调整和实行一系列战时经济体制与政策，对于保证抗日战争的持续进行和最后胜利，具有重大的战略意义。

与此同时，我们也应看到这一政策执行后所带来的消极结果。大官僚、大资产阶级，利用他们控制的经济权力，进行投机、贪污、掠夺。他们利用统制外汇、黄金自由买卖、统一货币发行和银行管制等政策，进行外汇投机，制造通货膨胀，掠夺中小资产阶级。他们利用农业田赋征实、征购、征借等政策，营私舞弊，加重农民的负担，这样就动摇了国民政府脆弱的经济基础。抗日战争后期国民党统治的腐败，成为日后这一政权迅速崩溃的重要因素。

对比之下，中国共产党在敌后抗日根据地实行的具有民主主义性质的经济政策，极大地调动了广大军民的抗日积极性，为坚持敌后抗战和彻底打败日本侵略者奠定了牢固的物质基础。

1940 年以后，由于日伪军对敌后抗日根据地实行了残酷的烧杀政策，不断地进行"扫荡"、"清乡"、"蚕食"；国民党的军事摩擦也日益加剧；加之华北地区连续几年发生严重的自然灾害，这就使敌后抗日根据地出现了严重的困难局面，物质生活十分艰苦。为此，中国共产党采取了一系列行之有效的经济、政治措施。

随着日本侵华战争的发展，中华民族与日本帝国主义间的民族矛盾成为主要矛盾。为了争取和团结社会各阶层共同抗日，早在 1935 年，中国共产党便开始调整农村土地政策；1937 年 8 月洛川会议以后，更明确地提出了停止没收地主土地，实行减租减息的主张。这一政策的实质，是在日本大举进攻面前，调整地主和农民之间的关系，部分地满足双方的合理要求和利益，即规定地主必须减租减息，农民也必须缴租缴息。这一政策执行的结果，一定程度上削弱了地主阶级的封建剥削，鼓舞了农民抗日与生产的积极性，同时也适当地照顾了地主阶级的利益，有利于巩固和发展抗日民族统一战线。

敌后抗日根据地为了克服困难，坚持抗战，在"自己动手，丰衣足食"的方针指导下，广泛地开展了大生产运动。广大军民纷纷投入垦荒和工业、商业以及交通运输活动，扩大了耕地面积，增加了粮食产量。工商业迅速繁荣起来，根据地的财政收入很快改观，保证了军需供给。加上实施精兵简政方针，军政机关作风大大改进，军民团结加强，根据地内部出现一片欣欣向荣的景象，为夺取抗日战争的最后胜利发挥了重要作用。

# 七、全面认识抗日战争胜利的原因

中国人民的抗日战争经历了 14 年的浴血奋战，终于打败了日本侵略者，这是中国近百年史上第一次获得的反侵略战争的伟大胜利。为什么能够取得胜利，长期以来有各种不同的看法。如有的强调美国使用了原子弹，逼使日本投降；也有的说因为苏联出兵中国东北，消灭了日本关东军，使日本不得不放下武器。对此，众说不一。

如何看待战争胜负的原因，毛泽东在《矛盾论》中曾有论述。他说："两军相争，一胜一败，所以胜败，皆决于内因。胜者或因其强，或因其指挥无误，败者或因其弱，或因其指挥失宜，外因通过内因而引起作用。"中国的抗日战争经历了一个十分艰难曲折的发展过程。历史证明，中国人民一定能够依靠自己的力量打败日本侵略者。中国取得战争胜利的根本原因和决定性因素，是中国人民坚持不懈的斗争意志和全国各族人民的团结抗战。但是也应该看到，战争初期双方力量对比所造成的敌强我弱的形势，决定了中国人民要改变弱势并夺取战争的最后胜利，必须经历一个长期奋斗的过程。

作为世界反法西斯战争的一部分，中国长时间抗击着日本侵略军的大部分主力部队。当 1941 年底太平洋战争爆发时，日本陆军 70% 的兵力，大约 35 个师团被牵制在中国战场。中国的抗日战争，给日本军事力量以极大的杀伤和消耗，不仅使日本无力进攻苏联，也有力地遏制了日本的南进政策，减轻了日军在太平洋战场对英、美等国的军事压力，在战略上和战役上都支援和配合了盟军的作战行动。毫无疑义，中国人民对世界反法西斯战争的胜利作出了不可磨灭的历史贡献。

国际战争形势的变化，尤其是远东地区局势的发展和各国人民对中国抗日战争的支持和援助，对加速中国反侵略战争的胜利，起了重要的作用。

太平洋战争的爆发，给中国抗日战争带来有利的国际形势。美国被迫抛弃了长期以来对日本侵华战争所采取的两面政策，成为中国抗日战争的主要支持者。

经过中国人民长期坚持抗战给日本造成的严重消耗，加上美国在远东地区对日本的军事打击，到 1944 年日本国内的政治、经济每况愈下：粮食严重不足，生产急剧下降，劳动力和兵源十分缺乏，总体战体制濒临破产，国内充满着混乱、饥饿和恐慌，日本上层出现反对东条内阁运动。太平洋上，美军相继攻占马绍尔群岛、塞班岛等处，并开始进攻菲律宾，切断日本和南亚地区的联系。1944 年 5 月，日军为了救援入侵南亚地区的军队，在中国战场开始了打通大陆交通线的作战，其间虽然一度得逞，但由于作战区域广阔，占领地区兵力单薄，1945 年 5

月，中国军队向桂柳地区发起追击作战，相继克复南宁、柳州和桂林。八路军亦开始转入全面反攻。6月23日，冲绳日本守卫部队，在美军的攻击下，全军覆没。日本的失败已成定局。这时，日本军国主义者表示继续坚持战争。6月8日，天皇御前会议决定，"举国一致，俾能适应皇土决战"，① 谋求在海外领地被盟军攻占后继续在日本本土顽抗。另一方面，一批日本重臣希望在有利条件下媾和，结束战争。7月10日，天皇企图指派前首相近卫文麿为特使访问苏联，期望苏联出面调停，以体面地结束战争，理所当然地遭到苏联拒绝。

显然，到1945年7月，日本各方面的处境已十分艰难，对战争的前途已经绝望。

7月26日，中美英三国联合发表《波茨坦公告》，敦促日本军国主义投降。日本内部虽然意见不一，但是日本政府仍发表声明拒绝接受《波茨坦公告》。8月6日，美军在日本广岛投下第一颗原子弹。8月8日，苏联宣布对日作战，并表示次日出兵中国东北。这时，日本军方虽然感到事态严重，但是仍无意接受无条件投降。8月9日，美军在长崎投下第二颗原子弹，当日上午日本连续召开各种会议，经过不断的争吵，至8月15日，日本天皇发布《终战诏书》，正式宣布无条件投降。

从上述分析我们可以看出，美军投掷原子弹和苏联宣布出兵中国东北，对日本的迅速决定投降，起了促进作用。过分的夸大和贬低两者的作用，都是不妥当的。长期的侵略战争，已将日本的国力消耗殆尽，已无更多的人力和物力继续坚持战争。中国抗日战争的胜利和日本的无条件投降，是历史发展的必然结果。

# 八、十四年的抗日战争是一个整体过程

近代以来，中国和日本之间曾经发生两次大规模的战争。一次是1894年爆发

---

① 《日本外交年表及主要文书》（下），第615页。

的中日甲午战争，结果以中国的惨败而告终。1931 年 9 月，日本军国主义再次挑起对中国的第二次侵略战争，这次战争以中国人民的辉煌胜利而告结束。

对第二次中日战争的研究，多年来出版了大量学术成果，可以说已经十分繁荣。但是，这次战争的起点是 1931 年的九一八事变，还是 1937 年的七七事变？学术界在认识上并不完全一致。我们认为有必要把这个问题研究清楚。

毫无疑义，1937 年的七七事变，是日本帝国主义大规模扩大进攻中国内地的开始，也是中国各民族、各阶级、各政党团结起来共同抗日的起点。但是作为一场大规模的中日战争，它的起点应该是 1931 年的九一八事变，并且经历了 14 年的战争过程。我们应该将 1931 年至 1945 年的中日战争历史作为一个完整过程加以研究。

甲午战争后，日本帝国主义不断地策划侵略中国的新阴谋。1927 年 6、7 月间，日本田中内阁在东京召开了"东方会议"，讨论并确定了新的对华政策，即所谓"惟欲征服世界，必先征服支那，如欲征服支那，必先征服满蒙"。九一八事变就是这一政策演进发展的必然结果。九一八事变后的 14 年，不论日本帝国主义侵略中国的政策、步骤、范围、手法如何变换，它始终遵循和坚持田中内阁所制定的企图灭亡中国并征服世界的"大陆政策"，并且从此开始了长达 14 年的侵略战争。其间，自 1931 年至 1937 年，虽然战争时而停止时而继续，但是日本灭亡中国的政策并未放弃，日本侵略军并未撤离中国领土，而是一步步向华北地区扩张。这时日本与中国政府所进行的各种谈判和在华北地区策动的政治分离运动，都是以其武装力量为后盾的。

九一八事变发生后，即开始了中国人民反抗日本侵略的武装斗争。由于中国国情的复杂性，导致中国抗日战争的曲折性。由自发的、局部的、各种形式的抗日斗争，发展到全民族的、各阶级各政党共同进行的反侵略战争，其间经历了一个漫长的变化过程。日本帝国主义的侵略，给中国社会政治、经济带来严重影响。中日民族矛盾已经逐步上升为主要矛盾，阶级矛盾开始下降到次要地位。全国各阶级、各政党尤其是国共两党，面对这一残酷的战争现实，不能不重新考虑自己的态度和政策。政策的调整和相互关系的整合是曲折的、缓慢的，经历了正确和错误的选择。共产党由抗日反蒋、逼蒋抗日到联蒋抗日，国民党则由对日不抵抗到抵抗、由消灭共产党到接受共产党的抗日民族统一战线政策，实现共同抗战，是自 1931 年九一八事变到 1937 年七七事变爆发后逐步实现的。

综上所述，无论从日本帝国主义发动侵略战争，还是从中国人民的抗日战争方面说，14 年的中日战争是一个整体发展过程，我们不应将七七事变前后割裂为两个不同质的历史发展阶段。但是自 1931 年九一八事变到 1937 年七七事变，是中国人民局部抗战阶段，自 1937 年七七事变爆发，中国则进入了全面抗战阶段。七七事变是一个重要的历史事件，它不仅标志着日本开始大规模地入侵中国，也标志着全国人民团结抗战的形成。我们可以将 14 年的中日战争历史，作为一个战争两个大的发展阶段加以深入研究。

第一部分

九一八 事变与
东北沦陷

# 第 1 章
## 日本军国主义的形成及其对华政策

## 一、日本军国主义的产生及其早期侵华活动

1867 年，日本西南地区一批具有改革倾向的封建领主兼军阀以"还政于天皇"的名义兴兵讨伐当时控制中央政权的德川幕府。① 天皇颁发密诏确认其行为的合法性。10 月 14 日，德川幕府的最后一代将军德川庆喜辞职，还政于天皇，德川幕府的统治至此结束。1868 年 1 月 3 日，明治天皇颁布王政复古诏书，正式宣布废幕府，成立新的中央政府。倡导倒幕、主张改革的人士掌握了中央政权，是谓明治政府。明治政府从 19 世纪 60 年代末到 70 年代初推行了一系列有利于日本资本主义发展的改革政策与措施，开始了日本近代化的进程，构成了日本历史发展的转折点，史称"明治维新"。

"明治维新"即日本近代化的主体力量具有浓郁封建色彩，其虽有近代化指

---

① 日本仿中国古制，称将军处理军务的衙门为幕府。但自将军掌握全国的统治实权后，幕府即为其政厅。

向，但封建因素与日本传统宗教神道教，在日本近代化中产生了强大影响并发挥着整合社会的作用，使得明治维新开始的同时，日本便走上了军国主义的发展道路。明治政府建立伊始，就提出了"富国强兵"的口号。1868年3月14日以天皇名义发表的《宸翰》（即天皇御笔信）中，即宣称要"继承列祖列宗之伟业"，"安抚尔等亿兆，开拓万里波涛，布国威于四方"。① 1872年，明治政府颁布征兵令，旨在建立现役与常备役（即预备役）相结合的近代军队。至1890年，日本已拥有7个现役近代陆军师团，人数达53000余人；近30个常备役陆军师团，人数达256000余人。此外，海军亦拥有近代舰只25艘，总吨位达51000吨。并建立了遍布全国的军事警察网，至1889年，已拥有首都警视厅和692个警察署，774个分署，1400余个派出所。② 1890年，日本的近代工矿交通企业已达1653家，占主导地位的为军工企业。1881年，明治政府颁布教育敕令，明确规定军国主义思想为各级各类学校教学的基本内容之一，并在学校普遍开展军事训练。军国主义不仅成了日本的国策方针，而且内化并构成了日本的国家体制。1874年颁布的陆军省官制中规定："陆军卿（即大臣）由将官中任命。"这种体制后推广至海军部，明确了大臣的武官制。陆、海军省作为政府的部门，必须由陆、海军将官出任，此种体制实际上使军方有效参预并制约了政府，并在实际上拥有了对政府的干预权和否决权。只要军方的意图得不到实现，就不派人参加政府，政府便无法组成，更谈不到开展工作了。1878年，设立了参谋本部。参谋本部以将官为首脑，直属天皇，与政府平行，参预国策方针的制定。参谋本部处理军事事务，政府无权过问。参谋本部决定的军令事项，可以直接下令军部执行之。作为政府部门的军部（陆、海军省），在本质上也因此隶属于参谋本部了，这就为参谋本部通过军部干涉政府开辟了通道。加之军部大臣的武官制，军方实际上完全控制了政府。③

---

① 易显石等著：《"九一八"事变史》，第44页，辽宁人民出版社1981年版。
② ［日］井上清等著：《日本近代史》，第177页，商务印书馆1972年版。
③ ［日］井上清等著：《日本近代史》，第100页。

图 1.1　中国洋务运动的推动者李鸿章（左）与日本明治维新的重臣伊藤博文（右）

　　日本走上军国主义道路首要原因在于明治维新是一场极不彻底的资产阶级革命。① 明治维新的发动者、组织领导者大多为具有一定开明倾向及意识的地方封建领主兼军阀。他们虽具有某些明确的资本主义价值取向，但更多的则是站在封建制度的立场上利用资本主义的某些因素。明治维新后，封建制度因素在各方面仍广泛存在。政权体制基本保持了旧的模式。在新政府中当权的维新派，既发展着城市的近代资本主义工商业，又维系着旧有的封建领地。1872 年明治政府颁发土地执照，仅承认德川幕府时期的地主和自耕农享有土地所有权，绝大部分农民仍然没有土地，靠租佃地主的土地为生，封建生产关系在农村中仍占据着主导地位。城市中新兴的工商业资产阶级绝大多数渊源于与封建领主、军阀、官僚存在广泛联系的高利贷商人，他们运用各种封建手段、方法及制度经营近代工商业，使封建关系盛行于近代工商业之中。资产阶级的民主自由并未实行，封建思想意识普遍存在。大量封建因素融合进了日本资本主义的发展进程，封建地主阶级的掠夺本性与资本主义原始积累的残酷性相结合，构成了日本军国主义（后发展至

---

　　① 有的学者认为明治维新仅仅是一场改良运动而非资产阶级革命。因为维新时资本主义和资产阶级均很弱小。维新后的政权性质未根本改变，政权基础则是缓慢地从封建制向资本主义转变的。

列宁称之为军事封建的帝国主义）的社会基础。

日本走上军国主义道路的另一原因在于日本的政治、文化传统。日本封建社会产生的天皇制与封建军阀及其军事力量一直存在着紧密的关系。德川幕府时期即颂扬天皇乃创造日本国家的神的子孙，是日本唯一的最高君主世家，是日本社会的最高权威。尽管天皇的权力实际上被架空，但德川幕府借助于天皇的名义对全国实行精神统治，并挟天皇以令天下。明治维新又发端于西南封建领主兼军阀以"还政于天皇"的名义讨伐幕府，并以"王政复古"的形式结束了德川幕府时代。明治政府直接与天皇制结合，中央政权一直操纵于具有实力的军方或与军方有广泛联系的人士之手。明治天皇利用军方恢复与巩固了自己的统治地位；军方则利用天皇建立了其对于全国的实际上的控制，并利用传统宗教神道教，强化天皇的至尊主宰地位以统驭社会，形成天皇—军方并利用神道教的一体化社会体制。"天皇制从诞生的时候起就具有浓厚的军国主义倾向，参谋本部的设立则正式宣告天皇制采取军国主义了"。① 日本古代社会长期为封建军阀所主宰。镰仓幕府（源氏幕府）统治达150年，设于京都的室町幕府（足利氏幕府）统治达236年，设于东京的江户幕府（德川幕府）统治达264年。长期的封建军事力量的统治培育了日本的武士阶层，并使封建军阀混战不断。连续的战争使"尚武"沿袭为日本社会的风气，美国文化人类学者本尼迪克特称之为"刀的传统"。这种传统附着于封建地主阶级的凶残性，塑造了日本封建文化的武士道精神。天长日久，它渗透进日本社会的各个领域，成为日本社会文化系统中极具影响的因素之一。明治维新后，构成了日本军国主义的社会文化基础。

后起的以军国主义作为国策方针和国家体制的日本资本主义，更具有贪婪性和掠夺性，19世纪70年代之后，日本疾速走上了疯狂的侵略扩张之路，其侵略扩张的矛头首先指向中国。

---

① ［日］井上清等著：《日本近代史》，第101页。

图 1.2 日本萨摩藩的武士们

1874 年，明治政府以报复台湾土著居民杀害琉球漂流民为借口，入侵中国领土台湾，中国清政府表示强烈抗议。日本派出参议兼内务大臣大久保利通担任全权使节赴北京与清政府代表李鸿章进行谈判，在英国驻华公使的斡旋下缔结了《中日北京专约》。日本撤兵，中国则付出 50 万两白银作为赔款以偿还日军的侵台费用。日本轻而易举地勒索成功，进一步刺激了它的侵略扩张活动。1875 年，日本海军向朝鲜江华岛炮台挑衅，威胁朝鲜。1876 年 2 月与朝鲜缔结了所谓友好通商条约。第一条写道："朝鲜是自主国……"当时的中国清政府与朝鲜之间为宗主国与附属国的关系，开宗名义写上此条，目的是否认这种既定关系，为日后与中国争夺对朝鲜的宗主国地位进而将侵略矛头直指中国埋下伏笔。琉球自古以来为一独立国家，但向中国纳贡。明治政府一成立，便提出琉球为日本领土。1872 年强迫琉球王室承认自己是属于日本的琉球藩王。琉球人民反对日本的吞并，清政府也认为这是针对中国的挑衅。明治政府却在用武力镇压了琉球人民的反抗之后，于 1879 年废琉球藩，改设冲绳县。侵略琉球引发了中日的尖锐对立，使两国迈向战争的边缘。最终，日本依靠政治上与地理上的便利条件和西方列强的支持，不顾中国的抗议，吞并了琉球全岛。明治政府的上述几次侵略行径，除入侵台湾外，名义上均是针对与中国存在着传统宗属关系的国家，但其实质是为直接侵略中国奠定基础，扫清外围。明治政府制定的"耀皇威于海外"的军国主义方针，一直将中国视作其主要潜在敌手和扩张对象。1880 年，参谋本部长山县有朋在派遣人员潜入中国北京、天津窃取军事情报的基础上，编写了《邻邦兵备略》一文，汇集了中国的军情，论述了中国的军备，并呈奏明治天皇，其中强调必须准备中日战争。为了准备对中国作战，扩充军备乃当务之急。力言"财政困难不能成为反对扩充军备之理由，因为强兵为富国之本，而不是富国为强兵之本"。① 1890 年 3 月，山县有朋在呈给明治天皇的奏折中又强调："国家独立自卫之道有二：一曰捍卫主权线，不容他人侵害；二曰防护利益线，不失自己的有利地势。何谓'主权线'？国家之疆域是也。何谓"利益线'？即同我主权线的安全紧密相关之邻近区域是也。"② 山县有朋所言的日本的"利益线"，即指朝鲜与中国。山县有朋的"卫国"之道即为：一防卫疆域，二吞并朝鲜，三入侵中国。此"卫国"之道深得明治天皇及明治政府的赏识，被定为日本的"根本国策"。甲午中日战争初步印证了日本军国主义的这一战略方针。

　　1894 年 5 月，朝鲜爆发东学党起义。日本政府一面准备乘机出兵吞并朝鲜，一面又假惺惺诱使中国清政府答应朝鲜政府的请求，出兵朝鲜以镇压起义。日本诱使中国出兵完全是为自己出兵制造借口并进而挑起中日战争。从 6 月初到 7 月初，在不到一个月的时间内，日本即以护送驻朝公使返任和保护侨民以及与中国享有对朝同等权益等为借口，出兵朝鲜达一万余人，占据了战略要地，包围了驻朝鲜牙山的清军。7 月 25 日，不宣而战，突然袭击中国派往朝鲜的陆海军。清政府猝不及防，于 8 月 1 日仓促宣战。甲午战争前后历时 8 个月，由于清政府腐败的政治、军事制度和消极防御、失败主义的指导方针，终于导致中国战败。清政府于 1895 年 4 月 17 日被迫与日本签订了自《南京条约》以来最严重的丧权辱国条约——《马关条约》。《马关条约》规定：中国承认日本对朝鲜的控制；中国割让辽东半岛、台湾全岛及其附属岛屿给日本；赔偿日本军费 2 亿两白银；增开沙

---

① ［日］井上清等著：《日本近代史》，第 100 页。
② 易显石等著：《"九一八"事变史》，第 52 页。

图 1.3　中日签订《马关条约》的所在地日本下关春帆楼内景

市、重庆、苏州、杭州四个通商口岸；日船可直驶以上各口，日本可在以上各口设立领事馆、建造工厂、输入商品和各种机器设备；为保证中国履行条款，日军暂时占领威海卫。日本夺取辽东半岛，与沙俄在亚洲的侵略扩张发生了直接冲突，俄国联合在远东与英国竞争的法、德两国，要求日本退还辽东半岛。日本虽被迫退还，但讹取了 3000 万两白银的赔款作为代价，使中国被迫承担的赔款总额达 2.3 亿两白银。甲午战争的最严重后果正在于此——日本用勒索的赔款高速进行了资本积累，发展了近代工商业，使其迅速跻身于帝国主义国家之列。中国则利用自己的钱铸造了自己的宿敌。

1904 年至 1905 年发生了日俄战争。这场发生于中国旅顺口及东北境内辽东半岛的战争，是日俄为争夺对中国东北控制权的帝国主义战争。战争以日本获胜结束，沙俄将在中国辽东半岛和东北南部的特权转让给了日本。之后，日俄又三次签订《日俄密约》，将中国东北北部和内蒙古东部划为日本的势力范围。从此，日本将以上地区统称之为"满蒙"，视作其独占地盘和进一步全面入侵中国的前沿基地。

## 二、第一次世界大战与日本独占中国野心的显露

第一次鸦片战争之后，资本主义列强叩开了中国的大门。经济、政治、文化入侵纷至沓来，攫取了大量在华特权。《马关条约》签订前后，帝国主义入侵中

国的步伐加速，各自划分着在华势力范围。沙俄侵入了中国的东北、内蒙古、新疆地区；日本侵入了所谓"满蒙"地区，割占了台湾（包括澎湖列岛及金门、马祖岛屿），并于 1898 年强迫清政府答应不把福建租让给其他国家，使福建也成了日本的势力范围；1898 年，德国强迫清政府订立《胶澳租界条约》，以"租借"的名义强占了胶州湾，把山东省变成了其势力范围；法国强占了云南边境地区并取得了在广东、广西和云南开矿的优先权，1898 年，又强租广州湾及其附近水域，将以上地区划入其势力范围；英国则强占了中缅边境的中方地区，强迫清政府进一步开放了两广的一些城市作为商埠，1898 年强租九龙半岛和威海卫，并于同年迫使清政府宣布不把长江沿岸各省让与或租给他国，从此，长江流域沦为英国的势力范围；美国则于 1899 年照会各帝国主义列强：在"机会均等""利益均沾"的基础上，实行"门户开放"政策。各列强基本赞同。中国更深地陷入了帝国主义列强共同控制的半殖民地深渊。

资本主义—帝国主义列强对中国的入侵贯穿着互相争夺的剧烈矛盾。英国对于法国强占中国云南与两广地区以及广州湾深表不满，也插足这些地区并将其势力范围扩展至长江流域以遏制法国；同时，英国为了阻挡沙俄势力由东北地区南下，一方面积极扶植、支持日本在东北地区与沙俄对抗，另一方面迅速将其势力范围向胶东半岛渗入、扩展；德国强占胶州湾及胶东半岛，与一直觊觎此地的英国和日本发生了直接冲突；日本将福建划入其势力范围，与一直凯觎此地的法国发生尖锐矛盾；沙俄为对抗英国，支持法德两国；美国则提出门户开放政策以保持中国市场的完整性，企图最终通过自身的经济实力独占中国市场。

日本军国主义利用帝国主义的矛盾，扩大对中国的侵略。甲午战前，它既积极备战，试图入侵朝鲜与中国，又深恐入侵东北触犯沙俄在华利益，所以积极谋求英国的支持。英国也想分化日俄两国，并进一步利用日本遏制沙俄在中国的扩张，因此于 1894 年 7 月 16 日在伦敦签订了日英新条约，以表示支持日本，鼓励日本开战，英日同盟就此确立。当时的英国外相在条约签字仪式上致祝辞说：

"这个条约的性质，对日本来说，比打败中国的大军还有利。"① 日英新条约签署后的第 9 天，日本对中国就不宣而战。1904 年至 1905 年的日俄战争也是英日同盟与沙俄在远东对抗的产物。英俄在远东的对立，居于帝国主义列强在华争夺的主导矛盾的地位。在日俄战争前，日本一心想独占东北并报三国干涉还辽之仇，英国拉拢美国支持日本，法德两国则支持沙俄。日俄战争，日本支出了总额达 17.16 亿元的战争费用，其中有 8 亿元是从英美金融资本界筹借的外债。② 正是利用了资本主义—帝国主义列强的支持、怂恿，日本军国主义逐步积蓄了力量，丰满了羽翼，膨胀了野心，迈出了更大的侵略扩张步伐。

1914 年 8 月，第一次世界大战爆发。战争的主要战场在欧洲，欧美帝国主义各国先后卷入这场旨在重新瓜分殖民地的战争。日本利用欧美帝国主义列强暂时无暇东顾之机，以"对德宣战"为幌子，出兵侵占胶州湾及胶东半岛，攻占济南和青岛，夺取了胶济铁路，取代了德国在山东的地位。日本的迅速参战（8 月 23 日）使英美感到惊讶。英国认为，日本的参战热情是缺乏诚意的，是利用欧战扩大其在中国的地盘，并无意分担协约国对德战争的负担。1915 年 1 月 18 日，日本照会袁世凯政府，提出了灭亡中国的"二十一条"要求，主要内容是：第一，将山东由德国的势力范围变为日本的势力范围；第二，日本在满蒙享有独占权；第三，汉冶萍公司由中日合办；第四，中国沿海任何港湾和岛屿均不让与第三国；第五，日本对中国政治、财政、军事、警察等方面享有特权，中国政府应聘任日本人充任这些方面的顾问。"二十一条"提出后，日本向东北、山东增兵，派舰队到厦门、吴淞、

图 1.4　日本威逼袁世凯接受"二十一条"

---

① ［日］井上清等著：《日本近代史》，第 195 页。
② ［日］井上清等著：《日本近代史》，第 252 页。

大沽威胁袁世凯政府。同时，又明确向袁世凯表示，若答应"二十一条"则支持其称帝。在日本的威逼利诱下，袁世凯政府除对上述第五方面内容表示"容日后协商外"，于5月9日表示完全接受其余条款。袁世凯政府接受"二十一条"，激起了中国人民的极大愤慨和强烈反对。日本提出"二十一条"，试图独占中国，也一下子激化了它与欧美列强的矛盾。但因为处于战争之中，为防止日本倒向德国，英美除提出抗议并要求不得损害英美在华利益和门户开放政策之外，未采取任何其他行动。法俄两国则采取了观望态度。袁世凯死后，日本寺内正毅内阁鉴于前任内阁侵华步伐过快、手段过于露骨和狂妄而使日本在国际社会声名狼藉的教训，采取了较为隐蔽但实质仍为独占中国的侵略方式。它给予黎元洪—段祺瑞政权大量贷款，促使其成为日本的傀儡；加紧扶植张作霖，促使其成为日本在东北的代理人，并极力直接控制东北的军政财经大权。第一次世界大战期间，日本在华投资剧增，日资不仅深入了中国的棉纺织业和面粉加工业，而且形成了对中国大型煤铁矿业的垄断。1919年，日资直接开采和与中国合资开采的煤炭产量占了中国煤炭总产量的60.4%。1918年和1925年，日资控制下的中国铁矿产量占了中国总产量的100%，[①] 日本疯狂掠夺中国资源，由此可见一斑。当1918年第一次世界大战结束后欧美帝国主义列强卷土东来时，日本对华资本输出总量已居列强前列。

日本在华侵略势力的急剧扩张，引发了帝国主义列强争夺在华权益的新一轮矛盾，形成了新的矛盾格局。日本提出"二十一条"后，美国认为这是对它向太平洋地区扩张的威胁。1917年夏天，日本派出以石井菊次郎为首的代表团访美，经与美国国务卿兰辛谈判，签订了《兰辛—石井协定》。该协定重申了帝国主义列强对华机会均等、利益均沾原则以及门户开放政策，同时承认"国家间因领土接近而产生的特殊利益"，暂时缓和了日美矛盾。1919年1月18日巴黎和会召开。在和会上，中国代表提出收回被日本侵占的原德国在山东的权益、租借地和

---

① 严中平等著：《中国近代经济史统计资料选辑》，第126页，科学出版社1955年版。

胶济铁路。美国代表出于维系门户开放政策的立场支持中国的要求。日本则为侵占中国山东的权益作辩解，并威胁若满足中国要求，将拒绝在和约上签字。在英法两国的默契下美国再次让步，和会满足了日本的要求。当时美国已经迅速崛起，在经济上自 19 世纪 90 年代初起，已成为世界头号强国。英法与日本联合是为了阻止美国向太平洋区域的扩张，以维护其既得的殖民利益；但同时也十分担忧日本独占中国的企图彻底毁灭它们的在华利益。美国利用其两重性，于 1921 年 7 月 1 日，向英、法、日等国提出倡议，召开一次国际会议，讨论限制军备和太平洋远东问题。1921 年 11 月 12 日，华盛顿会议开幕。1922 年 2 月 6 日，美、英、法、日等国代表在华盛顿签署了《华盛顿条约》（又称为《九国远东条约》），条约共九条，其基本内容和实际作用是将美国倡导的"机会均等"、"利益均沾"原则和门户开放政策首次通过有约束力的国际条约的形式变成了列强公认的对华"国际准则"，并强迫日本在实际上退出了山东。美国争取到英法的支持和合作（英国在此次会上，正式宣布废除英日同盟），使中国又恢复到了几个帝国主义国家共同支配的半殖民地局面。

帝国主义争夺侵华权益之矛盾的演化，使日本感到其在华既得利益和独占中国之方针受到现实的威胁，于是准备铤而走险，加紧实施其独占中国之战略方针。

## 三、东方会议与日本大陆政策的发展

1920 年，在剧烈的劳资矛盾中日本爆发了战后首次经济危机。危机持续至 1923 年。危机期间，日本造船业、钢铁业、纺织业的生产分别下降了 35%、20%、30%，生铁生产厂家有近 50% 关闭。[①] 加之美英卷土东来的竞争，使日本的重工业一直陷于慢性萧条之中。日本经济实力的削弱是导致它在华盛顿会议上

---

① ［日］井上清等著：《日本近代史》，第 406 页。

被迫让步的主要原因之一。1923年9月1日，包括东京在内的日本关东地区发生大地震，伤亡人数达16万人，财产损失达100亿日元。这对于尚未完全从经济危机中复苏的日本来说，犹如雪上加霜。根据明治维新以来日本近代化进程的黩武"经验"，日本准备诉诸对外掠夺以摆脱困境。因此，"在国内如此的混乱中"日本仍更换了内阁。1927年4月20日，以狂热的军国主义者、曾担任过参谋次长和陆相的田中义一大将为首相的新内阁成立。

1927年6月27日至7月7日，田中内阁召集外务、陆海军省官员、参谋本部第二部部长以及与中国事务有关的外交官于东京，举行了"东方会议"。会议的中心议题就是讨论、制定日本吞并"满蒙"的政策和实施计划。7月7日，田中义一在会议上提出了《对华政策纲领》，随后公开发表。这个纲领为掩饰其实质，采用了种种外交辞令。但即使如此，仍露骨地表明了干涉和侵略中国的意图。其主要内容可概括为：第一，区别中国本土和满蒙特别是东北地区，东北地区对日本在国防和国民的生存上有着重大利害关系，因此要坚决把满蒙地区从中国分割出来，置于日本势力之下；第二，认为当前中国不可能统一，日本应和"各地的稳健政权"取得适当联系，从中选择、扶植日本的代理人；第三，日本在华权益以及日侨生命财产如有受"不良分子"非法侵害之虞时，日本当根据需要采取坚决自卫的措施；第四，万一动乱（即中国革命）波及满蒙，扰乱治安，使该地区日本的特殊地位与利益有受侵害之虞时，日本将不问它是来自于哪一方面，应立即坚决采取适当措施以保护之；第五，日本对中国各地之（对立）政权，首先是对立的南北政权，应采取一视同仁之态度（实质是极力维持中国分裂状况，以便于日本趁火打劫）。① 除此公开发表的文件外，田中义一还根据"东方会议"的精神和上述纲领之实质撰写了《帝国对满蒙之积极根本政策》的秘密文件，于7月25日密奏日本天皇，这就是恶名昭著的"田中奏折"。奏折详尽论证了日本以满蒙为侵略扩张基地的战略方针。奏折声称："惟欲征服支那（即中国），必先征服

---

① 《日本军国主义侵华资料长编》，第138~140页，四川人民出版社1987年版。

满蒙；欲征服世界，必先征服支那。倘支那完全可被我国征服，其他如小亚细亚、中亚细亚及印度、南洋等异服之民族，必畏我敬我而降于我，使世界知东亚为我之东亚，永不敢向我侵犯。"奏折还称："满蒙非支那（即中国）之领土。"奏折同时强调了日本应奉行的全球战略："将来欲征服中国，必以先打倒美国势力为先决问题，与日俄战争大同小异。""最近之将来，在北满地方必与赤俄冲突。"奏折详述了实施上述侵略战略的步骤、方法。① 奏折内容于 1929 年底由中国出版的《时事月报》第 1 卷第 2 期揭露，其反映的日本狂妄野心令世界舆论哗然。日本至今仍矢口否认有此奏折，但日本后来发动侵华战争和挑起太平洋战争的行动步骤完全与奏折的原则及规划相一致。日本军国主义的所作所为印证了奏折内容的真实性。

实际上，田中奏折不仅标志着日本军国主义大陆政策的发展，而且标志着它的定型与完成。日本军国主义一直将入侵并占领中国大陆作为其基本战略目标。首先是占领朝鲜半岛、中国东北地区，以此作为进占中国大陆的跳板。这就是日本军国主义的"大陆政策"。在山县有朋所编的《邻邦兵备略》及 1890 年 3 月上呈天皇的奏折中，已形成了日本军国主义大陆政策的雏形。在 1894 年发生的甲午战争中，日本军国主义刚发端的大陆政策进行了初步实践。当俄、法、德三国干涉退还辽东半岛的时候，明治天皇对当时的日本首相伊藤博文说："用不着急于夺取辽东半岛。在这次战争中，我们已经了解了该地的地理和人情。不久将会在朝鲜或其他地方再发生战争，那时再夺取也不晚。"② 明治天皇的这一番话表明山县有朋的建议与理论已完全被其本人及其政府所接受，并使之逐步具体化了。初步形成的日本军国主义的大陆政策已确定成为日本的国策，日本不惜进一步发动战争以实现之。大陆政策的早期支持者主要为天皇、军人和官僚。随着日本资本主义的发展，日本资产阶级也成为大陆政策坚定的支持者。明治维新后，因农村中封建生产关系仍在相当程度上占据主导地位，使日本农业的发展速度极为缓

---

① 魏宏运主编：《中国现代史资料选编》第 3 册，第 536 页，黑龙江人民出版社 1987 年版。
② ［日］井上清等著：《日本近代史》，第 199 页。

慢，这就拖住了资本主义工商业发展的后腿。仅粮食一项，就远远不能满足资本主义工商业发展的需要。日本自从1893年起，粮食就开始进口。1903年以后，每年要输入粮食500～600万石，超过国产粮食的10%。① 此外，日本作为一个资源贫乏的小国，亦急需开拓原料产地和市场。为确保朝鲜和中国成为日本资本主义发展的稳定的原料供应地和投资市场，日本新兴工商业资产阶级热衷于大陆政策，加强了其对日本军国主义的依赖性，亦为日本军国主义的大陆政策注入了新的社会支持力量。日俄战争，是日本大陆政策进一步实施的明证。在日俄战后签订的《朴次茅斯和约》中，日本使俄国承认了其对朝鲜的统治权，并将东北南部铁路、旅顺和大连的租借权以及其他沙俄在中国东北享有的侵华权益转让给了日本。

第一次世界大战前后，日本独占中国的野心急剧膨胀，其大陆政策趋向系统化。1921年5月13日，日本原敬内阁通过的《对满蒙的政策》中称："要确保并有效地利用我国在满蒙的既得特殊地位与权利。而且今后必须进一步努力获取我国国防与国民经济生存上所必需的地位和权利。"② 田中义一对大陆政策的全面阐发是前述大陆政策形成过程的自然延续，同时完成了这个过程。日本军国主义的大陆政策视朝鲜半岛和所谓"满蒙"地区为日本的生命线、生存线，其根本战略目标和实质是最终侵吞中国，争霸全球。大陆政策经过田中义一的全面阐发，其目标和实质昭然若揭。

## 四、世界经济危机对日本的冲击

1927年春，日本陷入了空前的资本主义金融危机。1925年，日本为挽救由外贸入超所造成的外汇汇价下跌低落状况，向海外输出、支付黄金，同时在国内采取紧缩政策，控制通货发行。随着物价的低落，利润率也开始下降，一年之内工

---

① ［日］井上清等著：《日本近代史》，第241页。
② 易显石等著：《"九一八"事变史》，第53页。

业利润率由 17% 直线下降至 11.6%。实力薄弱的公司、银行开始动摇。1927 年 3 月 15 日，东京的渡边银行、赤地储蓄银行被迫歇业，继而东京的中井银行于 19 日亦被迫歇业。东京、横滨的中小银行都濒于危机，整个金融界日趋不稳，一片恐慌。政府立即松动银根，在短期内发放大量贷款企图拯救银行，稳定金融形势，但危机继续扩大。4 月初，大阪的近江等三家大银行歇业。4 月 21 日，连有天皇存款的东京第十五银行也歇业了。4 月 22 日、23 日，全国银行及信托公司全部歇业。股票指数也急剧下跌，4 月 22 日，所有交易所歇业。

当日本尚未从金融危机的打击中完全恢复时，1929 年 10 月发端于美国的资本主义世界经济危机又很快波及日本。1930 年春，日本开始卷入这场大危机。1931 年，日本工业总产值仅为 1929 年的 67.5%。对外贸易额，1931 年 6 月与 1929 年 6 月相比，输出总额减少 37.3%，输入总额下降 40.3%。1930～1932 年，日本资本剧减和倒闭的公司及银行数量，均远远超过资本增加和新设的公司及银行数量。仅在 1930 年，工商业公司就倒闭了 823 家，资本剧减的达 311 家。危机在农业中也蔓延深化，先是 1930 年农产品价格暴跌，农民连简单再生产也难以为继；继而 1931 年发生了全国性的大歉收，农业陷入了灾难的深渊。

经济危机使日本国内阶级矛盾空前激化。1930 年 6 月在被调查的 700 万人口中，完全失业者已达 39.5 万人。1932 年 7 月调查了 720 万人口，完全失业者达 55.5 万人。包括失业回到农村去的人，估计 1930～1932 年完全失业者高达 300 万人。侥幸在业的工人，名义工资与实际工资均大幅度下降。降幅平均年递增 10% 以上。"一般农民的惨状真非言语所能形容。逃亡、饿毙、全家自杀、偷盗抢劫、出卖儿女等事不绝于耳。"[1] 1929 年发生劳资纠纷 1420 起，1930 年增为 2294 起，参加人数总共近 20 万。1931 年更增至 2415 起，参加人数近 16 万，罢工人数突破了历史最高纪录。危机时期的工人斗争不仅次数和参加人员猛增，而且斗争往往超出一个公司的范围，扩大至整个产业部门。1929 年，租佃纠纷发生 2434 起，

① ［日］井上清等著：《日本近代史》，第 525 页。

1930年达2478起。1931年和1932年，均达3400余起。租佃纠纷遭到了官方宪兵的暴力镇压，农民也被迫实行了暴力自卫。阶级矛盾激化引发了深刻的社会矛盾，社会政治形势动荡不安。1927年至1931年，日本更换了四届内阁。

图1.5　1931年5月，日本商工省的职员向政府陈情，反对因为大萧条而减少官员薪俸

自金融危机起，垄断资本主义集团在日本疾速发展。首先是与国家资本相结合的大垄断银行及其势力显著发展。仅在1928年，全国就有265家银行被政府"整理"了，以至于全国商业银行的存放款总额中竟有三分之一以上属于三井、三菱、安田、住友四大财阀银行和第一银行。1931年和1932年，这个比重上升至40%。20年代末期至30年代初期的大危机促使垄断更显著地发展起来。危机期间及此后，日本的纺织业垄断于五大公司之手；制麻业则统一由安田公司垄断；水泥业垄断于两个大公司；造纸业垄断于三大公司，后又合并于三井公司；制糖业由三大公司垄断；面粉业则垄断于两大公司；煤炭业方面，三井、三菱、贝岛、古河、安川、浅野六大资本垄断了全国煤炭产量的62%，三菱、三井两财阀又占了其中的70%。除上述外，硫铵、人造丝、电力、私营铁路等方面也基本上由三井、三菱、安田、住友四大财阀集团所垄断。1929年，日本的卡特尔为21个，1930年达31个，1931年猛增至54个。在钢铁、缫丝、啤酒、汽车等工业部门和北洋渔业中，托拉斯组织也迅猛发展起来。

日本国土狭小、资源贫乏，明治以来一直将对中国及朝鲜的扩张、掠夺作为其"富国强兵"的基础。日本资本主义工商业的发展也依赖于中国及朝鲜作为其原料基地与市场，经济危机更强化了这种依赖性。由此，日本垄断资本通过政府与日本军国主义更紧密地结合起来，促使日本经济向军事化方向发展。20 年代末期，日本政府在产业合理化的名义下强制推行组建卡特尔，并制定了重要产业统制法和针对中小企业的工业协会法，以及对出口业的出口协会法。重要产业统制法以国家权力强化大财阀对主要产业的统制力，使其发展符合军国主义的内在要求。根据此法，1931 年 8 月成立了重要产业统制委员会，由官僚、两院议员、垄断财阀组成。他们得到了军方的有力支持，并和军方保持着广泛而密切的联系，这个委员会主导了日本经济军事化的过程。1928 年，日本进口军需物资的费用在其外贸输入总额中占 39%，1929、1930 年已增至 41%。日本重工业则侧重于坦克、舰船、飞机、汽车的生产及其基础的建设。1931 年夏末，三菱飞机制作所完成了国产重型轰炸机的生产。以国产坦克装备的机械化兵团也于 1931 年夏天建立。立刻能转化为炸药、毒瓦斯制造的化学工业、化肥工业、染料工业等，尽管处在危机中，仍有了很大发展。随着日本经济的军事化，日本的陆、海军装备及其作战能力有了很大的改善和提高。

20 世纪 30 年代世界经济危机最终促进了日本法西斯势力与军国主义的融合，导致日本法西斯势力影响、左右国家决策。源于欧洲的法西斯主义是极端的民族主义和极权政治。早在 1916 年，日本狂热的民族主义分子北一辉和大川周明就鼓吹日本应当成为亚洲的霸主。为实现此目标，他们倡导建立以天皇为绝对权威的强权政治体制，培育国民忠君的"国体意识"，通过这样的所谓"国家改造"使日本迅速强大起来。20 世纪 20 年代初，他们的思想与东渐的欧洲法西斯主义结合，形成为日本的法西斯思潮。北一辉与大川周明等一面在社会上广为传播法西斯主义，一面在军队中积极进行组织活动。由于法西斯主义与日本军国主义及其大陆政策有异曲同工之妙，所以在日本一经形成，就被统治阶层与军人集团广泛接受。20 世纪 20 年代，在日本内阁、议会、司法机关、军队内部相继出现了一批奉行法西斯主义的组织，标志着所谓民间法西斯派别的形成。1923 年，永田铁山与小畑敏四郎、冈村宁次、东条英机等人成立了军队法西斯组织二叶会，标志着法西斯主义的所谓"幕僚革新派"形成。他们提出，日本要争霸世界，必须进行"总体战"。为此，必须实行全国总动员，调动一切人力、物力、财力，建立国家总体战体制。几乎同期，在北一辉的鼓动、组织下，相当一部分军队基层军官奉行法西斯主义，形成了法西斯主义的所谓"基层将校革新派"。他们提出，军队是实行"国家改造"并使日本成为"亚洲霸主"的主要工具和主导力量。日本法西斯主义形成后，极力鼓吹战争政策，极大地影响了国家决策。田中义一内阁设立了国家总动员机关"准备委员会"，并在陆军省设立了事务局，负责制订总动员计划，由法西斯骨干分子永田铁山、冈村宁次分任课长。他还设置了内阁直辖的资源局，其职能是为进行战争对资源进行统制运用，后来发展为企划院——战争经济参谋本部。这些机构的宗旨均是为未来的总体战服务。1929 年夏取代田中内阁的滨口内阁一上台，就大力推进日本经济的军事化，使上述机构充分运行，着手建立总体战体制。滨口内阁还继承了田中内阁的计划，在京都、大阪、神户地带举行了国家总动员演习，进行了战争产业动员和战时军需生产以及军需品筹措、运输的训练。日本陷入 20 世纪 30 年代大危机后，法西斯势力恶性膨胀。1930 年，军队内部最大的法西斯组织樱会成立，日本军部和参谋本部的首脑人物纷纷表示支持。日本高级将领阶层转向奉行法西斯主义，表明日本法西斯势力已完全控制了军队。随着经济危机的深化，日本法西斯鼓吹用"决断的手段"（即战争）使日本"断然"摆脱危机。

# 第 2 章
## 九一八事变

## 一、日本加紧侵华准备

在上述诸多因素的影响及作用下，日本军国主义及法西斯势力充满了侵华的内在冲动。一旦他们认为时机成熟，就付诸行动。

1926 年 7 月，中国国民革命军誓师北伐，兵出两广，中国现代史上的第一次大革命进入高潮。1926 年底，国民革命军进至长江流域。1927 年春，日本金融危机爆发，在华有投资的日本工商业资产阶级对于政府没有对侨民实行"现地保护"非常愤慨，群起而攻之。军部也认为政府外交软弱，没有果敢行动，对此表示了强烈不满，以此为背景更迭了内阁。田中内阁一组成，就迈出了新的侵华步伐。1927 年 5 月 28 日，田中内阁抓住国共分裂的机会，以"保护侨民"的名义派出 2000 军队往山东省，占领青岛及胶济铁路沿线，并威逼济南。尽管日本政府一再声称这是"自卫上不得已之紧急措置……对中国及中国人民决无何等非友谊之意，且对南北两军，决不干涉作战，或妨害军事行动"。① 但田中内阁的目的，显然是阻止国民革命军进攻徐州，以保护当时占据华北的张作霖军阀政权。田中义一的设想是，作为日本同意蒋介石统一中国的代价，必须使蒋介石承认张作霖是东三省的主权者，在这个条件下进行有关满蒙特殊权益的交易。田中内阁只同意蒋介石的南京政府统一除满蒙之外的中国领土。在蒋介石统一中国领土之前，日本必须用武力使之明白这一意图。同时，让张作霖明白他离不开日本的"保护"，以促其进一步傀儡化。在此压力下，张作霖将被迫同意悬而未决的商租和敷设满蒙地区五条铁路的问题，用正式条约的形式确保日本在满蒙的权益。如此，即使中国革命涉及到满蒙，也能通过控制满蒙的张作霖来维护日本权益。蒋介石也会承认日本在满蒙的特殊利益。② 后由于"宁汉合流"，国民党全力围攻共产党，推迟了对华北的进攻；加之中国人民反对日本帝国主义的斗争和国际舆论对日本的谴责，使田中内阁于 1927 年 8 月暂时撤回了派往山东的军队。

1928 年春，国民政府第二次北伐开始。田中内阁再次以实施所谓对侨民"就地保护"的政策为名，向山东派遣军队。5 月 1 日，福田率第 6 师团 5000 余人抵达济南附近。在此之前，华北日军已派了 3 个中队先期进驻济南城。二次北伐的中国军队于 5 月 1 日进入济南；5 月 3 日，日军即寻衅进攻，制造了令人发指的济南惨案。根据济南惨案调查团所报告，中国民众被杀害 3625 名，受伤为 1455 名，加上军队士兵，总数达 5000 余人，财产损失达 2600 余万元。③ 日军制造济南惨案的同时，日本驻华武官酒井隆向陆军省和参谋本部报称"师团正在进行紧急部署……各方面战况渐次激烈，依靠蒋介石的力量已不能制止中国军队，需要日本

---

① 《中日外交史料丛编》（一），《国民政府北伐后中日外交关系》，第 137 页，"中华民国"外交问题研究会 1964 年 10 月印行。

② ［日］关宽治等著：《满洲事变》，第 2～3 页，上海译文出版社 1983 年版。

③ 中国国民党中央党史委员会编：《革命文献》第 19 辑，第 1266～1267 页，第 1334 页，台湾出版。

采取断然措施"，敦促政府增派兵力。① 田中内阁 5 月 4 日召开了内阁会议，迅速批准了陆军省白川陆相的增兵提案。5 月 8 日从日本本土调派精锐的第 3 师团赴山东，5 月 9 日又从中国东北加派一个旅团去山东，迫使中国军队撤离了济南，日本以此加重了与南京政府谈判的筹码。

田中内阁三次出兵中国山东的战略意图，旨在干涉中国内政，维系奉系军阀傀儡政权以确保满蒙，是其大陆政策的具体实施。田中内阁一面出兵山东，一面要求张作霖停止在华北与二次北伐部队的对抗，保存实力，撤回关外。日本希图以此完全将张作霖掌握在手中，巩固其在东北的既得地位与权益。为此，田中内阁于 1928 年 5 月 18 日发表强硬声明称：如"战争进展至京津地方，其祸乱或及满洲之时，我国政府为维持满洲治安起见，或将不得已采取适当而且有效之措置"。② 同时，将驻旅顺的关东军司令部移驻沈阳，完成了占领中国东北并完全控制张作霖的军事布置与态势。

张作霖虽是日本帝国主义扶植的军阀，但并不甘于在一切方面都对日本政府及其军队俯首帖耳，充当完全的傀儡。慑于全国反帝浪潮的高涨，他对日本提出的在东北的某些权益要求，未能作出令日本满意的答复。在筑路等问题上还接受英美贷款，使英美势力伸入东北，对抗日本。除此之外，张作霖反对撤回关外，并指责日本政府迫使其撤退是干涉中国内政。张作霖和日本政府产生的一系列矛盾，妨碍了日本完全控制东北企图的实现，日本军国主义势力因此准备暗杀张作霖，直接吞并东北。1928 年 6 月 3 日，张作霖终因战败和日本方面的强迫，撤出北京，退往东北。当其乘坐的专列于 6 月 4 日凌晨经过京奉铁路（今京沈铁路）与南满铁路交会处的皇姑屯车站时，被预先埋置的炸药炸毁，张作霖伤重身亡，此即皇姑屯事件。皇姑屯事件是日本驻东北的关东军高级参谋河本大作在军方首脑的支持下，一手策划并组织实施的。在张作霖撤退之前，河本特派了关东军石野芳男大尉和神田泰之助、武田丈夫两名中尉前往山海关和锦州以东的京奉铁路

---

① ［日］关宽治等著：《满洲事变》，第 26 页。
② 国民政府外交部编：《外交部公报》第 1 卷，第 2 号，第 176 页。

各要地，要他们及时报告张作霖专列通过的时间，并派遣驻朝鲜日军某旅团所属工兵队在皇姑屯车站的旱桥下埋置了炸药，由关东军独立守备队中队长东宫铁男大尉担任现场爆炸指挥。关东军首脑和河本大作的原定计划是：先杀掉张作霖，使东三省权力地方军阀化，在东三省制造混乱局面，然后关东军以保护日本侨民和维持社会治安的名义出动，占领东北全境，侵吞东三省。① 由于当时的东北当局妥善处理了这一事件，张学良将军迅速稳定了东北全境，东北并未产生日本军国主义希望出现的大混乱局面，关东军无机可乘，致使皇姑屯事件最终未能达到日本军国主义的战略目的。但它确实是三年后九一八事变的前奏和演习。

皇姑屯事件之后，日本直接侵吞东三省的企图暂时受挫，但其既定的大陆政策仍在加紧准备实行。1929 年 4 月，日本关东军参谋石原莞尔中佐在《扭转国运的根本国策——满蒙问题解决案》中鼓吹："为了消除国内的不安，需要对外进击"，"满蒙问题的解决，是日本的唯一出路"，"随着满蒙的合理开发，日本的繁荣会自然恢复，失业的有识之士亦可有救"。只有行使武力才能"占有满蒙"，如果"不得已而引起战争，则干脆连中国本部的要害地区也归我所有"。② 石原的侵略思想得到日本政府和军方高级人士的赏识。1929 年至 1931 年三年期间，日本参谋本部和关东军四次秘密侦察东北三省，绘制东北军兵力分布情况图，据以制订军事进攻之方案。1931 年 1 月 23 日，前满铁副总裁松冈洋佑在日本第 59 次议会上宣称："满蒙问题是关系到我国生死存亡的问题，是我国的生命线。无论在国防上还是经济上都是如此。"③ 同年 3 月，关东军高级参谋板垣征四郎大佐在日本步兵学校的演讲中进一步强调"满蒙对帝国的国防和国民经济生活有很深的特殊关系"，"是帝国国防的第一线"，"如果单纯地使用外交和平手段，终究是不能解决满蒙问题的"。④ 3 月 31 日，日本联合舰队 64 艘舰只侵入胶州湾，炫耀武力威胁中国。同期，日本进行了由滨松到大连之间的轰炸机直航演习。4 月，将经

---

① ［日］关宽治等著：《满洲事变》，第 35 页。
② ［日］关宽治等著：《满洲事变》，第 123 页。
③ 《现代史资料 7·满洲事变》，第 139、144 页，东京三铃书店 1977 年版。
④ 《现代史资料 7·满洲事变》，第 139、144 页。

过特殊训练适应寒冷气候条件下作战的第 2 师团调往东北地区。5 月，关东军司令官菱刈隆大将在对部队的训示中赤裸裸地提出："唯满蒙之地，对帝国国防及其生存，具有极深的特殊关系"，日本要"打开现状，谋求国运的发展，第一步是从根本上解决满蒙问题"。[①] 尽管遭受了最严重经济危机的打击，日本政府的军费开支在 1928～1929 年比 1913 年（第一次世界大战爆发前一年）增长了159.1%；1932 年，剧增为 1913 年的 343.9%。[②]

图 2.1　策划占领东北的关东军　　图 2.2　九一八事变直接策划者、
作战主任石原莞尔　　　　　　　关东军高级参谋板垣征四郎

1930 年前后，在关于把东北完全变成日本殖民地的问题上，日本帝国主义内部存在两种不同道路及方式的争论：一种强调 1931 年直接以武力占领；另一种坚持暂不以武力直接占领，维持并扩大原来的半殖民地局面。[③] 穷兵黩武的田中内阁因金融—经济危机和皇姑屯事件真相败露而倒台，取而代之的滨口内阁仍坚持帝国主义政策，积极建立总体战体制，但主张先采取第二种方式，军部对此表示强烈不满。

---

① 《现代史资料 7·满洲事变》，第 145、247 页。
② ［日］井上清等著：《日本近代史》，第 541 页。
③ ［日］井上清等著：《日本近代史》，第 555 页。

1930 年 11 月，法西斯分子暗杀了滨口，樱会将校准备直接组建军部内阁。后此举未得逞，被若槻内阁取代。但樱会将校大量调往关东军就任要职，与参谋本部和陆、海军省的同伙上下通谋，计划挑起战争。若槻内阁的要员以及若槻本人也日趋与军队及其法西斯势力一致，转向第一种方式，称其为"建立举国一致的内阁"。

## 二、九一八事变前中国东北的政治经济形势

皇姑屯事件发生后，张学良经化装秘密回到沈阳，在奉系元老张作相等人的辅佐下，继任东北保安总司令，稳定了东北局势，挫败了日本关东军的阴谋。通过河本大作雇用的中国人和其他一些情报渠道，张学良已完全清楚了皇姑屯事件的真相。在中国人民反帝爱国斗争的推动下，张学良集国耻家仇于一身，决心恢复东北作为中国的一部分，取消其特殊性，承认中央政府对东北的主权，实现国家主权的完整统一，也借此保持自己在东北的地位。1928 年 6 月 20 日，张学良不顾日本的军事、经济、政治压力，通电宣布与南京方面"停止一切军事行动"，[①] 7 月 1 日又致电蒋介石、冯玉祥、阎锡山等，宣称："决无妨害统一之意"，[②] 并派出王树翰等四人为代表与南京政府联络。此后，南京与沈阳之间的信使络绎不绝，将东北易帜之事提上了议事日程。日本政府对东北易帜十分敏感，深恐东北的特殊性被取消，影响其在东北攫取的特殊地位与既得利益。1927 年 11 月 23 日，南京方面曾宣布："凡国民政府未参与之中外条约或协定，均不能认为对中国有约束力。"[③] 日本据此认为东北易帜即意味着日本与北洋政府以及奉系军阀所达成的协议和所签订的条约将失去法律地位而无效。加之日本与张作霖之间的"密约"尚未最后换文签订，成了所谓"悬案"，日本政府极力想使这个"悬

---

① 中国国民党中央党史委员会编：《革命文献》第 21 辑，第 1644 页。
② 中国国民党中央党史委员会编：《革命文献》第 21 辑，第 1646 页。
③ 《中华民国史资料丛稿·大事记》第 13 辑，第 253 页，中华书局 1984 年版。

案"最后签订落实。东北易帜，则取消了解决这个问题的前提，对日本既定的分裂"满蒙"、吞并中国的大陆政策是一个严重的威胁。由此，日本田中义一内阁力图阻止张学良易帜。在皇姑屯事件之后，田中内阁所确定的"对华方策"和"一般方针"中，特别提到："要促进满洲执政者脱离中国内地的倾向，并划分、确立华人与外侨（在东北）的居住、营业自由和土地使用权，以便解决朝鲜人问题（即从朝鲜移民中国东北，强占中国土地）。"① 张学良对此进行了针锋相对的斗争。他在 7 月 17 日会见日本驻东北总领事林久治郎时表示，难以实现与日本有关的张作霖私人签署的铁路借款，明确显露了其易帜的决心。田中义一于 7 月 18 日对林久治郎总领事发出训令，命令其对张学良就东北易帜、南北统一问题发出警告。19 日，林久治郎向张学良指出"（一）日本利害关系上，不愿见东北三省政治有急剧变化，致影响及于安宁秩序。（二）依日本观察，国民政府基础尚未底于确定，此时与之合为一体，似有考量余地"，劝其勿改制易帜。② 田中义一将劝阻张学良易帜和在东北排除所谓"南方势力"当作其外交上的最紧要问题。7 月 28 日，派原驻华公使林权助赴沈阳面晤张学良。行前，田中要其向张学良说明："满洲是日本的外围，是对日本和朝鲜影响甚大的地方，决不能因促进中国统一而牺牲日本在满蒙的权益。"③ 林权助会见张学良后，向张学良表示："东三省若与国民政府妥协，势必侵害日本之既得权利之利益与特殊地位，所以日本政府此刻劝贵总司令暂时观坐形势，较为妥当。不幸倘若东三省蔑视日本之警告，擅挂青天白日旗，日本必具强固决心，而取自由行动。"并声称："日本政府具有决心反对东三省对南方妥协，即谓干涉内政亦所不辞。"④ 张学良仍不顾其威胁，当场表示"决心以东三省人民为转移"。此后，张为实行南北统一继续派代表与南京商谈，最后达成易帜、分治、合作之默契。10 月 8 日，国民党中央常委会议决任命张学良为国民政府委员。接着，张学良又派邢士廉赴宁，与南京方面达成

---

① ［日］关宽治等著：《满洲事变》，第 39 ~ 40 页。
② 中国国民党中央党史委员会编：《革命文献》第 21 辑，第 1684 ~ 1685 页。
③ ［日］关宽治等著：《满洲事变》，第 42 页。
④ 中国国民党中央党史委员会编：《革命文献》第 21 辑，第 1700 ~ 1701 页。

四点协议：（1）东北设边防司令长官公署，以张学良为司令长官，张作相、万福麟为副司令长官。（2）设置东北政务委员会，委员人选须经中央同意。（3）东三省及热河省委员人选，由张学良推荐，中央明令任命。（4）易帜不能待至民国十八年元旦，应提前数日办理。①

经过半年的曲折斗争，1928年12月29日晨7时，张学良与张作相、万福麟等联名通电全国："仰承先大元帅遗志、力谋统一、贯彻和平，已于即日起宣布遵守三民主义，服从国民政府，改易旗帜。"② 同时，东三省及热河各机关团体、企事业和居民一律改悬国民政府的青天白日旗。30日，南京政府任命张学良为东北边防总司令长官，张学良接受了委任状。

图2.3　张学良（前排右二）就任东北边防总司令长官，张群（前排右一）、吴铁城（前排右三）出席

围绕东北易帜问题展开的斗争，以中国的胜利宣告结束。东三省的特殊性即割据局面消除了，日本要求特殊对待东三省的前提亦随之不复存在，日本通过傀儡政权控制东北和直接侵吞东北的方针政策均遭到沉重的打击。但日本既定的侵略国策并未随之改变。12月30日，田中义一拍电报给林久治郎，要其转告张学

---

① 张宪文主编：《中华民国史纲》，第340页，河南人民出版社，1985年10月第1版。
② 中国国民党中央党史委员会编：《革命文献》第21辑，第1735页。

良：“帝国政府对张学良易帜颇感意外。”并声明：“在政治组织改变后，日本仍有权采取有关维护权益和维持治安的必要措施。”①

20 至 30 年代，以中国共产党为领导力量的中国人民的反帝斗争深化发展。日本三次出兵山东后，日本驻上海总领事矢田曾向政府报告说，中国对日本的憎恨有一触即发的危险。1929 年 8 月 1 日，中共满洲省委发表了《八一国际反战日告满洲人民》的声明，号召东北人民打倒日本帝国主义。20 世纪 30 年代大危机波及中国东北，特别是农业，因受国际市场导向安排、决定生产，因而受害愈烈，农民斗争不断发生。工人、农民、学生及知识分子都团结在中国共产党的周围，在东北各地开展了反封建、反日本帝国主义的斗争。对此，日本政府在其“满蒙”政策中一再强调“务必根除满洲的赤化”，“必须防止共产主义侵入该地区”。②

1928 年，苏联开始实施第一个五年计划，经济和军事实力有了长足发展。1930 年，因张学良收回中东铁路即沈哈线而一度冷淡的中苏关系得到改善，中苏经济、外交往来增加。东三省成为发展中苏关系的前沿，加重了日本的畏惧感。1930 年 5 月，东北交通委员会拟向美国贷款修建铁路，日本深忌美英势力伸入东北，对此耿耿于怀。在大陆政策中，日本亦将苏美视做假想敌国，东北既是侵吞中国大陆的跳板，又是反对苏美的桥头堡，是日本大陆政策的最重要战略环节。关东军高级参谋板垣征四郎公开宣传：“在对俄作战上，满蒙是主要战场；在对美作战上，满蒙是补给线。因而实际上，满蒙在对美、俄、华的作战上都有极大关系。”③

在中国人民抵制日货斗争的推动下，1925 年以后，东北的民族工业有了较显著的发展。1928 年张学良将军易帜之后，服从南京政府的统一领导，着手制订了大规模发展东北地方工业的计划，到 1930 年，中国在东北的铁路从原有的 29 公里激增为 1103 公里，而同一时期，日本在东北的铁路从 1802 公里，仅增至 2360

---

① ［日］关宽治等著：《满洲事变》，第 47 页。
② ［日］关宽治等著：《满洲事变》，第 40、42 页。
③ 《现代史资料 7·满洲事变》，第 144 页。

公里，增幅远远低于中国。1930年5月，东北交通委员会制订了以连山湾、葫芦岛为起点的三大铁路干线和支线计划。如果该计划得以实现，将有取代南满铁路即沈大线的可能。同时，还制订了修建葫芦岛港与日本占领的大连相对抗的计划。对这些计划，日本感到惊恐不安。外相币原喜重郎指责这一计划"将置满铁于死地"，他提醒人们"不可轻视"，"要用一切手段加以阻止"。20世纪30年代大危机席卷日本之后，很快波及东北，使日本在东北的企业每况愈下。最大的企业满铁（南满洲铁路株式会社），1927年纯利润为36274000日元，利润率为10.5%，到1930年，纯利润减至21673000日元，利润率直线下降为5.6%，而固定资产投资却增加了近三分之一。东北的易帜和国家主权的部分恢复以及地方民族工业的发展，使日本扩大市场和原料基地的努力困难重重。日本的对外投资，大部分集中于中国东北。1930年，日本在东北的投资已高达1617000000日元，占外国资本在东北投资总额的70%以上，占日本对外总投资的58%。① 上述种种因素和事态的发展与影响，严重威胁了日本独霸"满蒙"的战略，大有使其野心破灭的可能。日本政府和军部加紧宣传："日本要发展，必须统治满蒙。"② 日本法西斯势力则鼓吹对华战争会消除日本国内的不安，使日本摆脱困境，走向繁荣。

九一八事变前，根据一系列不平等条约，日本在中国东北驻有关东军两个多师团的兵力，主要分布于南满铁路沿线及大城市，因而具备了较强的机动性。关东军司令部设于旅顺（皇姑屯事件后由沈阳撤回）。日本海军占据着旅顺口及大连港。凭借此，日本军国主义将诉诸赤裸裸的暴力侵吞中国东北的计划再度提上实施日程。

## 三、万宝山惨案与中村事件

1931年6月，在日本参谋本部作战部长建川美次的主持下，召开了由陆军省军事课长、人事课长、参谋一部编制课长、欧美课长和中国课长参加的五课长会

---

① 张继平等著：《第二次世界大战史》，第33、34页，甘肃人民出版社1984年版。
② ［日］井上清等著：《日本近代史》，第552～553页。

议，制定了《解决满蒙问题方策大纲》，初步确定了武装侵吞东北的方针、措施乃至步骤和时间。这个大纲实质上就是一个军事作战计划。计划确定后，建川美次曾说："军部已下最后决心。"并极力鼓励有关人士四处游说，以使社会舆论沸腾起来。① 据最新史料，该大纲乃建川秉承闲院宫载仁亲王（裕仁天皇之兄弟）之意图拟定。同期拟定的还有：《对满蒙之方针与策略》、《1931 年度形势判断》等文件。这几份文件的主体精神可归纳为一句话："也许（在 1931 年度内）不得不采取军事行动。""采取军事行动时需要哪些兵力，与关东军协商后由参谋本部作战部提出计划。"②

日本军国主义"为了制造在满蒙使用武力的机会，从 1931 年 5 月到 6 月，一直推行内蒙古独立运动计划和'满蒙'部分地区的暴乱计划"，③ 以便乘乱动手。

1931 年春夏之交，日本驻长春领事田代重德勾结奸民郝永德，以长农稻田公司名义强行在长春县万宝山屯附近租用土地 500 余垧。④ 后又未经当地政府批准，擅自将这些土地转租给朝鲜浪人李升熏等，并怂恿李纠结百余名流落此地的朝鲜浪人在万宝山附近的伊通河截流筑坝，挖渠引水，占用、毁坏、淹没了沿途中国农民的数万亩耕地，当地中国农民的财产遭受严重损失和威胁。遭受侵害之农民纷纷请求长春县政府制止朝鲜浪人之行为，于是，县公安局长率警察前往，但日本方面竟派领事馆的警察保护朝鲜浪人，并且再次支持、唆使朝鲜浪人强行挖渠引水，故意大规模毁坏中国农民的田地。7 月 2 日，300 余名愤怒的中国农民填塞非法挖掘的水渠，日本军警竟然开枪射击，打伤中国农民多人。⑤ 日方的用意"以为中国必派军队以致发生冲突，日本即可藉口出兵东北，其欲造成战端至为明显"。⑥ 万宝山惨案之后，日方编造谣言，颠倒黑白，声称万宝山血案的真相是

---

① ［日］关宽治等著：《满洲事变》，第 165 页。
② 《军事史林》2001 年第 5 期，第 20 页。
③ ［日］关宽治等著：《满洲事变》，第 101 页。
④ 东北地区一垧约合 15 亩。
⑤ 《中日外交史料丛编》（一）：《国民政府北伐后中日外交关系》，第 260～261 页。
⑥ 陈觉：《九一八后国难痛史》（上册），第 32 页，辽宁教育出版社 1991 年再版。

"中国农民屠杀了许多朝鲜人"，"东北当局下令驱逐韩侨人"，① 在朝鲜煽动排华风潮。7 月 3 日晚，不明真相的朝鲜民众在汉城郊外和仁川袭击了中国人聚居的街道。5 日，平壤发生针对中国人的暴乱，造成 80 余名中国侨民的死亡。京城、镇南浦、新义州、元山等地同时发生排华事件。"自 3 日起至 8 日止，我华侨男妇老幼，被惨杀死者五百余人，伤二千余人，商店捣毁殆尽，房屋十九被焚，驻汉城我领事馆，亦被捣毁。"② 日本方面立即利用它一手制造并推波助澜形成的混乱局势，大造"满蒙危机"舆论，将事端推向战争边缘。

7 月 7 日，日本内阁会议决定对华采取强硬方针。7 月 19 日，若槻礼次郎首相宣称："我国在满蒙地方享有同国民生存关系密切的权益，为了保卫我国的生存权，必须不惜任何牺牲，毅然奋起。"③ 币原外相在致日本驻沈阳总领事的训电中声称："是此实难保不再发生昭和二年之不祥事件（即济南五三惨案），……倘或中国官宪漠视再三之警告，则日本政府由保护满洲日侨见地，不得不取正当之处置，结果或酿成极重大之局面，亦未可料。"④

1931 年 5 月中旬，日本参谋本部从事军事侦察工作的中村震太郎大尉等 4 人，奉命化装成中国农民，秘密潜入东北大兴安岭地区．进行"作战用地理调查"和其他军事侦察活动。5 月 24 日，在返回途中经过兴安区佘公府时，被中国驻该地的屯垦军第 3 团拘捕。当夜，中村等人欲夺取中国士兵枪支并乘隙逃脱，被中国士兵击毙。该团团长关玉衡"以误杀外人，恐惹起国际交涉，为卸责起见，乃命将尸体就地焚毁，连同马匹及携带的一切物品，除地图、日记、笔录外，一律焚毁，并将骨灰投之河内，以灭形迹"。⑤ 后因个别民族败类被日军收买、诱供，使日军得知了中村等人被处决之经过。按国际惯例，主权国家军队有审讯处死刺探本军情报之间谍的权力。8 月 17 日，日本政府发表声明，在隐瞒了中村一

---

① 陈觉：《九一八后国难痛史》（上册），第 32 页。
② 陈觉：《九一八后国难痛史》（上册），第 32 页。
③ ［日］今井清一：《太平洋战争史》，第 260 页。
④ 陈觉：《九一八后国难痛史》（上册），第 32 页。
⑤ 《中日外交史料丛编》（一）：《国民政府北伐后中日外交关系》，第 369 页。

行进行间谍活动真相的基础上，就中村等人之死，向中国政府提出所谓"强烈抗议"，侮称中国军队无理"杀害中村"等人。同时，通过日本舆论界，大肆宣扬被歪曲了事实真相的"中村事件"，制造侵华战争舆论。日本军方在东北进行了针对中国军队的关东军部署调整，并调派驻朝鲜日军的精锐至中朝边境的新义州、会宁等地，以作后援。日本陆相南次郎亦公开表示，将加派一师团至朝鲜，一师团至满洲。法西斯分子、关东军参谋石原莞尔直言不讳地说："'中村事件'是向附属地以外的地方出兵的天赐良机，是在柳条沟（应为柳条湖）行使武力的先行事件。"①

利用上述两事件，日本法西斯势力在国内煽起了空前的战争狂热。8 月 20日，陆相南次郎召开师团长联席会议，讨论贯彻《解决满蒙问题方策大纲》和所谓 1931 年度形势。8 月 31 日，法西斯骨干分子森恪扬言："为了把日中关系恢复到合理的地位，必须依靠国力的发动。"9 月 1 日，日本在乡军人会会长铃木庄大将对会员训示说："面对重大时局，要引导舆论，普及和提高国防思想。"军方首脑人物和法西斯军官纷纷四处奔走，鼓吹战争。建川美次到处作题为《帝国国防与满蒙》的报告。军务局长小矶国昭四处奔走，争取裕仁和政府各部门支持侵华战争。日军第 9 师团用飞机散发了 10 万张传单，其标题赫赫为"醒来吧，国防！"石原莞尔则叫嚣："中村事件只是在若干悬而未决的问题中又增加了一个，不过这回用不着外务省管，军部决心独自解决。"② 同期，日本的总体战体制投入运行，实施资源统制法和经济动员计划，进行产业动员演习，制定资源调查法等。陆军于 1931 年 7 月发表军制改革案，包括增加飞机、坦克等现代化装备和增兵朝鲜等重要内容。8 月，改革了关东军的配备，调整了关东军部署，任命担任过张作霖顾问的所谓"中国通"本庄繁出任驻东北的关东军司令官，土肥原贤二出任关东军沈阳特务机关长，并将重炮秘密运至驻沈阳的日本守备部队，完成了关东军的战争准备。同时，日本政府命令驻旅顺、大连一带的日本海军警戒长江

---

① ［日］小林龙夫：《走向太平洋战争之路》，第 422 ~ 423 页。
② ［日］关宽治等著：《满洲事变》，第 204 页。

以北的中国沿海，实际上作为关东军的战略侧翼。另外，还命令驻朝日军做好越境进入中国东北的准备，以作驻东北日军的后援和预备队。本庄繁 8 月 3 日致信日本陆相，称自己："熟察帝国存在及充实一等国地位，势非乘此世界金融凋落、俄国五年计划未成，支那统一未达以前之机；确实占领我 30 年经营之满蒙，并达大正 8 年（1920 年）出兵西伯利亚各地之目的，使以上各地与我朝鲜及内地打成一片，则我帝国之基，即能巩固于现今之世界。"[1]

## 四、柳条湖事件

皇姑屯事件之际，关东军召集了幕僚会议。关东军参谋石原莞尔当时就提出了占领东北，必须首先攻占沈阳的军事计划。会议讨论了他的计划，最后形成如下方案："发生事端时，要闪电般地歼灭奉天（即沈阳）及其附近的中国军队，推翻其政权。"主张"要先发制人地进攻"。[2] 会议不仅支持了石原计划，而且使之充实化、具体化了。后因局势的发展使日本未能如愿，实施该军事计划的细节未及商讨拟就。

1931 年初夏，在日本军国主义紧锣密鼓的战争叫嚣中，日本军部发展并制订了上述计划及其实施细节。6 月中下旬，关东军高级参谋板垣征四郎、石原莞尔、花谷正经过许多次聚商，确定了在沈阳北郊的柳条湖炸毁铁路，制造事端，以此为借口，占领东北军在沈阳的驻地——北大营，进攻沈阳，控制东北之中枢，进而占领全东北的方案。行动日期定为 9 月底。6 月底，板垣和石原对关东军部分人员明确地说："九月下旬，要在柳条湖开始战斗行动。"要求他们做好准备协助这一方案。[3] 同时，还调换了驻于柳条湖附近的他们认为可能会执行不力的日军，改由士兵出身熟悉爆破技术的河本末守中尉来执行爆炸密令，组织了以川岛正大

---

① 陈觉：《九一八后国难痛史》，第 27～28 页。
② ［日］关宽治等著：《满洲事变》，第 116 页。
③ ［日］关宽治等著：《满洲事变》，第 207 页。

尉为队长的柳条湖分遣队。

行动方案拟就后，花谷正向参谋本部次长二宫治重和作战部长建川美次作了汇报，得到"尽可能贯彻"的肯定性答复。9 月 1 日上午，本庄繁听取了石原关于作战方案的汇报。晚上，还与之详谈了解决满蒙问题的意见。9 月 1 日下午，本庄繁向全体关东军训示说："本职深深有所期待。关东军的责任确实重大。"板垣和石原都深信，新上任的关东军司令官能够实施他们精心拟就的作战方案。①9 月初，本庄繁指挥关东军频繁进行实弹军事演习，有的演习公然针对沈阳城垣城门甚至紧紧贴绕着北大营围墙进行。

战争迫在眉睫，虽然这完全符合日本军国主义的根本国策——大陆政策的要求，但日本天皇和某些政府要员担心操之过急反致不利，于是要求参谋本部和军部派遣建川美次来华了解详情，并要求关东军缜密准备，勿冒太大风险。9 月 15日，建川启程前故意向与板垣有密切联系的法西斯骨干分子桥本欣五郎泄露此行意图，桥本立即使用密码连续三次发电报给板垣，要其策动关东军在建川到达之前采取行动，坚决行动。②板垣等人接到电报后，决定将原定于 9 月底的行动日期提前至 9 月 18 日。9 月 17 日拂晓，关东军按计划派出柳条湖分遣队，进至柳条湖地区进行警戒，阻断交通。下午，关东军进入预定阵地，在南起浑河铁桥、北至柳条湖铁路沿线，布置了重炮兵，将指挥所设在"南满站"（沈阳火车站）。现场指挥为关东军大尉今田新太郎。

1931 年 9 月 18 日晚 10 时 20 分，关东军按既定作战方案，在南满铁路的柳条湖路段点燃了埋置的炸药，炸毁了一段路轨。此阴谋的策划与参预者花谷正在战后写的回忆录中对此供述道："18 日夜，弯月挂起，高粱地黑沉沉一片，疏星点点，长空欲坠。岛本大队中岛中队的河本末守中尉，以巡视铁路为名，率领部下数名向柳条湖方向走去。一边从侧面观察北大营的兵营，一边选了主兵营约 800

---

① ［日］关宽治等著：《满洲事变》，第 212 页。
② 复旦大学历史系：《日本帝国主义对外侵略史料选编》，第 39 页，上海人民出版社 1983年版。

米往南去的地点。在这里，河本亲自把骑兵用的小型炸药安放在铁轨下，并点了火，时间是 10 点多钟。爆炸时'轰'的一声，炸断的铁轨和枕木向四处飞散。"①以爆炸声为信号，日军猛烈炮轰北大营，今田和川岛率领柳条湖分遣队向北大营进攻。板垣立即以关东军司令部的名义，命令关东军第 29 联队进攻沈阳城，独立守备队第 2、第 5 大队从正面与北面进攻北大营，以与柳条湖分遣队的进攻形成夹击合围之势。当晚 11 时 46 分，花谷正以奉天特务机关长土肥原的名义给陆军本部和旅顺的关东军司令部发出电报，谎称中国军队在北大营以西柳条湖路段破坏南满铁路并袭击日本守备队，日中两军在冲突中。19 日零时 28 分，花谷正又发出第二份电报，仍谎称中国军队炸毁满铁线，沈阳北郊北大营地带日中两军正在激战，中国军队不断增加机枪与野炮，日军兵少，陷于苦战。② 接到花谷正电报后，本庄繁立即与石原莞尔、关东军参谋长三宅光治等人紧急洽商，一致认为这是动武的绝好机会，遂后确定了对策。本庄繁命令，按预先制订的计划行动。迅速将关东军主力集中，进攻沈阳，先发制人；继而沿南满铁路展开攻势，最后占领全东北。19 日凌晨 1 时 30 分至 2 时之间，本庄繁连续向关东军下达作战命令：驻辽阳第 2 师团，驻公主岭独立守备队第 1、第 5 大队迅速开往沈阳，攻击该地中国军队，进占沈阳；驻长春第 3 旅团准备进攻长春。为便于指挥，19 日凌晨 3 时 40 分，本庄繁率关东军司令部迁往沈阳。同时，本庄繁还向驻朝鲜日军求援，要其越境参战。随后，本庄繁将其决定和战况正式报告了陆军本部。18 日夜 11 时 30 分，日本独立守备队第 2 大队在重炮掩护下，突入北大营西北角，日军于 19 日凌晨 5 时 30 分完全攻占北大营。19 日凌晨 1 时，日军分三路开始围攻沈阳，北大营陷落后 1 小时，日军攻入沈阳。此时，日军第 2 师团主力和驻鞍山独立守备大队赶到，占领了沈阳郊区，并协助进攻沈阳日军侵占了沈阳城。沈阳遂在一夜之间全部落入日军之手。

---

① ［日］花谷正：《满洲事变是这样策划的》，《知性》增刊第 5 号（1956 年）：《被掩盖的昭和史》。

② ［日］关宽治等著：《满洲事变》，第 232 页。

图 2.4　空中拍摄的中国军队北大营营房

19 日凌晨，按本庄繁的命令，关东军攻势沿南满铁路展开，首陷鞍山与抚顺。随后，关东军独立守备队第 3、第 4 大队于 5 时 30 分攻陷安东（今丹东）。然后第 3 大队转攻营口，第 4 大队转攻凤凰。两大队很快偷袭得手，侵占两城。19 日零时 15 分，驻长春关东军第 3 旅团炮击南岭中国炮兵团，3 时 55 分，开始总攻长春。19 日上午，关东军司令部命令独立守备队第 1 大队驰援第 3 旅团。下午 5 时 30 分，日军攻占南岭。晚 10 时前后，日军攻陷长春。9 月 19 日，驻朝鲜日军第 6 飞行联队派出两个飞行中队增援关东军。

9 月 20 日凌晨，本庄繁与建川美次在沈阳研讨进一步作战计划，建川提议应迅速进攻吉林（当时的吉林省会）、洮南等地。同日，板垣等人指使驻吉林日军特务用炸药炸毁了若干日本侨民房屋，制造了吉林事件。然后诬称乃中国军队所为，要求本庄繁出兵吉林。21 日凌晨，关东军司令部继续研究出兵吉林问题，本庄繁担心日本国内及驻朝鲜援兵未到，再进攻吉林战线过长，万一中国军队进行反击，关东军将处于南北两线作战之困境，兵力严重不足，因而提出慎思。但在板垣、石原和参谋长三宅等人的强烈坚持下，凌晨 3 时，本庄繁决定孤注一掷，以吉林事件为借口，出兵吉林。上午 9 时 50 分，日军第 2 师团进犯吉林。由于吉林省代主席熙洽叛变投降日军，驻吉林中国军队退出吉林，当晚日军占领吉林。

9 月 21 日下午 1 时，驻朝鲜日军第 39 混成旅团奉驻朝日军司令官林铣十郎之命，并在陆军本部的暗示与"期待"下，渡过鸭绿江，越境参战，分向辽宁、吉林两省进犯。22 日，洮南镇守使张海鹏降日，日军占领洮南。仅仅 4 天时间，日

图 2.5 日本关东军司令官本庄繁和驻朝日军司令官林铣十郎（左）

军攻占了辽、吉两省 20 余座城市和南满铁路沿线地区，掠地千里，辽、吉两省基本沦入敌军之手。

柳条湖事件发生后，9 月 19 日上午 7 时，日本陆军本部召开首脑会议。参谋本部次长二宫治重、总务部长梅津美治郎、代理作战部长今村均（作战部长建川美次时在驻东北关东军司令部）、情报部长桥本虎之助、陆军省次相杉山元、军务局长小矶国昭等参加了会议。永田铁山军事课长也特邀出席。

会议一直进行到下午 5 时，重点研究了增援关东军的问题。会上，小矶军务局长说："关东军的这次行动是完全合理的行动。""对于他的这一说法，谁也没有表示异议。最后，全体一致达成了增援关东军的意见。"① 在这次会上决定增援兵力之后，参谋本部作战课马上根据既定的对华作战方针进行了研究，准备紧急动员一部分驻朝鲜日军和把驻于姬路的第 10 师团火速派往满洲。与此同时，陆军省军事课开始着手准备向内阁提出增兵建议。

---

① ［日］关宽治等著：《满洲事变》，第 255 页。

图 2.6 日本在展示柳条湖事件的所谓证据，意在混淆视听，将责任推给中国

19 日上午 10 时，日本内阁召开紧急会议研究事变。会议正式召开前，内阁首相若槻问陆相南次郎："关东军这次行动是针对中国军队的暴戾而采取的，是我军的自卫行动，可以这样相信吗？"南次郎回答："当然是这样。"① 若槻和南次郎以"关东军自卫"为基调，确定了会议的方针。会议考虑了如何支持关东军的问题，甚至对战争扩大后的对策也进行了商讨。若槻在会上询问海相安保清种："在中国其他地方日本居留民感到危险的情况下，必须要海军保护，这方面的准备没问题吧？"安保清种明确回答："1500 人的海军陆战队正在待命"。② 后因外相币原从外交角度出发持有不同意见，考虑到政府暂不出面，由关东军自由行动更主动有利，会议遂决定采取所谓"不扩大"方针。但这个方针只是对欧美帝国主义列强所作的一种外交姿态，实际行动都是积极支持扩大。会后，陆相南次郎和参谋总长金谷范三分别向关东军发了电报，在传达所谓不扩大方针的同时，赞扬关东军的"决心和措施是适宜的"，"提高了帝国军队的威望"。这实际上是支持怂恿关东军扩大作战行动。桥本欣五郎在给板垣的密电中则明示："参谋本部并不想停止军事行动。"③ 得到这样的支持和暗示，19 日下午 7 时，本庄繁等以关

① ［日］关宽治等著：《满洲事变》，第 241 页。
② 《现代史资料 7 · 满洲事变》，第 270 页。
③ 《日本帝国主义对外侵略史料选编》，第 40 页。

东军全体的名义向陆军本部发电请求："我们确信，现在是解决满蒙问题之绝好机会。今日我军如果退缩，以后将绝对不可能再解决满蒙问题。""期望能以最大之决心，促成帝国百年大计和整个陆军之猛进。"① 20日上午10时，陆军三长官——参谋总长（即参谋本部长）、陆相、教育总监会议一致决定："军部希望一并解决满蒙问题。"海军也对关东军采取了积极支持姿态。20日上午8时，海军省和海军军令部一致决定，当事态进一步扩大时，海军将出动舰只至山海关一带，配合陆军阻止驻河北、平津地区的东北军出兵增援。日本内阁也很快地公开抛弃了所谓不扩大方针。9月21日，日军驻朝鲜的第39混成旅团越境参战，直犯辽、吉两地。9月22日上午召开的内阁会议就此事作出决定："鉴于驻朝鲜军既已出动的这一事实，结论是承认此事。既已承认事实，内阁决定支付其经费。"② 会后，若槻首相决定携带内阁的上述决定进宫谒见天皇。参谋次长二宫通过陆军省军务局长小矶转告之："希望不仅将承认出兵事实，而且把同意支付出兵经费的事一并上奏。"③ 若槻欣然接受了这一要求，照此上奏。同日下午，金谷总长和南次郎陆相把关于向满洲增派部队的问题及其编制和具体安排事宜上奏天皇，旋即得到批准。二人即刻将天皇的旨意用电报向关东军司令官和驻朝鲜日军司令官作了传达。至此，日本军国主义终于实现"举国上下的一致"，做好了扩大侵略的准备。

自皇姑屯事件策划开始，日本就逐步构建、形成了一种滋衅肇事之模式：由中低层军国主义及法西斯军官在第一线滋扰生事，日本政府及军部、天皇和支持之的皇族成员暂时隐身幕后，若事成，顺利，就迅速跟进、支持，推进、扩大事态，实现其阴谋及目的；若事不成、不顺或阴谋败露，日本政府及军部、天皇及相关皇族成员就推诿卸责，欺世撒谎。恰如希特勒的名言，撒谎就要撒弥天大谎，因为没有人会想到有人竟会撒这样的谎。

皇姑屯事件前，田中义一就多次授意甚至半公开地扬言：鉴于张作霖的不合

---

① 《现代史资料·满洲事变（续）》，第312页。
② ［日］关宽治等著：《满洲事变》，第255页。
③ ［日］关宽治等著：《满洲事变》，第255、256页。

作态度,应该将其消灭(干掉)。河本大作秉承其意,在军方高层支持下,策划并制造了该事件。但因张学良的机智、从容、果敢应对,事件不仅未能达到日本的目的,且因真相的败露,日本的阴谋昭然若揭,反而削弱了日本在中国东北的权益。为此,田中遭天皇面斥,但天皇面斥之内容,多为责备其丢了日本的颜面,而并未斥责其扩大对中国东北的侵占图谋。田中为此愧恨辞职,未几,抑郁而终。此事亦证明,自天皇到河本,对皇姑屯事件的理念、价值观和日本扩大侵华的意图,是高度一致的。

九一八事变,日本依然循此模式,故伎重演。但设计、实施的更加周密、阴险。皇姑屯事件后,张学良易帜,日本直接控制并侵占东北的阴谋失败,河本大作退出现役。临退前,他提议由板垣征四郎接任其关东军高级参谋一职,其意即是希图板垣继承他与田中义一的未遂之志,在中国东北"大干一番"。关东军及军部、参谋本部迅即采纳了河本之建议,任命板垣为关东军高级参谋。板垣果然不负其望,与石原等策划了九一八事变。策划及实施者与关东军、日本政府及军部、参谋本部、乃至天皇和相关皇族成员均是紧致协调,密切配合,心领神会,心照不宣的。板垣和石原在事变前就曾信心满满地表示:将凭借其(即柳条湖爆炸事件)后出现的有利局面,推动关东军行动,并促使军部、参谋本部及内阁的态度明朗化,得到充分的确认和推进。同时二人又留有余地地表示:如果事情搞砸了,就准备效法河本大作,以个人接受处罚来为关东军开脱。①

后在东京审判中,板垣交代:九一八当晚正是自己在柳条湖爆炸事件后,下达了由岛本中佐指挥独立守备队第2大队增援石虎台中队攻击北大营、并由平田大佐指挥步兵第29联队攻击奉天城的命令。但他强调,他的命令"完全合乎于关东军司令官的意图而被批准"。所以,"自己仅仅是同意了部队指挥官(即关东军司令官)的决心"②。嚣狂一时的板垣,在正义的大审判面前,终于露出了竭力

---

① 参见日本"板垣征四郎刊行会"编《板垣征四郎》一书,中国长春市政协文史委员会1988年翻译、印行。

② 参见日本"板垣征四郎刊行会"编《板垣征四郎》一书。

推卸罪责的孬种本相。但这正好证明了板垣是在关东军最高层的默许、赞许、同意和支持下行动的。关东军最高层敢于如此，当然得到了参谋本部、内阁及军部，乃至天皇和皇族相关人员的默许、赞同。否则，也不可能有后来的那么紧锣密鼓、协调一致的默契、跟进、配合与支持。花谷正在其战后出版的回忆录中直接挑明了地说，

板垣在九一八当晚，是以"代理（关东）军司令官"的名义对岛本、平田下达的命令。而对此，关东军司令官本庄繁不仅没有任何异议，而且予以确认。九一八当晚11时许，关东军司令部全体参谋便急匆匆赶到关东军参谋长三宅光治官邸，在三宅光治的主持下召开了紧急会议。仅仅3小时后，19日凌晨2时，本庄繁就下令出动关东军主力增援奉天方面。19日上午11时许，本庄繁已率关东军司令部和步兵第30联队从旅顺前移至沈阳。足见，关东军最高层为板垣、石原行动的直接支持者、鼓励者。而若无参谋本部、军部乃至更高层的许可甚至指使，关东军无论如何是不能擅自行动的。说穿了，这一事变本来就是通过无耻行径为日本谋图权益的事。既然是为日本谋图权益，日本的领导层怎么可能不知晓，不支持，甚或还不同意？

之所以必须指明乃至强调事变的真正主导者、主使者、指挥者是日本的统治层，板垣、石原等人仅是其马前走卒——如此认定，决无减轻板垣、石原等人罪恶之意，乃是为了明确当时的日本领导者、统治者才是一手挑起并不断扩大侵华战争的真凶、元凶。试想，以板垣的身份，指挥关东军尚无可能，又怎么可能致整个日本挑起并不断扩大侵华战争。打个精确的比方：在九一八事变中，板垣、石原等固然是首犯，但日本当时的统治者才是主犯。因为板垣、石原等相对独立的阴谋策划，迄今仍有人竭力为当时的日本统治者、领导层开脱罪责，甚至为关东军开脱罪责，强调九一八事变的密谋性、独立性，将罪责局限于板垣、石原等人。似乎区区微不足道的板垣、石原二凶，就真正具有了制造九一八事变的能耐。这不仅与事实不符，而且与逻辑亦不合。若果真如此，当时日本的国家体制和军队指挥、领导体制就成了匪夷所思的体制——中下层军官就可以调动并指挥

军队乃至整个国家。这岂非天大的笑话！

　　若当时的日本政府及军部、天皇及其相关皇族成员真不愿意制造九一八事变之恶行，完全可以并有能力、权力断然加以制止。但历史的事实和真相却是：他们愿意！岂止愿意，完全乐意！之所以采用前述所概括的此种模式滋衅肇事，那是因为日本领导层、统治层深知——甚至包括滋衅肇事的军国主义分子、法西斯分子亦知——这完全是侵略，是彻底的恶行！不仅违反一切国际法、国际准则，而且背弃中日间近代以来的所有条约、协议，尽管这些条约、协议本身就已经是不平等的。日本如此恶行，是在冒天下之大不韪，是在挑战人类社会的准则底线。对此，当时的日本天皇及相关皇族成员、内阁及军部和参谋本部的领导层均心知肚明。由此，亦可见他们才是决策者、指挥者，负有挑起战端并扩大侵略中国的历史罪责，乃至刑事罪责。这一点，国际社会、国际舆论界、反法西斯国家亦完全明了。若不是日本裕仁天皇后来终于被迫接受波茨坦公告，以及出于稳定战后日本社会和扶植日本抗衡苏联的冷战考虑，美国在美军进占日本全境后，本来就已准备彻底废除日本的天皇体制。后虽未废除，但在美国的强制推动下，日本被动地进行了战后改革，基本清除了其武士道——军国主义、法西斯主义的制度因素，致使日本基本实现现代化。虽然日本许多人迄今羞于承认这一点。

# 第 3 章
## 东北的沦陷

## 一、国民政府的不交涉、不抵抗政策

日军发动九一八事变时，其驻东北的部队只有关东军第 2 师团（以 4 个步兵联队为基干）、6 个独立守备大队、1 个重炮大队，加上警察宪兵部队，不过 3 万余人，相当于两个多师团的兵力。① 而东北军在关外的部队则有十余万人。但日军仅用 4 天时间，就掠地千里，几乎尽陷辽、吉两省，全世界为之震惊。日军进展如此迅速的根本原因，在于以蒋介石为首的南京政府面对日本帝国主义的侵略采取了不交涉、不抵抗政策。

中村事件之后，面对日本的战争叫嚣，8 月

图 3.1　蒋介石

---

① 　杨裕泰：《九一八事变若干史实辩正》，《中共党史研究》1990 年第 6 期。

12 日，蒋介石电告张学良："此非对日作战之时。" 8 月 16 日蒋介石再次电令张学良："无论日本军队此后如何在东北挑衅，我方应不予抵抗，力避冲突，吾兄万勿逞一时之愤，置国家民族于不顾。"① 张学良也"通令各军，遇有日军寻衅，务须慎重避免冲突"。② 九一八事变爆发前一个月，驻守北大营的东北军独立第 7 旅预感日军要动武，旅长王以哲专程到北平请示张学良。张学良指示说：蒋介石要求暂不抵抗，遇事要退让，军事上要避免冲突，在外交上采取方针牵制之。王以哲根据这一指示，决定采取"衅不自我开，作有限的让步，万不得已时，全军撤退"的方针。③ 九一八事变发生时，东北军将领曾"向官方请示办法，官方即据前项命令，不许冲突。又以日军此举，不过寻衅性质，为免除事件扩大起见，绝对抱不抵抗主义"。④ 张学良也电报请示蒋介石，蒋电令张："力避冲突，以免事态扩大。"⑤ 张遂据此答复了东北军参谋长荣臻等人的电话请示。东北军奉命："尊重国联和平宗旨，避免冲突，……即使勒令缴械，占入营房，均可听其自便。"对此，东北军爱国士兵愤慨不已。据荣臻报告"士兵各持枪实弹，怒眦欲裂，狂呼若雷，群请一战，甚有抱枪痛哭者，挥拳击壁者。"⑥

9 月 19 日，南京政府代表施肇基在国联会议上，虽声泪俱下地控诉日本入侵中国东北，但仅限于乞求国联"裁决"，同时声明：中国完全听命于国联，毫无保留条件。操纵国联的英法等帝国主义列强也仅限于口头谴责日本，并无任何实际行动。9 月 23 日，蒋介石在南京国民党党员大会上作报告说："我国民此刻必须上下一致，先以公理对强权，以和平对野蛮，忍痛含愤，暂取逆来顺受态度，以待国际公理之判决。"⑦ 同日，国民政府发表《告全国国民书》，声称："政府现时既以此案诉之于国联行政会，以待公理之解决，故已严格命令全国军队对

① 《中国近代对外关系史资料选辑》，第 212 页，上海人民出版社 1987 年版。
② 中国国民党中央党史委员会编：《革命文献》第 34 辑，第 897 页。
③ 《文史资料选辑》第 76 辑，第 66 页，文史资料出版社 1981 年版。
④ 中国国民党中央党史委员会编：《革命文献》第 34 辑，第 897 页。
⑤ 《西安事变资料》第 1 辑，第 1 页。
⑥ 荣臻：《九一八事变之经过情形》，《革命文献》第 34 辑，第 879、882 页。
⑦ 中国国民党中央党史委员会编：《革命文献》第 35 辑，第 1196 页。

日军避免冲突。对于国民亦致告诫，务必维持严肃镇静之态度……吾人应以文明对野蛮，以合理态度显露无理暴行之罪恶，以期公理之必伸。"① 11 月 14 日，国民党四全大会又发表宣言说："当事变之初……中国政府尊重国联决议，极力避免冲突，加意保护日侨……并履行中国方面关于该决议之其他一切义务。"祈望国联于此次开会时，"执行盟约第 15 及第 16 条之规定，迅速予日本侵略行动以有效之制裁。更希望非战公约与华府九国条约签约之友邦各履行其该公约上之义务"。②

1931 年 9 月 21 日，中国政府正式向国际联盟提出申诉，控告日本在东北的野蛮侵略，请其出面敦促日本停止在东北的侵略行径。但此后数月内，国联并未采取任何实质性的行动。在中国政府既不和日本直接交涉，又不进行抵抗，而一味期待国际联盟主持公道的情形下，日军乘机扩大侵略，攻占全东北。

国民政府在九一八事变后奉行不交涉、不抵抗政策有多重原因。一是东北和南京的主政者对日本军国主义侵略东北的野心缺乏准确的判断，误以为日本仍是以往寻衅时所期望获得的中方道歉、赔款、经济权益等要求。二是置民族大义于不顾，视中国共产党领导的红军及农村革命根据地为心腹之患和主要敌人，而视日本帝国主义为次要敌人。基于此，主张"先安内，后攘外"。九一八事变前夕，蒋介石调集 30 万军队并亲任总司令，坐镇江西，指挥对中央革命根据地进行第三次"围剿"。1932 年 7 月，在东北沦丧、日本日益扩大侵华态势的形势下，蒋介石竟仍调集 63 万部队，亲任"围剿"军总司令兼鄂豫皖三省"围剿"军司令，发动了对中央革命根据地的第四次"围剿"和对鄂豫皖革命根据地的"围剿"。对日妥协，幻想将日本的对华侵略政策局限于东北地区，不惜牺牲东北换取苟安局面，以确保南京政府的统治，是蒋介石奉行不抵抗政策的第三个原因。早在二次北伐期间，为防止田中义一内阁干涉，蒋已多次表示了愿在东北问题上与日本

---

① 中国国民党中央党史委员会编：《革命文献》第 35 辑，第 1199 页。
② 中国国民党中央党史委员会编：《革命文献》第 35 辑，第 1237～1239 页。

妥协的姿态。二次北伐前夕，他在上海说过，对日本在满洲的特殊地位，将予以考虑。1928 年 1 月，他指示在日本的张群与田中义一会晤，最后达成默契：如果日本把张作霖从北京带回奉天（沈阳），那么国民革命军也就不再追击张作霖，不出山海关。济南惨案发生后，蒋介石一度怀疑田中破坏默契；但当其了解到日本承认南京政府统一除东北之外的全部国土的内情后，便放了心。并对田中再次表示，如果奉天军撤至关外，国民革命军将不予追击。① 张学良易帜之后，蒋介石的南京政府在形式上实现了中国的统一，其对东北的方针政策亦有所改变，但仍将日本在东北的权益作为一种特殊的既定存在来对待。九一八事变发生后，蒋抱定"力避扩大"宗旨，在实质上不将其当作日本侵华的第一步，而只当作是地区冲突事件。企盼国联采取措施，把遏制日本的力量寄托于西方列强，意图利用华盛顿体系所造成的列强之间的矛盾"以夷制夷"，是蒋介石奉行不抵抗政策的又一个原因。但西方列强由于陷入 20 世纪 30 年代大危机，自顾不暇，加之英法两国当时视苏联为主要敌人，所以当日本关东军于 10 月转攻北满时，两国认为此举威胁了苏联后方，不仅予以默认，而且鼓励、期待其继续北进。② 美国当时因计划对东北投资，遂对日本独占东北深为反感。事变发生后，美国国务卿史汀生三次打电话给英国外相西蒙，想与英国取得对日的一致意见，但西蒙毫无确切表示。由此美国不愿单独行动，反而转为对日绥靖、妥协。9 月 25 日，美国政府照会中日两国，仅表示希望依照有关国际条约和平解决事变。即使苏联，虽在舆论上强烈谴责日本的侵略行径，在道义上、精神上、感情上同情、支持中国，但因忙于实施第一个五年计划，担心日本进攻苏联，因而实际上采取了严格的中立主义立场，并未采取有效措施支持中国、制裁日本。10 月 29 日，当日军进攻黑龙江省时，苏联驻哈尔滨代理总领事会见日本大桥总领事，表明了苏联的中立态度，否认苏联正在援助驻黑龙江的中国军队的一切谣传，并表示，只要日军不用武力侵犯北满铁路的权益，苏联就毫无干涉之意。会谈时的苏方态度，始终是解

---

① ［日］关宽治等著：《满洲事变》，第 17、18、31 页。
② ［日］井上清等著：《日本近代史》，第 558 页。

释性的，致使"关东军对苏联的这种态度颇为得意"，① 并认为进攻哈尔滨也不会引起日苏战争，因而决定进攻哈尔滨。国际社会的消极软弱助长了日军的侵略气焰。

蒋介石政府奉行的暂不抵抗政策，解除了东北军的思想武装，使之面对虎视眈眈的日军无所事事、无所戒备。九一八事变发生时，东北主要军政负责人多不在岗位。张学良在北平休养，黑龙江省政府主席万福麟亦在北平，吉林省政府主席张作相在锦州为父亲治丧，东北军参谋长荣臻正在家中为父亲祝寿，等等。九一八事变当夜，驻守北大营的东北军独立第 7 旅王以哲旅长因故未归军营，下属 3 个团长中，仅有 1 人在营中。日军突袭北大营时，第 7 旅指挥体系无法有效运行。当荣臻召集了东北军将领的紧急会议并请示了张学良后，面对现实，也只能向第 7 旅参谋长赵镇藩重申不抵抗政策："不准抵抗，不准动，把枪放在库房里，挺着死，大家成仁，为国牺牲。"② 张学良于 9 月 19 日在北平协和医院对《大公报》记者说："吾早已令我部士兵，对日兵挑衅不得抵抗，故北大营我军早令收缴军械，存于库房，昨晚日军三百人攻入我军营地，开枪相击，我军本无武装，自无抵抗。"③ 沈阳居民在事变发生后，还以为日军在进行夜间军事演习。当日军攻势全面展开后，大多数东北军部队不是不战自溃，就是避让撤退。进行抵抗的若干部队也往往是避之再三，一让再让，最后才迫不得已进行还击，但已丧失了有利的军事态势，且得不到政府的任何有组织增援，终致失败，遂致使日军轻易攻陷辽、吉两省，继而掠占东北全境。

从思想上来说，东北军高级将领也有一种错觉。何柱国回忆说："东北军方面，因为过去既有三国干涉还辽的历史，当时又有华盛顿九国公约之保证，以为西方列强无论如何不会袖手旁观，日本到头来总是吞不下满蒙的。九一八后，又有国联的多次开会和决议，派遣调查团等，加上 1928 年皇姑屯炸车案之经验，

---

① ［日］关宽治等著：《满洲事变》，第 291 页。
② 《文史资料选辑》第 6 辑，第 4 页，中华书局 1960 年版。
③ 《中华民国史资料丛编》，《大事记》，第 17 辑，第 153 页。

许多人都以为只要能够沉着应付，不放一枪，使日本找不到任何借口，就可以避免事态的扩大……以为不抵抗是上策。"① 这确实是当时东北军大部分将领的心态。

# 二、东北的沦陷

在南京政府的暂不抵抗政策和国际社会消极、软弱对待九一八事变的情况下，日军开始侵占东北全境。由于得到驻朝鲜日军第 39 混成旅团以及日本国内部队的增援，日军在东北的兵力于 10 月初已达 3 个多师团。本庄繁令第 39 旅团驻守南满，将第 2 师团等关东军主力集中向黑龙江方向。

1931 年 10 月，日军开始进犯黑龙江省，当时正在北平的黑龙江省省长兼东北边防军副总司令官万福麟鉴于黑龙江省两个旅主力部队正驻扎平津地区，黑龙江省兵力单薄，防务空虚，于 10 月 7 日命令在黑龙江省的所有部队集中至省会齐齐哈尔。8 日，任命黑河警备司令、第 3 步兵旅旅长马占山为军事总指挥并代理黑龙江省主席，作了抵御日军的准备。10 月 13 日，日军指使原洮辽镇守使、汉奸张海鹏率领所部两个团由洮昂路北犯齐齐哈尔，想一举攻克后，建立以张为首的黑龙江省汉奸政权，使日军兵不血刃，实际占领黑龙江省。10 月 16 日，张部叛军在嫩江桥被黑龙江省守军击溃。为防止敌军再犯，马占山部烧毁了嫩江桥桥面并毁坏了 3 个桥孔。关东军认为嫩江桥被破坏给了它一个

图 3.2 指挥江桥抗战的马占山

① 《从九一八到七七事变》，第 403 ~ 404 页。中国文史出版社 1987 年版。

"极好机会""使它可由过去扮演的张海鹏叛军的幕后操纵者角色名正言顺的转变为前台主角"。因为嫩江铁桥及洮（南）昂（昂昂溪）铁路属于日本满铁公司，关东军于是决定以保护日本权益的名义派兵修复铁桥。① 10 月 26 日，日军第 29 联队进占四（平）洮（南）全线。10 月 27 日，齐齐哈尔地区的日军特务机关长林义秀向马占山提出通牒，限令其在一周内修复嫩江桥，否则，日本将以武力掩护自行修理。马占山拒绝了日军的无理要求。10 月 30 日，日军决定组成嫩江支队，以武力占领大桥并进行修理，为大部队开进创造条件。并命令嫩江支队，若遇中国军队抵抗，即以此为借口立即发动对齐齐哈尔的进攻。11 月 1 日，嫩江支队开始向大桥方向集结、运动。11 月 2 日，本庄繁向马占山发出最后通牒，要求中国军队"向桥梁后退十公里"，否则"日军将采取必需步骤"。② 马占山未予理睬。11 月 4 日，日军嫩江支队在飞机掩护下，向嫩江桥发起进攻。中国守军抱定"与桥偕亡"之决心，奋起自卫反击。5 日，继续与日军和张海鹏部伪军血战于嫩江桥及其附近的大兴地区，终将日伪军击退，并围歼嫩江支队一部。6 日拂晓，关东军第 2 师团"由四洮线增援千余，藉飞机、大炮、铁甲车之掩护，搭架浮桥，再向江桥猛攻，大队日军冲过桥北，马占山军不得已退守大兴车站，同时并以吴松山旅及新编第一旅拼力反攻，敌被包围，几悉被歼"。③ 7 日，日军再度进攻，东北军退守三间房、红旗营子，并增加张殿九旅协力夹击过江之敌，恢复江桥。此次江桥战斗，东北军计毙敌 167 人，伤敌 600 余人。马占山部亦牺牲 300 余人。④ 8 日，日方提出马占山下野，交黑龙江省权力予张海鹏的要求，马严词拒绝。11 日，本庄繁又向马占山提出通牒，内容包括：马占山下野；黑龙江省军队撤出齐齐哈尔；为保障洮昂线安全，日军应进驻昂昂溪车站。以上要求应于 12 日午夜 12 时以前作出答复。⑤ 12 日半夜，马占山送去复函，全面拒绝日方的要求，

① ［日］关宽治等著：《满洲事变》，第 287 页。
② 《第二次中日战争各重要战役史料汇编——东北义勇军》，第 33 页，台北"国史馆"1984 年版。
③ 《第二次中日战事各重要战役史料汇编——东北义勇军》，第 9～12 页。
④ 《第二次中日战事各重要战役史料汇编——东北义勇军》，第 9～10 页。
⑤ 《第二次中日战事各重要战役史料汇编——东北义勇军》，第 46～47 页。

并明确表示:"齐齐哈尔与昂昂溪乃完全为中国领土,马占山军队为中国政府军队,其在本国领土以内驻扎,日本政府系根据何种理由,横加干涉?"① 18 日拂晓,日军第 2 师团主力 4000 余人向汤池、蘑菇溪守军右翼阵地猛攻,关东军集中其大部分重炮、野炮和飞机对中国军队阵地狂轰滥炸,同时,日军天野旅团猛攻三间房、大兴间阵地,战至当晚 7 时许,中国军队伤亡达 1000 余人。② 19 日,马率全军退至海伦,日军进占齐齐哈尔,江桥抗战至此结束。在江桥抗战中,日军共损失兵力 1000 余人,是九一八事变以来的首次受挫。江桥抗战得到了全中国人民及海外华侨的高度赞扬与支持,推动了中国抗日救亡运动的高涨。

日军占领齐齐哈尔后,立即调兵南下,转攻锦州,袭取辽西。九一八事变后,沈阳一陷落,张学良就在锦州设立了东北边防军司令部和辽宁临时省政府。任命张作相为东北边防军代总司令,米春霖代理辽宁省主席,并指示荣臻等人协助之,要他们坐镇锦州,与吉林、黑龙江两省领导人进行联系,并将辽河以东的东北军集结在锦州附近,锦州成了张学良在东北的最后基地。日军视之为心腹之患,必欲除之才能实现占领全东北的战略计划。其次,锦州扼关内外交通之要冲,夺取锦州可直下山海关,不仅利于巩固日本对东北的占领,而且可利用其作为向关内进一步扩张的前进基地,使日军取得完好的战略态势。再次,日本驻天津的驻屯军也要求关东军从速进攻锦州,直迫山海关,压张学良所部南撤,天津驻屯军可以此要求增加兵力,以合围全歼张学良所部。10 月 8 日,关东军空袭锦州,居民多人死伤。"关东军断然企图消灭锦州军政权,就是从轰炸锦州的 10 月 8 日开始的。"③ 10 月 31 日,关东军向陆军本部报告:"目前将锦州、齐齐哈尔断然归我,是解决时局问题的捷径。"④ 11 月中旬,日本参谋本部将第 4 混成旅团从国内派往沈阳。27 日,本庄繁命令第 2 师团,第 4、第 39 混成旅团,向锦州、辽西发动攻势。日军南攻锦州,紧逼华北,违背了西方列强期待其北上威胁苏联的

---

① 《第二次中日战事各重要战役史料汇编——东北义勇军》,第 11 ~ 12 页。
② 《第二次中日战事各重要战役史料汇编——东北义勇军》,第 11 ~ 12 页。
③ [日] 关宽治等著:《满洲事变》,第 334 页。
④ [日] 关宽治等著:《满洲事变》,第 334 页。

意愿，又无视了《华盛顿条约》，侵犯了西方列强的在华利益，因此西方列强反应强烈，纷纷采取对日强硬姿态，迫其撤兵。面对国际社会强大压力，11月28日晚一昼夜间，日本参谋本部四次电令关东军暂停军事行动，撤回原驻地。同日，关东军撤出辽西，回到奉天、南满驻地。关东军第一次攻取锦州、辽西的计划失败。12月上旬，日本政府与西方列强多次进行秘密交易，在得到了确保西方列强在华权益保证的前提下，12月10日，在巴黎召开的国联理事会通过了日本保留"讨匪权"的宣言。陆军本部在关东军第一次进攻锦州、辽西的计划失败后，一再训令关东军进攻锦州要以"讨匪"名义进行，并帮助关东军编造"辽河东西一带土匪活动日渐猖獗"的谣言。由于上述宣言的通过，日本陆军本部和关东军都认为是国联对日本进攻锦州的默认。① 12月11日，若槻内阁因财政危机和被军部指责为外交软弱等原因总辞职。12月13日，犬养毅内阁组成。法西斯将领荒木贞夫出任新陆相，力主大陆政策的法西斯分子森恪就任新内阁书记长官。犬养毅本人一上台就宣称："关于满蒙问题，内阁应与军部协同一致，积极解决之。"从此，进一步深化了内阁与军部的配合。② 12日，关东军制定了进攻锦州的新计划。17日，参谋总长金谷范三予以批准，并将第8混成旅团和若干坦克、炮兵部队增派给关东军。同时，命令驻朝鲜日军相应调整部署作好增援准备。关东军的进攻准备，在12月26日完成。此时，关东军的总兵力已达1个师团、4个混成旅团、6个守备大队。为了制造攻占锦州的借口，日本政府于12月27日发表声明，声称日本政府"为讲求自卫手段，不得已乃任保护居留民生命财产之责"，同时指责中国政府支持"土匪"在满铁沿线活动；锦州军事当局于北宁中路构筑工事；张学良违约不将军队自动撤入关内；因此，日本"鉴于满洲现在之异常的事态，继续讨伐不逞分子乃自卫上不得已之事，是以此种军事行动之责任，不能不谓完全在中国方面"。③

---

① ［日］关宽治等著：《满洲事变》，第347～348页，第349～350页。
② ［日］关宽治等著：《满洲事变》，第347～348页，第349～350页。
③ 中国国民党中央党史委员会编：《革命文献》第34辑，第1123～1124页。

图 3.3　锦州是东北军的大本营。日本在空中侦察并拍下照片后，对锦州进行了震动世界的轰炸，成为"一战"以后对不设防城市的首次轰炸

12 月 15 日，蒋介石通电下野。国民政府于 12 月 25 日、30 日，两次电令张学良对进攻锦州的日军"无论如何，必积极抵抗"。① 而张学良则一再声称："我以东北一隅之兵，敌强邻全国之力，强弱之势，相去悬绝，无论如何振奋，亦必无侥幸之理。"② 对坚守锦州缺乏信心。1932 年 1 月 1 日，日军包围锦州，锦州守军因得不到必要的支援，又缺乏守土抗战的决心和必胜之信心，遂为保存实力不战而撤至关内。1 月 3 日，日军进占锦州，随即占领整个辽西地区。

日军占领锦州、辽西之后，于 1932 年 1 月下旬挥兵北满，进攻以哈尔滨为中心的东省特别行政区。日军占领吉林后，就决定占领哈尔滨。但顾虑北犯北满，逼近苏联，将激化日苏矛盾，引发日苏战争，遂企图利用东省特别行政区长官张景惠建立由日军实际控制的伪"东省特别行政区治安维持会"，不战而夺取哈尔滨及东省特别行政区。但自吉林陷落、江桥抗战失败后，吉林、黑龙江两省的抗日武装力量退守宾县和海伦，分别在两地建立了吉林省政府和黑龙江省政府，继续坚持抗战。东省特别行政区内的中国军队也要求抗日。这些因素使日军上述计

---

①　中国国民党中央党史委员会编：《革命文献》第 34 辑，第 1128 页。
②　中国国民党中央党史委员会编：《革命文献》第 34 辑，第 1121～1122 页。

划根本无法实行。加之日军进攻嫩江桥和齐齐哈尔时，苏联采取的中立政策使日军不再担心进攻哈尔滨会引发日苏战争，遂决意进攻哈尔滨。1932 年 1 月 27 日，本庄繁借口有 4 名日本人和 1 名迫降的日军飞行员在哈尔滨被杀，决定以保护侨民的名义出兵哈尔滨。当天，本庄繁命令日军驻长春的第 3 旅团疾速开往哈尔滨实施进攻。29 日凌晨 3 时，命令第 2 师团主力迅速集结长春，然后转进哈尔滨。1 月 31 日，日军在双城车站遭丁超护路军的奇袭，死伤数百人。本庄繁立即命令第 2 师团、第 8 混成旅团乘汽车由长春赶赴哈尔滨；命令第 4 混成旅团由齐齐哈尔赶赴哈尔滨，与第 3 旅团三面夹击哈尔滨。2 月 3 日，日军攻占双城车站，中国军队退守三间堡子。2 月 4 日，日军攻陷三间堡子并突入哈尔滨南部。5 日拂晓，日军再次发动进攻，与中国军队激战一个白昼，于下午攻陷哈尔滨。随后，日军占领了东省特别行政区。宾县、海伦两地的吉林省政府和黑龙江省政府亦不复存在。至此，九一八事变后，经过 4 个月零 18 天，东北全境基本陷落于日军之手。

图 3.4　日军占领东北全境。图为日方在张学良以前的布告上贴上了标语，上写"山海关以东，我们的乐园"

日军在侵占东北的过程中，烧杀抢掠，无恶不为。自九一八事变到 1932 年底，即有 23662 名中国军民被杀害。中国官方损失达 178 亿元，加上私人损失，不下 200 亿元。仅沈阳兵工厂，即损失步枪 15 万支，手枪 6 万支，重炮、野战炮 250 尊，各种子弹 300 万发，炮弹 10 万发。东三省航空处积存的 300 余架飞机，尽为日军掠去；其金库所存现金 7000 万元，也被洗劫一空。①

东北的沦陷，是中国近百年来最大的损失。除上述直接战争损失外，在被日军强占的 128 万平方公里（为日本本土的 3.5 倍）的土地上，中国丧失了三分之一的森林、铁矿和煤矿；十分之四的铁路；十分之七的大豆产量；五分之二的出口贸易；以及 93% 的石油，23% 的电力，55% 的黄金；此外还有水稻、牲畜、皮革等。② 日本军国主义凭此攫取的实力，更加快了大陆政策的实施，准备迈出更大的侵华步伐。

## 三、全国抗日运动的兴起

九一八事变爆发后，中国共产党代表中国人民的正义要求，与南京政府的不抵抗政策针锋相对，发出了全民抗日的号召。9 月 20 日，中共中央发表了《中国共产党为日本帝国主义强暴占领东三省事件宣言》，强烈谴责日本的侵略暴行，要求日本立即撤退驻华的一切陆海空军。同日，中华苏维埃共和国中央工农革命委员会发表《为满洲事变宣言》，指出："日本帝国主义军队这次继续未已侵略的残暴的军事行动，是日本帝国政府早经预定的计划。"号召："全中国的被压迫群众，你们要联合起来，一致进行反对日本帝国主义与推翻投降帝国主义的国民党统治的斗争，来参加国内战争与扩大民族革命运动的战线。"③ 同日，中共中央还与日共中央联合发表了反对日本帝国主义侵略中国的宣言，指出："日本帝国主义者是中国工农群众与日本工农群众的共同敌人。"④ 9 月 22 日，中共中央作出了

① 中国国民党中央党史委员会编：《革命文献》第 35 辑，第 1328 页。
② 骆清华：《五十年来之中国经济》，第 232~233 页，台湾文海出版社出版。
③ 《中共党史参考资料（三）》，第 82、85 页，人民出版社 1979 年版。
④ 《红旗周报》第 19 期，1931 年 10 月 18 日。

《关于日本帝国主义强占满洲事变的决议》，要求各级党组织和全体共产党员"进行广大的反对日本帝国主义的暴行的运动"，"特别在满洲更应该加紧地组织群众的反帝运动，发动群众斗争，来反抗日本帝国主义的侵略，加紧在北满军队中的工作，组织它的兵变与游击战争，直接给日本帝国主义以严重的打击"。[1] 9 月 25 日，赣西南、闽粤赣、湘鄂西、鄂豫皖、湘东南、鄂豫边、湘鄂赣、晋绥等地区苏维埃政府的在沪代表，联合发表了《中国各地苏维埃政府为日本帝国主义强占东三省告全国民众书》，严厉谴责日本帝国主义"用武力占领东三省各重要城市与军事地点，用枪炮炸弹屠杀那里无辜的工农兵士民众"的侵略罪行，呼吁全国人民"坚决的同日本帝国主义作斗争"。[2] 9 月 30 日，中国共产党为日本帝国主义强占东三省发表第二次宣言，进一步揭露日本帝国主义侵略东北的目的是掠夺中国，压迫中国工农革命，最终使中国完全变成它的殖民地；也抨击南京政府实行"不抵抗政策"，号召全国人民反对日本帝国主义，反对投降卖国。

图 3.5　1931 年 11 月，中华苏维埃共和国成立，毛泽东当选主席（右二）。图为苏区中央局委员在瑞金合影。右五为红军总司令朱德

面对日本帝国主义的侵华暴行和大片国土的沦丧，中国民众群情激愤，在中国共产党等社会正义进步力量的号召、影响下，全国性的抗日高潮蓬勃兴起。

---

① 《中共党史教学参考资料（一）》，第 484、485 页，人民出版社 1978 年版。
② 《红旗周报》第 19 期。

全国许多大中城市相继召开了一系列抗日救国大会，进行了广泛的社会动员。1931 年 9 月 23 日，南京工、农、商、学、妇女等各界、各团体 10 余万人，在五台山公共体育场举行了反日救国大会，通过了《告全国同胞书》以及《平息内争，一致抗日》等重要决议。会后，举行了声势浩大的游行示威。9 月 26 日，上海各界人民群众万余人举行抗日救国大会，强烈要求对日宣战、武装群众，惩办失职、失地官吏，并进行了反日示威游行。9 月 28 日，北平各界 250 余个团体约 20 多万人召开抗日救国大会，要求南京政府对日宣战，呼吁"国内各方停止内争，一致对外"。

图 3.6　九一八事变后，上海街头出现"国难"的警示

在逐渐兴起的全国抗日高潮中，工人群众的表现令人印象深刻。9 月 24 日，上海 35000 余名码头工人首先爆发了反日大罢工，拒绝为日本船只装卸搬运货物。10 月初，上海 23 家日资纱厂工人成立了上海日商纱厂工人抗日救国会。随后，上海各行业 80 余万工人组织了抗日救国联合会。各厂纷纷成立义勇军，要求政府发枪抗日。南京工业各界亦成立了义勇军和抗日救国会，发表了"告世界工人书"和"抗日宣言"。津浦铁路工人还组织了宣传列车，由浦口北上，沿途揭露、控诉日军侵华暴行，宣传抗日，鼓动民众。10 月 10 日，北平邮电工人组织抗日救国会，接着又成立了邮工宣传队和邮工义勇队，开展抗日活动。此后，北平工业界各抗日救国联合会成立，通过了多项抗日救国决议，并开展了募集爱国捐款活动。10 月初，天津英商自来水厂工人举行反日罢工。广州工人和香港华工，也

不断举行游行示威，进行抗日宣传活动。两地的日资纱厂华工一律自动辞工，宁肯挨饿，以抗议日军之侵略。

农界、商界、学界、新闻界和海外华侨也均以各种形式开展抗日民众运动。

南京农界在九一八之后率先建立了抗日救国会，组织了28队义勇团，并通电全国农界，倡导以实际行动抗议日军侵略。江苏及全国农界纷纷响应，投入了抗日爱国运动。

全国各地爱国工商业者也投入了抗日救国的高潮。上海、南京、北平、天津、汉口、南昌等城市的工商业界相继提出对日经济绝交、抵制日货等主张，并付诸实施，拒绝与日商买办往来，拒收日本货币，等等。此举予经济危机中的日本以沉重打击，致使当年日本对华输出减少了63.8%，日本在华商业地位由第一位下降至第五位。

图3.7　蒋介石在南京会见要求抗日的学生们

广大青年学生发挥了抗日救国先锋的作用。九一八事变后的第二天，上海、北平、天津、杭州、太原、长沙、西安、开封、广州、福州、武汉、南昌、青岛等地的学生，纷纷组织"请愿团"、"示威团"，向南京政府请愿示威。9月20日，南京中央大学、金陵大学和北平各大学的学生，纷纷发表通电和宣言，声讨日军侵华罪行，呼吁全国同胞奋起反抗，要求南京政府奋起抗日。27日，沪宁两地学生冒着倾盆大雨先后赴南京政府外交部和国民党中央党部请愿，因不得结果，愤怒的学生殴打了外交部长王正廷。11 月 25 日左右，先后到达南京请愿的上海、杭州、北平、济南等地学生已达万余人，他们"鹄立于雨雪之中过夜，一任风雨饥寒之肆虐者一昼夜，甚至有病苦不支而倒地者，全体一心，至死不去"。① 12 月 5 日，北京大学南下示威团 300 余人在南京街头举行示威游行，遭军警围捕殴打，激起全国学生强烈反响。7 日，上海各校学生 15000 余人举行示威游行，声援北大学生的爱国行动。17 日，汇集于南京的各地学生 30000 余人，冲入连日登载诬蔑、歪曲报道学生抗日救国活动的《中央日报》馆，遭军警镇压，死伤多人，造成珍珠桥惨案。全民义愤，痛责南京政府。

新闻界为广大人民群众的爱国热情所感，也投入到抗日舆论宣传运动中。1932 年 1 月 18 日《国闻周报》在《我们的希望》一文中对南京政府表示："一、我们希望以对外的'镇静'功夫来对内。二、我们希望以对内的强硬态度来对外。三、我们希望以对外的"涵养'功夫来对内。四、我们希望以对内的勇猛精神来对外。五、我们希望以对外'维持邦交'的精神来对内。六、我们希望以对内之狡猾手段来对外。"② 天津《大公报》也于 1932 年 1 月 21 日发表文章，要求南京政府在"当前中国将整个的被日本军阀摧毁吞并之时"，"为民族生存计，为中山主义计，抱与民更始之决心"。

部分国民党军政人员受民族大义之感召，提出了各项抗日主张。国民党驻东京直属支部执行委员会于 1931 年 9 月 20 日，为日军侵略东北致电国民党中央执行委员会，要求"对日所提出之任何条件绝对不承认"，"彻底对日厉行经济绝交"，"作对日战争的准备"。③ 江桥抗战时，日军要马占山退兵下野，马致电张学良请示，张饬令马"死守勿退"。④

九一八后，南京归侨成立了抗日救国团，通电海外侨胞，一致奋起抗日。海外爱国侨胞群起响应，积极开展了各项抗日活动，表现了海外侨胞的一片赤子之

① 《生活周刊》，1931 年 12 月 5 日出版。
② 《国闻周报》，1932 年 1 月 18 日出版。
③ 张宪文主编：《中华民国史纲》，第 398 页。
④ 《文史资料选辑》第 6 辑，第 38 页。

心。他们在海外广泛揭露日军侵华暴行，宣传鼓动抗日。许多国家的侨胞都成立了抗日救国后援会，并连续致电国内，要求对日宣战，表示誓为后盾。

全国抗日运动的兴起，显示了反抗侵略的民族意志，表达了中国人民团结御侮的共同要求，是波澜壮阔的全民抗日战争的前奏。

# 小　结

　　1868 年日本明治维新之后，在向资本主义发展的同时，迅速走上了军国主义道路。日本走上军国主义道路的原因，在于明治维新是一场极不彻底的资产阶级革命，以及日本社会的政治、文化传统。日本军国主义不仅是日本的国策方针，而且内化为日本的国家体制，二者互为表里。日本军国主义一形成，就迈出了侵华步伐，甲午战争就是其早期侵略扩张的一个高峰。日本军国主义凭借在甲午战争中攫取的权益，加速资本积累，壮大经济、军事实力，通过日俄战争，发展为后起的帝国主义强国。在日本军国主义形成和早期侵华过程中，其野心勃勃的大陆政策亦开始形成，至 20 世纪 20 年代，最终体系化。伴随此过程，日本帝国主义蓄意有计划、有步骤地侵吞中国。甲午战争前后，资本主义列强为争夺在华权益，形成了错综复杂的矛盾格局，主要矛盾是英日同盟与俄法德集团之间的矛盾。美国则强调帝国主义各国共同占领中国的"门户开放"政策。日本利用此矛盾格局，扩张了在华势力范围。第一次世界大战期间，日本又利用西方列强无暇东顾之机，对袁世凯提出"二十一条"要求，企图迅速独占中国。由此，日本与西方列强在中国问题上的矛盾开始激化，这是日本实施大陆政策的一个必然的、合乎逻辑的结果。通过《华盛顿条约》的签订，日本独占中国的企图受挫，遂刺激其准备诉诸大规模侵华战争手段。金融危机和 20 世纪 30 年代大危机冲击日本，使其经济状况恶化，国内阶级矛盾激化。同期，中国人民反帝爱国斗争掀起高潮，更令其内外交困，处境艰难。为摆脱困境，日本资本垄断迅速发展，并与军国主义紧密结合，使日本经济转入总体战轨道。日本法西斯势力（特别是军内的）也迅速崛起，影响、左右政府决策。

以此为背景，日本三次出兵山东，一手制造皇姑屯事件，用赤裸裸的武力加快实施其既定的大陆政策。皇姑屯事件后，张学良易帜，恢复了中央政府对东北的主权，日本侵华再次受挫。此后，东北地区民族经济迅速发展，欧美资本也企图大量涌入。日本帝国主义为确保"满蒙"，进而侵吞中国，终于孤注一掷，诉诸全面侵华战争。继万宝山惨案和中村事件之后，日军一手阴谋策划并制造了九一八事变，随即挑起侵华战争。由于蒋介石与南京政府推行暂不抵抗政策，致使东三省很快沦陷，全国抗日救亡运动随即高涨。在社会舆论和全国民众的支持下，驻守东三省的部分东北军、东北各界民众和东北义勇军开始自发地起来抵抗侵略，悲壮地揭开了中华民族抗日战争的序幕。

第二部分

日本持续侵华与中国的局部抗战

# 第 4 章
## 淞沪抗战

## 一、一二八事变

九一八事变之后，中国人民兴起了抗日救国运动高潮。在日商日货比较集中的上海，人民群众抗日浪潮如火如荼。9 月 22 日，上海市人民群众召开抗日救国大会。会后，成立了上海抗日救国委员会。10 月 19 日，上海市商会组织了对日经济绝交实施委员会。广大市民自觉参与抵制日货活动，沉重打击了日本对华贸易。1930 年。由上海进口的商品，29%（月平均数）来自于日本，到 1931 年 12 月，直线下降为 3%。在中国沿海和长江沿线开展业务的日本航运公司也遭受沉重打击，日清轮船公司的所有船舶被迫全部停航。在沪的日资企业共有 125 家，至 11 月底，已有 80% 被迫关闭，至 12 月底，关闭数达 90% 以上。① 上海市民还建立了上海市抗日救国义勇军委员会，制定了《义勇军团体编制训练暂行计划大

---

① ［日］关宽治等著：《满洲事变》，第 365、366 页。

纲》。截止到 11 月 17 日，报名参加义勇军的人数已达 17000 余名。①

上海人民的抗日斗争，有力地策应了东北人民的早期抗日斗争，鼓舞鼓动了全国人民。

面对上海人民的抗日斗争，日本政府曾无理地向中国政府提出种种"抗议"，遭到中国方面的驳斥。日本政府恼羞成怒，乃决定诉诸武力，威胁国民政府，强迫其承认日军侵占东三省为既成事实，并取消民众抗日救国运动。此时，日本政府为使其侵占东北"合法化"，正在拼凑伪满洲国。为转移国际社会的注意焦点，遂决定在上海挑起事端，扩大侵华战争。

1931 年底，板垣征四郎电示日本驻沪公使馆武官助理田中隆吉少佐："外国人的目光很讨厌，在上海搞出一些事来。"并汇给田中两万日元经费。田中随即与民族败类、日本特务川岛芳子（本名金璧辉，清王朝肃亲王之女）进行了密谋策划。1932 年 1 月 18 日下午，日本山妙法寺的上海传教主持者天崎启升及水上秀雄等 4 名日莲宗信徒赴杨树浦做"寒修行"，来到马玉山路的三友实业社门前，这是一家以抗日活动而闻名的中国工厂。当时，该厂义勇军正在进行操练。天崎一行突遭由田中、川岛芳子指使埋伏于该厂附近的日本浪人及若干汉奸的袭击。袭击者共 20 余人，他们高喊："是日本人，杀死他们。"双方遂互殴。

事后，日本诬陷中国义勇军袭击日僧，声称有一名受伤僧人死于日本医院。1 月 19 日子夜，田中又指使其属下"日本青年同志会"的 60 余名会员，冒雨闯入三友实业社寻衅施暴。1 月 20 日凌晨 2 点半钟左右，这伙暴徒纵火烧毁了三友实业社仓库和部分厂房。在仓惶逃离三友实业社至华德路时，与赶来的公共租界华籍巡捕发生冲突。华籍巡捕被暴徒用刀砍死两名，砍伤两名；暴徒亦被击毙一名，重伤两名。此即所谓"日僧事件"的全部经过和真相。

战后，日方的所有资料都证实："这次事件其实是田中隆吉少佐等搞的阴谋，为转移各国对建立满洲国的注意力。"②

---

① ［日］关宽治等著：《满洲事变》，第 368 页。
② ［日］关宽治等著：《满洲事变》，第 368、369 页。

1 月 20 日下午 1 时，田中等煽动在沪日本侨民及军国主义分子和法西斯分子集会，要求"帝国政府应下最后决心，立即增派陆海军，行使自卫权，坚决消灭抗日运动"。随后，日本在沪海军陆战队指挥官鲛岛具重海军大佐向他们表示："为在万一的情况下保护侨民的生命财产和行使自卫权，我们将决心采取果断措施。"① 同日，日本驻沪总领事村井倒打一耙，竟向上海市政府提出要中方道歉、惩办凶手、赔偿损失、取缔抗日运动等无理要求。1 月 24 日，日本驻沪特务放火焚毁日本驻华公使重光葵的公馆，以图玩弄贼喊捉贼故伎，进一步扩大事态。1 月 27 日，村井向上海市政府发出最后通牒，限其于 1 月 28 日下午 6 时之前对日方 1 月 20 日提出的无理要求作出答复，并增加了封闭上海各界抗日救国组织等无理要求。

日本特务、军国主义分子在上海不断滋闹事端的同时，日本政府按其既定方针迅即增兵上海。截至 1 月 27 日，日军在上海的兵力为战舰 30 余艘，包括航空母舰"能登吕"号，分属第 1 外遣舰队，第 1 水雷战队，第 15、第 22、第 23、第 30 驱逐舰队 6 支日本特遣舰队；飞机 40 余架；海军陆战队（包括暂停泊于黄浦江面的）6000 余人。② 1 月 28 日下午 3 时，国民政府屈从于日本压力，由上海市长吴铁城函复日本村井总领事，表示完全接受日本的无理要求。但由于日本的真实意图是挑起战争，所以虽然国民政府已经屈让，日方仍步步紧逼，并做好了军事进攻的准备。

1 月 28 日晚 8 时 30 分，日本海军在沪舰队司令官盐泽幸一少将以声明形式发出新的通牒，要求中国撤走驻守闸北军队，撤除所谓"敌对设施"（即中国军队的设施和防御工事）。11 时 30 分，当通牒尚未正式递交给中国方面之际，盐泽即命令日本海军陆战队按预定计划进攻闸北。驻沪日本海军陆战队立即出动 2000 余人，对驻守闸北的中国军队发动了突然袭击，日本帝国主义一手制造的、震惊中外的一二八事变就此发生。

---

① ［日］关宽治等著：《满洲事变》，第 368 页。
② ［日］关宽治等著：《满洲事变》，第 369～370 页。

图 4.1　日本海军陆战队在上海北四川路寻衅滋事

通过寻衅，在上海挑起武装冲突，是日本蓄谋已久的阴谋。正如当时的美国国务卿史汀生所说，即使闸北中国驻军在盐泽通牒发表之后到日军开始进攻之前撤退，这在时间上也是不可能的。[①] 1 月 26 日，日本内阁海军省次官左近司政三中将就有恃无恐地表示：“陆军在满洲显了身手，这次在南边轮到海军了。” 1 月 28 日下午，盐泽幸一在会见《纽约时报》特派员阿本德时也毫不忌讳地称：即使今天中国接受村井总领事的最后通牒，日本也要为维护闸北的秩序和保护那里的 6000 名日本侨民而派遣海军陆战队。他还狂妄地对阿本德说：“正如你所知的那样，陆军必须保卫我们在满洲的权益。上海没有陆军，所以海军在上海就必须负起同样的任务。”[②]

## 二、第 19 路军奋起抵抗

一二八事变发生时，驻守上海的中国军队为第 19 路军。在全国人民抗日救国高潮影响下，第 19 路军全军上下斗志昂扬，希冀以实际行动汇入中华民族的

---

① ［日］关宽治等著：《满洲事变》，第 375 页。
② ［日］关宽治等著：《满洲事变》，第 375 页。

图 4.2　一二八事变爆发后的上海北四川路

抗日救国浪潮。第 19 路军总指挥蒋光鼐、军长蔡廷锴、淞沪警备司令戴戟回忆：
"第 19 路军驻扎江西时，在中国共产党和红军'中国人不打中国人'、'枪口一致
对外'的正义号召的推动下，全体官兵 3 万余人，曾在赣州宣誓反对内战和团结
抗日；调防淞沪一带后，在上海人民抗日宣传的影响下，更下定了为中华民族图
生存、为中国军人争人格的决心。"在日本于上海恣意寻衅之际，1 月 23 日，第
19 路军召开了营以上干部紧急军事会议。会议讨论了一切必要的应变措施（包括
准备军粮物资等内容）。参加会议的军官均表示，一旦日军进攻，决心保卫上海，
矢志不渝。下午 7 时，军部根据会议决定向所属部队下达了警惕日军进犯，保卫
上海及其具体部署的密令。① 24 日，蔡廷锴等致电行政院长孙科、军政部长何应
钦等："职等为国家人格计，如该（日）寇来犯，决在上海附近抵抗。即使牺牲
全军，亦非所顾。"② 正由于有这样的准备，1 月 28 日晚 11 时 30 分，日军直犯闸
北第 19 路军翁照垣部时，翁部即按密令部署，当即予以迎头痛击，著名的淞沪抗
战由此开始。

---

①《从九一八到七七事变》，第 115 页。
②《龙华蔡廷锴戴戟来电》，载《日军侵犯上海与进攻华北》，中日外交史料丛编（三），第
21 页。

日军初犯遭痛击后，又以铁甲车为前导，兵分5路进攻闸北各路口，亦被击退。蒋光鼐、蔡廷锴、戴戟于当日星夜步行经北新泾至真如车站，设立了临时指挥部（指挥部后移至南翔）。①29日晨，日军出动飞机狂轰滥炸后，继续进攻，被重创后溃逃。同日晨，第19路军通电全国，申明抗战大义与决心，并陆续将其所属第78师、第60师、第61师布防到位，沿龙华、闸北、江湾、吴淞、宝山、浏河一线展开。

开战后一周内，战争始终被控制在闸北，日军未取得丝毫进展。2月4日，日军在新增兵力计巡洋舰3艘、驱逐舰4艘、航母2艘并海军陆战队五千余人的基础上，②沿闸北、江湾、吴淞一线发起第一次总攻。第19路军与之激战9小时之久，完全粉碎了此次总攻。曾狂妄扬言："一旦发生战事，4小时即可结束"的日军司令官盐泽被撤职调回，其职务由新增派的日海军第3舰队司令官野村吉三郎中将接替。本想在上海大出风头的日本海军，在参谋本部与日本内阁的协调下，与陆军达成了联合出兵的计划。③陆军决定派遣第9师团增援海军。2月7日，第9师团开始于吴淞口陆续登陆、集结。野村因迂回吴淞计划实施不利亦被撤职。第9师团长植田谦吉中将接替野村职务，指挥地面战斗；野村负责海上指挥与增援。2月11日，日军在飞机、重炮的猛袭后，集中兵力于闸北、蕴藻浜、曹家桥一线发动了第二次总攻。中国守军同仇敌忾、猛烈抗击，直至与敌短兵相接，白刃肉搏，血战7小时，胜利粉碎了日军的第二次总攻。

第19路军的英勇抗战，不仅令全国同胞感奋觉醒，也极大地影响、教育了中国军队中的许多爱国军人。2月初，张治中将军于浦口对蒋介石面陈抗日主张，并表示了愿统兵抗日的决心，蒋同意之，并要军政部长何应钦具体安排。④淞沪抗战爆发后，1月30日晚。陆军第87师第261旅的30余名军官，在旅长宋希濂

---

① 《从九一八到七七事变》，第115、116页。
② 《从九一八到七七事变》第115、116页。
③ ［日］关宽治等著：《满洲事变》，第379页。
④ 《从九一八到七七事变》，第183、195页。

图 4.3　第 19 路军士兵在上海街巷与日军作战

将军的率领下，直闯军政部长何应钦住宅，面陈何应钦请缨抗战。① 在广大爱国官兵的强烈要求下，2 月 14 日，国民政府军政部发布命令，由陆军第 87 师、第 88 师、中央陆军军官学校教导总队和第 1 炮兵独立团山炮营组成第 5 军，由张治中任军长。② 次日，军政部命令第 5 军增援第 19 路军。为避免日军借机扩大战争，中方没有公开第 5 军增援的消息，并明确"第 5 军暂归蒋总指挥光鼐指挥"、"以第 19 路军名义抗战"。第 5 军随即出发（87 师已于 14 日行抵上海）。③ 第 5 军抵达上海后，即接防了江湾以北，经庙行至浏河一线。2 月 18 日。全军接防完毕，进入前沿阵地。

　　2 月 18 日，植田蛮横通牒蔡廷锴，要其率第 19 路军后撤 20 公里。否则日军将采取"自由行动"。蔡廷锴与蒋光鼐立即召集了高级干部会议，大家均气愤至极。

① 《从九一八到七七事变》，第 183、195 页。
② 《从九一八到七七事变》，第 183 页。
③ 中国国民党中央党史委员会编：《革命文献》第 36 辑，第 1615、1623 页。

指挥部下令前线部队集中炮火猛轰日军阵地，作为对植田的答复。2 月 20 日晨，植田指挥日军沿闸北与吴淞之间的江湾—庙行一线发起第三次总攻，第 19 路军及第 5 军奋起抗击，与日军激战三昼夜，并从两翼迂回敌军侧后，对进攻之敌渐成包围态势，迫敌逃窜。25 日，中国军队再战再捷，粉碎日军对庙行的又一次重点进攻。同期，中国军队敢死队潜水炸伤敌第 3 舰队旗舰"出云号"。日军第三次总攻计划彻底破产。此役使日军第 9 师团及其强悍的久留米混成旅团遭受到重大伤亡，庙行—江湾间敌军陈尸遍地。第 9 师团部分散兵逃至杨树浦汇山码头一带，急欲觅船返日，极其狼狈。南京统帅部致电嘉奖第 19 路军："自经 22 日庙行镇一役，我国我军声誉在国际上顿增十倍。连日各国舆论莫不称颂我军精勇无敌，而日军声誉则一落千丈。"[1]

在日军屡遭败绩的情况下，野村吉三郎于 2 月 22 日向日军中央本部发出急电："目下当务之急是以足够的陆军兵力迅速结束战局。现在，岂止战局僵持不下，纵使一日之迟延亦有贻误大局的危险。上海郊区之敌的抵抗相当顽强，在此情况下，迅速增援大量兵力非常必要。增援部队还应尽量由军舰火速运送，登陆地点可在吴淞铁路栈桥。"[2] 23 日，日本内阁召开紧急会议，通过了陆相荒木贞夫增兵上海的提案。根据此提案，日军参谋本部立即成立了上海派遣军司令部，任命曾为田中内阁陆相的白川义则大将为司令官，曾任关东军司令官的菱刈隆副之，决定增派第 11、第 14 两个师团赴淞沪参战。24 日参谋本部将上述计划上奏天皇，即获天皇批准，尔后参谋本部立即下达了作战命令。[3] 27 日，第 11 师团由日海军第 2、第 3 舰队载运，离日出发，白川等乘坐第 2 舰队第 4 战队旗舰"妙高"号同往。

2 月 29 日，植田遵白川令，集中第 9 师团兵力进攻闸北，企图突破一点，楔入我军阵地，然后向两翼扩大战果。中国军队与敌再度展开激战，仅八字桥阵地，中国军队即三失三得。中国敢死队多次跃出战壕，短兵接敌，日军遗尸累累，狼狈溃退，联队长林崛大佐亦被击毙。同日，日军增援部队开始抵达，集结于长江口一线。

---

① 《从九一八到七七事变》，第 186 页。
② ［日］关宽治等著：《满洲事变》，第 386 页。
③ ［日］关宽治等著：《满洲事变》，第 386 页。

图 4.4 日本海军陆战队蹂躏上海，街市化成了废墟

　　3 月 1 日拂晓，日军在白川直接指挥下，发动第 4 次总攻。此时日军不仅装备优于中国守军，而且兵力总数也已超过，计有 3 个师团及第 3 舰队、第 2 舰队一部、海军陆战队等共 10 万余众。第 19 路军与第 5 军齐装满员也只有 5 万余人，况且已经连日苦战，消耗众多。日军以第 11 师团沿江湾—庙行—浏河一线展开攻势；以海军进攻吴淞；以第 9 师团进攻闸北，进迫真如、南翔中国军队指挥部所在地，以第 14 师团作为战略预备队，随时策应。此时，中国守军因 1 月抗战，牺牲甚众，已痛感兵力不足，即使如此，第 19 路军和第 5 军全体将士仍誓死抵抗。同时致电军政部切盼增兵两师，驰援浏河，期望固守我军左翼，不被敌迂回合围，则整个战局仍可支持并可有转机。但何应钦等迟迟不予理会。① 第 19 路军及第 5 军后援无望，陷入孤军血战。3 月 1 日上午，敌第 11 师团以优势兵力在浏河一线七丫口段登陆，开始楔入浏河防线。中国守军与敌激战整整一天，某些地段已到“无兵可战地步”，为防止日军两翼迂回我侧背合围中国守军，3 月 1 日晚上9 时，蒋光鼐总指挥在南翔总部下达了撤退命令。② 中国守军于当晚开始撤至嘉定、黄渡一线退守待援。3 月 2 日，第 19 路军向全国发出了因兵力不足，被迫退守待援的通电，淞沪抗战至此结束。

① 《从九一八到七七事变》，第 120 页。
② 《从九一八到七七事变》，第 120、188 页。

淞沪抗战，得到了人民的大力支援。抗战伊始，上海各界民众立刻展开了轰轰烈烈的支前运动。凡前线急需之物，上海各界民众均源源不断送至军中，并协助挖掘战壕、构筑工事。1 月 29 日，上海总工会发布抗日总同盟罢工的命令，上海所有日资企业及在日本驻沪机构和日人住宅内工作、服务的中国同胞立即响应，使日本在沪企业、机构陷于瘫痪，连日常生活亦发生困难。1 月 30 日上午，宋庆龄、何香凝等赴真如慰问将士。在她们的主持和组织下，一天之内筹设了几十个战地医院和救护站。何香凝见天气寒冷而官兵仅有单、夹衣各一套，立即返沪发动捐制棉衣运动。5 天内制成全新棉衣裤 3 万余套运送全体官兵御寒。① 上海工人、学生、妇女、退伍军人等纷纷组成各种义勇军、敢死队、救护队、运输队、通信队、情报队等，或直接参战或开展各类战地服务工作，英勇壮举层出不穷，可歌可泣。汽车司机胡阿毛自沉满载日军军火的汽车于黄浦江中，与敌军火同归于尽，令民众感而奋之。复旦大学、东北冯庸大学及华北若干院校的数百名学生，赴第 19 路军中请缨参战，积极帮助第 19 路军做了许多战地后援及服务、宣传工作。南京、苏北、广州、四川、安徽、湖南、无锡、嘉兴等地民众，组织了义勇军赴淞沪参战，承担了大量后勤支援性工作。据统计，在淞沪抗战期间，海内外同胞捐款支援 19 路军达 700 多万元。② 2 月 26 日，中共中央作出关于一二八事变的决议，号召人民群众组织义勇军与游击队参加前线作战，并号召人民掌握民族革命战争的领导权，警惕国民党军阀的出卖。③

淞沪抗战，中国军队奋勇抗击日军月余，使其四易主帅，死伤累万，沉重打击了日本帝国主义的侵华气焰，弘扬了中华民族的爱国主义精神，鼓舞了全国人民的抗日斗志，为以后的全面抗战提供了宝贵的经验教训。

---

① 《从九一八到七七事变》，第 121 页。
② 张宪文主编：《中华民国史纲》，第 383 页。
③ 《中共党史教学参考资料（一）》，第 496、497 页。

## 三、《淞沪停战协定》的签订

上海是西方帝国主义各国在华权益最集中的地区，日本挑起一二八事变引起了西方列强的不安和反对。1月29日，英、美、法等国即出面调停，要求停战。日本政府一则尚不能与西方列强全面对抗，二则从中国军队的抵抗中感到亦不具全面侵华实力，三则其真实意图本来就在于胁迫国民政府在东北问题上承认既成事实并取缔国内抗日救国运动，所以在2月23日决定增兵上海的内阁会议上，同时要求日军将战线限制在上海附近。

图 4.5　在上海租界中行进的美军。租界的外国军队在中日军队交火时保持中立

由于英美的一再斡旋调停，2月28日，中国代表顾维钧（外交部长罗文干的私人代表）、黄强（第19路军参谋长）与日本代表野村、松冈洋佑（日本外相芳泽的私人代表）在英国驻沪舰队旗舰"肯特"号上进行了会晤。2月29日，中国方面在英美的支持下，通过英海军驻中国舰队司令克利，对日方提出了停战原则：（1）中日两军同时撤退；（2）不应涉及将吴淞口和狮子林要塞永远解除武装的问题；（3）为监督两军撤退，应组织有中立国观察员参加的联合委员会；（4）撤退区域应由中国政府统治，使用中国警察；（5）中国军队撤至真如，日军即应撤回

租界和越界马路；其后，中国军队撤至南翔。日军舰只的撤回问题，拟在下次会议上提出。① 当时，日军在上海作战中屡遭败绩，未取得任何进展，不愿以战败者身份谈判签约，希望以战胜者姿态进行停战交涉，加之日军增援部队正抵沪集结，计划好的第4次总攻已经启动，所以交涉未果即中断。3月1日夜，第19路军及第5军开始后撤，西方列强再次要求停战，白川迫于压力，也下达了停战命令。3月4日，国联作出要求中日两国进行停战谈判的决议，并要求在上海租界有着特殊利益的第三国给予协助。中日两国对此均表同意。② 继而，在英、美、法、意四国的参与下，组成了联合委员会进行协商。3月19日，联委会6方签订了停战基本协定。3月24日，中日停战谈判在沪正式开始。中方代表为国民政府副外长郭泰祺及戴戟、黄强等，日方代表为重光葵、植田谦吉、上海派遣军参谋长田代皖一郎少将、第3舰队参谋长岛田繁太郎少将等。英国驻华公使兰普森、美国驻华公使詹森、意大利驻华代办齐亚诺等出席了谈判会议。中日双方围绕日军撤退区域及时间、中国军队驻防区域问题展开了激烈争论。谈判一度曾有破裂之危险。4月11日，中国方面向国联提出申诉，要求召开国联特别委员会裁决；并在西方列强支持下，将谈判地点移至国联总部所在地日内瓦。此后，中国在日本撤军区域和中国驻军区域问题上作了重大让步与妥协。4月30日，国联大会通过《中日停战协定决议草案》。5月5日，郭泰祺与重光葵分别代表中日两国在上海签订《淞沪停战协定》。其主要内容包括：在上海及周围地区，停止一切敌对行动；中日交战区划为非武装地带，由中国警察接管；中国军队留驻其现在地区，不再前进；日军撤至一二八事变前驻地即公共租界与虹口方面之越界筑路区域等。③ 依据这一协定及其附件（主要为限制中国军队驻防区域的细则）的决定，中国军队今后不能在上海及其周围地区驻防；日军却可以留驻日本租界和公共租

① ［日］关宽治等著：《满洲事变》，第398页。
② ［日］关宽治等著：《满洲事变》，第399页。
③ 吴东之主编：《中国外交史（中华民国时期）》，第258页，河南人民出版社1990年2月版。

界以及越界筑路即跨（各国）租界马路区域。这既是对中国主权的损害，又为以后日本发动全面侵华战争提供了前沿阵地。日方资料揭示："签署协定后，中国方面即使要求只让自己军队在限制驻兵的区域内通过一下，也作为是违反协定，每次都受到日本方面的抗议。"1934 年 3 月 27 日两国又进行了换文，中国只好同意："今后我军通过上述区域时，一定事先通知日本方面。"① 中国军队淞沪浴血，最终得到如此屈辱之结局，张治中将军称之为"沉痛的收场"。以中国军队的英勇抗战、人民群众的热烈支援，西方列强主观上为了维护自己的在华权益，但客观上有利于反对日本扩大侵华的外交政策，国民政府若决心抗战到底，增兵驰援，淞沪抗战极有可能大获全胜，并使日本今后不敢贸然发动侵华战争。导致以上结局的根本原因，仍在于国民政府执行了暂不抵抗政策。

一二八事变后，国民政府虽然宣布"一面抵抗，一面交涉"，② 迁政府于洛阳，以示抗战决心；同意第 19 路军抗战，命令第 5 军增援。但本质上缺乏抗战的勇气，没有取胜的信心。1 月 30 日，国民政府迁往洛阳时，舆论讽其有仓惶出逃之感。当晚，宋希濂等向何应钦请战时，何表示，日本现在是世界上头等强国之一，工业发达，拥有现代化的陆海空军。我国各方面都很落后，怎能同日本人打呢?③ 在中国军队节节胜利的情况下，何应钦又迭电上海市长吴铁城，"商酌适可而止"。2 月 13 日，蒋介石亲至浦镇，"指示沪事"，竟提出："以第 19 路军保持十余日来之胜利，能趁此收手，避免再与决战为主。"④ 这表明，国民政府的抗战行为，乃因日军侵略其中枢地区不得已而为之，勉强而为之。基于种种现实的考虑，国民政府此时抗战并非目的，仅为手段。因此，国民政府从抗战一开始即限制之。2 月 5 日，何应钦密令空军，"对日海军，决不抛掷炸弹"。⑤ 参谋次长黄

---

① ［日］关宽治等著：《满洲事变》，第 420 页。
② 魏宏运主编：《中国现代史稿》，第 391 页。
③ 《从九一八到七七事变》，第 195 页。
④ 张宪文主编：《中华民国史纲》，第 383 页。
⑤ 张宪文主编：《中华民国史纲》，第 383 页。

慕松曾解释说，上峰的决策是"沪战在外交上应视为局部问题，不能扩大"。① 驻扎上海的中国海军，竟与日本海军达成"此次行动，并非交战，如中国海军不攻击日舰，日本舰队也不攻击中国舰队，以维友谊"的协议，② 坐视日本海军攻击中国地面部队。2 月 23 日，第 19 路军已感兵力不支，黄强参谋长面见蒋介石，涕泣求援，蒋推托道："各部队俱未集中，何以增援。"后迫于压力，蒋答应令上官云相第 1 师和戴岳独立旅驰援第 19 路军及第 5 军。但迟至 2 月 27 日，上官部仅以两营开到黄渡，其所属各部"仍奉命留驻镇江、无锡、苏州"。戴旅则一直在杭州不动。③

国民政府奉行暂不抵抗政策的根本原因，仍为其"先安内，后攘外"之决策。黄慕松接着上述的解释说："在军事上，'剿赤'部队不能调用。如果挖肉补疮，将招致沦亡大祸。"④ 当时，驻于苏、浙、皖、赣、闽地区的蒋介石嫡系部队达 60 个师，但因布置于"剿赤"，竟不分一兵一卒支援上海。⑤ 主要依靠西方列强在利己原则下调停所产生的《淞沪停战协定》，虽然使日本帝国主义未能完全侵占上海，但却以牺牲中国主权为代价，使上海仍处于列强（包括日本）的共同控制之下。

---

① 《文史资料选辑》第 37 辑，第 47 页。文史资料出版社 1980 年版。
② 《从九一八到七七事变》，第 132 页。
③ 魏宏运主编：《中国现代史稿》，第 391 页。
④ 《文史资料选辑》第 37 辑，第 47 页。文史资料出版社 1980 年版。
⑤ 《从九一八到七七事变》，第 123 页。

## 第 5 章
### 日本侵华与国际社会

## 一、日本侵华与世界大国的应对

日本发动九一八事变，悍然对一个主权国家进行武装入侵，不仅践踏国际准则，破坏世界和平，而且也打破了西方列强在中国所划分的势力范围和所确立的"利益均沾"的原则，所以事变一发生，各国均作出了反应。因为各国的处境及在华利益不同，各国对华对日政策亦参差不一。

9 月 24 日，苏联外交人民委员李维诺夫发表声明："苏联在道义上、精神上、感情上完全同情中国，并愿作一切必要的帮助。"10 月 19 日，李维诺夫进一步声明："苏联所奉行的主义与国际侵略行为是水火不相容的，苏联决不允许与帝国主义合作以损害其他国家的利益，苏联人民极盼中国从速使用自己巨大的力量，来制裁日本在满蒙的阴谋。"① 但苏联政府对中国的支持基本上停留在声援上。由于苏联正忙于国内的工业化，其外交政策的重点一直放在防范西方帝国主义列强

---

① 《国闻周报》第 8 卷，第 39 期。

上，警惕它们将日本这股祸水由满蒙北引，加之联共（布）党内新一轮矛盾正在逐步激化，苏联政府在实际行动上采取了中立主义立场，未对中国予以有力支持，亦未对日本进行有效制约。

第一次世界大战后，美国与日本在太平洋地区产生了重大利益冲突。其实质是：美国想凭借经济实力，通过实行门户开放政策，逐步过渡到在实质上独占该地区。经济实力远不如美国的日本，则想凭借其有利的地理位置，以及对太平洋区域国家所拥有的相对经济、军事优势，抢先一步，以武力吞并该地区，最终拒美国于门外。华盛顿会议迫使日本让步，暂时协调了这个矛盾。但日本扩张企图仍存，美国对日本在该地区的举动亦极为关切。九一八事变发生，在国际关系格局中，客观上是对美国在太平洋区域的严重挑战。9 月 23 日，美国国务卿史汀生召见日本驻美大使出渊胜次，委婉指出满洲事态的责任在日本方面。同时，史汀生三次打电话给英国外相西蒙，想与英国商讨办法，联合对付日本。① 但英国毫无确切表示，美国由此不敢单独行动。10 月 8 日，日军空袭锦州，南犯意图显露，美英法惧怕日本入侵关内，严重损害其在华利益，遂对日本进行了交涉。10 月 9 日，史汀生在美国总统胡佛召集的会议上指出，美国限制日本的所有条约成了一堆废纸，提出对日本实行经济制裁并施加外交压力。但胡佛认为经济制裁可能导致美日战争，美国地理位置不利，又无英法支持，美国尚未作任何战争准备，不同意实行之，仅同意进行外交交涉。11 月 23 日，史汀生命令美国驻日本大使福布斯通知日本政府，若日本进攻锦州，美国政府的忍耐即达到了限度，并将使目前在巴黎召开的国联理事会为和平所作的努力破裂。② 但由于美国的行动也仅停留在外交压力上，致使日本无所顾忌。1932 年 1 月初日军占领锦州。1 月 7 日，史汀生代表美国照会中日两国政府："美国政府不能认许任何事实上的情势的合法性，也不拟承认中日政府或其代理人间所缔订的有损于美国或其在华国民的条约权力——包括关于中华民国的全权、独立或领土及行政完整，或关于通称

---

① 魏宏运主编：《中国现代史稿》，第 389 页。
② ［日］关宽治等著：《满洲事变》，第 337 页。

为门户开放政策的对华国际政策在内的任何条约或协定；也不拟承认用违反 1928 年 8 月 27 日中、日、美均为缔约国的巴黎公约（即国际争端不诉诸于武力解决的非战公约）之条款与义务的方法而获致的任何局势、条约或协定。"① 此即所谓"不承认主义"。"不承认主义"在主观上是为了维护门户开放政策，恢复帝国主义各国共同控制整个中国的局面；但在客观上反对日本发动侵华战争，不承认日本对东北的占领，承认中国主权、领土、行政之完整及东北为中国的主权范围，因而有利于中国人民和国际社会反对日本侵略的斗争。九一八事变后，美日利益客观上严重冲突，美国因此具有制裁日本的客观压力与主观要求。但综观美国此期外交政策，除对日外交措辞渐次严厉外，在具体行动上亦无所作为，甚至软弱无力，当然更谈不到有力地支持中国，致使日本有恃无恐。

华盛顿会议后，英日联盟解体，但英国仍与日本维系着若明若暗的伙伴关系，以此为基础，英国在太平洋地区奉行了一种三重性对日政策：当英国在中国及整个远东的利益受到或有可能受到日本侵害时，则与日本展开争夺，并借助于美国共同制约日本；同时，英国目睹美国的崛起，为确保其在中国及远东地区的权益，英国常暗中或从侧面支持日本，以抗衡美国；英国一直惧怕所谓共产主义的扩张，积极支持日本控制满蒙地区，特别是在北满地区，以威胁苏联后方，并遏止所谓苏联共产主义的南下输出。本此政策，英国对九一八事变采取了极其圆滑狡诈并听之任之的态度。英国副外相艾登则明确表示："中日关于东北三省之纠纷已达 30 年，英国政府对此问题屡加研究，愈不愿冒昧行事。"英国某位内阁成员甚至宣称："英国最好保持一个公平坦白之态度，无论对华对日，均不表示同情。"② 只有当日本南犯锦州、辽西，威逼关内，威胁到英国在华利益时，英国才愿与美国一道采取较强硬姿态，但也仅仅停留在这种姿态上。另一个欧洲大国法国出于维护自己在中国及远东权益的需要和对社会主义苏联的敌视，在远东政策上采取了与英国基本一致的立场。九一八事变后，英国仍出售了大量军火给日

---

① 《美国与中国关系白皮书》下卷，第 375 页。中国现代史资料编辑委员会 1957 年翻印版。
② 《国闻周报》第 9 卷，第 37 期，第 6 页。

本，法国甚至还给了日本 8 亿法郎的贷款。由英法对日政策所决定，英法控制的国联对日本侵华也一再妥协退让，致使国民政府希望通过国联制止日本侵略的幻想破灭。

综观日本侵华后西方帝国主义列强对日本采取的政策，实质上已形成了美英法集团早期的绥靖政策，中国则成了这个政策的最早牺牲品。早期绥靖政策是帝国主义在远东矛盾交织演化的结果，也是 30 年代经济大危机使西方列强无暇东顾的产物，还是英法遏止所谓苏联共产主义扩张的手段。日本则利用这些矛盾，实现了其既定计划。日本侵占东北得手后，肆无忌惮地挑起一二八事变，西方列强初尝姑息养奸之恶果，共同采取了调停行动。

## 二、国联调查团的活动

九一八事变后，国民政府在外交上采取了一切依赖国联的方针。国际联盟是第一次世界大战后建立的最大的国际组织。经历过第一次世界大战的惨祸，国际社会开始寻求建立一个能够保障和平的国际秩序，希望不依靠战争手段而依赖谈判协商解决国际争端。设立在瑞士日内瓦的国际联盟就是这种尝试的产物。第一次世界大战后，根据巴黎和会通过的《国际盟约》，于 1920 年 1 月 16 日成立国联。国联总部设在日内瓦。先后加入的国家有 63 个。美国作为建立国联的倡议国之一，却因为同英、法争夺领导权失败而未参加。所以初期的国联常任理事国实际只有英、法、意、日四国；1926 年德国加入国联后，成为第五个常任理事国。该联盟实际运作时基本上被英、法、日、意几个大国所控制与操纵。9 月 21 日，蒋介石谈话称，东北事变应"先行提交国际联盟与签约非战公约诸国，以此时惟有诉诸公理"。[①] 当日本军队已经在中国领土上开始了一场大规模的侵略战争，中国政府的首脑却幻想在国际联盟的会场上用言辞和条约

---

① ［日］古屋奎二：《蒋总统秘录》（全译本）第 8 册，第 43 页。

来替代疆场上的铁与血。

图 5.1　国际联盟大厦落成，但巨炮的影子象征着世界已再次临近大战的前夕

　　9 月 21 日，中国代表施肇基正式向国联理事会提出申诉，控告日本在中国东北的野蛮侵略行为，指出中国对日本的暴行采取了克制和忍耐的态度，希望国际社会给予公正的裁决，并建议组织国际调查团，调查事变真相。日本由于做贼心虚，惧怕真相大白于天下，坚决反对。9 月 22 日，国联理事会讨论东北事变，英法操纵下的国联竟听信日方的诬告，对中日双方提出了"不扩大事态，同时撤兵"的相同警告。

　　此后，日本的侵略意图暴露无遗，在中国的一再努力下，国联在 9 月 30 日终于作出了"限定日本于 10 月 14 日撤兵"的决议。10 月 24 日，又作出了要求日本 11 月 16 日前撤兵的决议，中国政府还为此成立了接收委员会。但日本置若罔闻，日本军队不仅没有移交一寸占领的土地，关东军反而在 11 月又进窥黑龙江省，并一步步地吞并了整个东北。黑龙江的沦陷使张学良极为沮丧。11 月 22 日，他发表宣言称："予实不解世界对于国联盟约、非战公约及华盛顿公约之将来持如何感想，抑此三种维持和平之公约，均将置之于废纸堆中乎"，表达了对国联权威的忧虑和失望。国联在日本侵华过程中，并未表现出中国当局所希望的"公理""正义"，它的一次次决议，全都成了一纸空文。

中国代表在国联各种场合一再要求组织国际调查团赴东北调查事变真相、制裁日本侵略。1931年年底，日本已北犯黑龙江，占领了齐齐哈尔，为使国联承认既成事实，并自信可利用其在东北的入侵者地位左右调查，也转而同意此举。12月10日，国联理事会通过决议，派遣国际调查团赴中国东北实地调查，以了解中日冲突的真相。

1932年1月21日，国联调查团正式组成。其成员包括：英国曾任印度代理总督的李顿伯爵、美国前任菲律宾总督麦考益中将、法国前任安南（越南）驻军司令官克劳德中将、德国前任东非总督希尼博士、意大利的马柯迪伯爵，李顿任团长。中国前外交部长顾维钧和日本驻土耳其大使吉田也参加调查团工作。

调查团组成后，并未立即赴中国实地考察，而是先绕道去会晤了英法美日等国政府要员，于3月14日到达上海，4月21日到达沈阳，先后在沈阳、长春、吉林、哈尔滨等城市进行了调查，7月20日于北平开始起草报告书。调查团到中国后，会见了中国政府首脑，在东北先后会见了伪满洲国的溥仪、郑孝胥、张景惠等。日军多方干扰调查团的调查活动，限制调查团内的唯一中国代表顾维钧的活

图5.2 1932年4月21日至5月1日，国联调查团6次约谈关东军司令官本庄繁，调查东北情况

动，甚至不让他与日军指定之外的任何中国人接触。① 即使如此，东北各阶层人民，通过各种途径，仍向调查团递交了揭露日本侵略的书信函件 1500 余件，陈述事变前后所见之事实。9 月 4 日，国联调查团基本完成了报告书，经修改和国联审议后，10 月 2 日，《国联调查团报告书》（即《李顿报告书》）在国联总部所在地日内瓦、中国首都南京和日本首都东京三地同时正式公布。

《李顿报告书》对九一八事变的发生及伪满洲国的状况，作了基本符合事实的具体陈述。它首先揭露了九一八事变乃日本的阴谋。《报告书》指出："依据调查团所得种种确切之说明，则可知日方系抱有一种精密预备之计划。""1931 年 9 月 18 日夜，该项计划曾以敏捷准确之方法实行之。""中国方面依照其所奉训令并无进击日军，亦无在特定时间或地点，危害日侨生命财产之计划。""9 月 18 日晚是日方之军事行动，不能视为合法自卫之办法。"② 接着，《报告书》强调东北是中国领土，属中国主权范围。《报告书》指出："在一切战争及独立时期中，满洲仍完全为中国领土。""日本军队未经宣战，将向来毫无疑义属于中国领土之一大部分地面，强夺占领，使其与中国分离并宣告独立，事实俱在。"进而，《报告书》揭露伪满洲国是日本的傀儡政权，指出日军"在每次占领之后，即将该处行政机关改组。由此可知在 1931 年 9 月以前，满洲毫未闻有独立运动，其所以有此运动者，乃日本军队在场所致也。""本调查团认为'满洲国'之构成，虽有若干助成分子，但其最有力之两种分子，厥为日本军队之在场及日本之军队官吏之活动，盖以本调查团之判断，若无此二者，则'新国'决不能成立。""关于该'政府'其各部名义上之领袖，虽系居住满洲之中国人，但其重要之政治行政权，则仍操诸日本官员及日人顾问之手。""所谓'满洲国政府'者，在当地华人心目中只是日人之工具而已。"

但《李顿报告书》同时又明显表现出偏袒日本、维护帝国主义共同利益的倾向，并诬蔑苏联和中国共产党领导的民族民主革命。在中日争端问题上，《报告

---

① 《从九一八到七七事变》，第 384 页。
② 以下内容均引自《国联调查团报告书》，载《革命文献》第 40 辑。

书》多次为日本辩解，称"中国人之抵制日货为中日冲突之重要原因"。中国政府支持对日经济绝交运动，"应负责任"，中国政府应"采取一切办法禁止并遏抑有组织之抵制日货运动"。进而并诬称"近年来苏俄在外蒙古势力之扩张，及中国共产党之发展，均使日本忧虑，日益加增"，此为中国及事变之"患源"。《报告书》竭力维护日本在中国东北的特殊地位，表示"承认满洲在日本经济发展上之重要性"，肯定"日本在满洲之权力及利益乃不容漠视之事实，凡不承认此点或忽略日本与该地历史上关系之解决（方案），不能认为满意"。

图 5.3　国联调查团团长李顿

　　《报告书》荒谬地提出将中国东北地区国际化、由各大国（通过国联）共同管理东北的主张。《报告书》提议，东北的政治行政组织，既不能恢复1931年9月以前的原状，亦不应继续维持伪满洲国，而应走"国际合作"的道路，建立"应获得高度之自治权"的新的东北地方政府。东北应建立顾问会议制度，顾问由国联理事会提名，由中日两方代表和中立国观察员组成。根据顾问会议决议，再建立属于中国中央政府但高度自治的地方政府，外国顾问应存在于东北地方政府的政治、经济、军事、外事各部门，并担任东北中央银行顾问。"以外国教练官之协助，组织特别宪警，为东三省境内之唯一武装实力"，中日两国军队均退出东北。

　　《李顿报告书》在一定程度上揭露了日本帝国主义侵略中国的行径，肯定东北属于中国不可变更的领土及主权范围，暴露了伪满洲国的实质，对之采取不承认主义，要求一切退回到九一八事变以前的状况，在客观上有利于中国人民的抗日斗争，有利于呼吁国际社会支援中国，对日本的进一步侵华军事行动起了一定的牵制作用，因而国联的调查结果在日本国内引起一片怒骂。但《李

顿报告书》的主观目的绝非为了中国。它提出的种种所谓解决办法，仅是企图
在不太得罪日本的前提下，将中国东北纳入帝国主义共同势力范围。在这方
面，《李顿报告书》是西方列强对"凡尔赛—华盛顿体系"所作的修补与维护，
是西方帝国主义大国要求共管中国与日本帝国主义企图独占中国的矛盾的产
物，它与西方列强对一二八的外交调停的逻辑是一致的。《李顿报告书》仇视
共产主义和中国新民主主义革命，充分显示了其帝国主义—殖民主义立场，因
而《李顿报告书》发表后，不仅激起中国人民的反对和谴责，也受到国际上主
持正义人士的批评。

　　1932 年 12 月 12 日，国联专门组织了一个有部分中小国家参加的国联十九国
特别委员会，赋予其根据《李顿报告书》起草关于中日争议的报告书任务。1933
年初，该报告书完成。文件中坚持了不应侵犯国家领土主权、"满洲"领土及主
权属于中国、在事实上和法律上均不给予伪满洲国以承认等重要观点。1933 年 2
月 24 日，国联特别大会以 42 票对 1 票（日本）通过该报告书。史汀生随即代表
美国政府发表声明表示赞同。国民政府也表示原则上接受。但日本政府决不愿意

图 5.4　1933 年 2 月 24 日，因不满国联表决结果，退出国联会场的
日本代表松冈洋佑（中间戴礼帽者）等日本代表

作出半点让步。1932 年，离开"满铁总裁"职位担任日本外相的内田康哉在日本帝国议会上火药味十足地表示，即使将日本列岛化为焦土，日本也决不放弃"满洲"。日本的代表松冈洋佑在国联表决后悻然退场，使与会的各国代表一片愕然。松冈洋佑回国后受到了狂热的日本国民的夹道欢迎。3 月 27 日，日本政府声称，国联特别大会通过的报告书，"以九一八事件当时及其后日军之行动，独断为非自卫权之发动"，"漠视'满洲国'成立之真相，而否认帝国承认该国之立场"，①悻然宣布退出国联。

---

① 韦罗贝著，薛寿衡译：《中日纠纷与国联》，第 565 页。商务印书馆 1937 年 2 月版。

## 第6章
### 日本对东北的殖民统治

## 一、伪满洲国的成立

早在日本军部密谋军事侵占东北的同时，就拟定了发动战争后"收拾时局的最初计划"。日本参谋本部在 1931 年 4 月制定的《情势判断》文件中，对解决满蒙问题提出了三阶段方案。三阶段方案在内容上各自完整、系统，实质上构成了三种独立方案。第一种方案是，所谓"努力改变我根据条约或契约而正当取得之权益因中国方面的背信弃义而被损害的现状，确保我权益之实际效果并进行扩大这一权益"，"这样预期建立的满洲政权将是取代张学良的亲日政权。仍把它置于中国中央政府的主权之下"。第二种方案"是在满蒙组成一个政权，这一政权所拥有的权益，比过去合法取得的权益更多，并将其从中国中央政府中独立出来，也就是建立一个独立的国家"。第三种方案就是"以武力直接占领满蒙，将其并入日本版图"。①

---

① ［日］关宽治等著：《满洲事变》，第 257、262 页。

　　九一八事变的次日，关东军板垣和石原两参谋等人便会见了正在奉天（沈阳）的参谋本部作战部长建川美次少将。板垣、石原等力主采用第三种方案收拾时局，建川主张采用第一种方案。双方激烈争论了数小时，建川对关东军作了妥协，表示"对军队的积极行动不加阻碍"。① 但日本陆军中央部在 9 月 20 日、21 日致关东军的电报中，否定了板垣、石原的意见。建川美次于是重新提出："推翻现有东北政权，树立以宣统皇帝为盟主、受日本支持的政权，当为上策。"② 9 月 22 日上午 8 时，关东军参谋长三宅光治在本庄繁授意下将板垣、石原、土肥原贤二、片仓等人召集在一起，专门就此事进行协商。会议综合建川与土肥原意见，制定了《解决满蒙问题政策案》。该政策案提出："建立受我国政府支持，以东北及蒙古为疆土，以宣统皇帝为首脑的中国政权，使其成为在满蒙各民族之乐土。"这个政权的"国防、外交以新政权委托之方式由日本掌握，主要的交通、通信也由日本管理"，"总之，这是一个建立亲日政权后由日本掌握国防和外交的方案，其设想是想将该政权引导到建设一个独立国家"。③ 在《解决满蒙问题政策案》中，日军还提出了勾结、利用熙洽、张海鹏、于芷山、张景惠以及时任热河省主席的汤玉麟的具体计划。④ 日本陆军中央部和日本政府同意了这一方案。10 月 6 日，在三宅、板垣、石原等拟定的一份文件中，将这一方案进一步具体化为"三条根本原则"，即："一、使满蒙完全脱离中国本土。二、一手统一满蒙。三、表面上由中国人统治，但实质上要掌握在我方手里。上述新政权在实质上最终要置于我国的保护之下。至少要掌握军事、外交和交通的实权。"⑤ 11 月 17 日，关东军国际法顾问松木侠和本庄繁、板垣、石原等进一步交换意见后，起草了《满蒙自由国建设方案大纲》。明确提出："将满蒙作为我国领土的一部分是为上策，但鉴于以往的情况，目前突然采取这一步骤将徒然引起国际上的议论。作为中

①　［日］关宽治等著：《满洲事变》，第 262 页。
②　《现代史资料 7·满洲事变》，第 187 页。
③　［日］关宽治等著：《满洲事变》，第 267、407 页。
④　［日］关宽治等著：《满洲事变》，第 267、407 页。
⑤　［日］关宽治等著：《满洲事变》，第 418 页。

策，建设满蒙独立国，使其完全脱离中国的行政统治。"①

日本建立伪满洲国的第一步，是先成立东北地区的县、省各级伪政权，然后以此为基础，拼凑伪满洲国。在《满蒙自由国建设方案大纲》中，日军提出了"建立满蒙独立国的手段（途径）——建立国家的作用，在于完成下层政治机关即县市自治的同时，确立上层机关即省一级的独立，并逐步谋求确立中央政权，组织一个完全独立于中国中央政府之政府"。② 按《解决满蒙问题政策案》的既定计划，关东军指派板垣等人分别去做拉拢引诱张景惠、熙洽、张海鹏等的工作，促使其公开投日降敌。同时，通过日本驻天津部队司令官，将溥仪及其亲信罗振玉、徐良等人"保护"了起来，③ 企图复辟清王朝的封建遗孽，纷纷附逆为奸。

在日本的一手炮制下，东北各地的伪政权开始出笼。1931 年 9 月 24 日，辽宁成立了"地方维持委员会"，以袁金铠为"委员长"，于仲汉、阚朝玺为"副委员长"。9 月 27 日，原"东省特别行政区"长官张景惠，在哈尔滨宣布组织"东省特别行政区治安维持会"，自任"会长"。与此同时，日本侵略者当局又指使组成了"辽宁四民（商、工、农、学）临时维持会"，以前清王朝恭亲王溥伟为"会长"。11 月 19 日，日军侵占齐齐哈尔后，指使李维周等于该地成立了"地方维持会"。接着，各省伪政权先后成立。9 月 26 日，前清遗孽、降日民族败类熙洽合并吉林省原军、政两机关为"吉林省长官公署"，自任"吉林省长官"，声明同国民政府及张学良东北政权脱离关系，宣告"独立"，成立了东北第一个省级伪政权。11 月 7 日，关东军将辽宁省改称奉天省，沈阳的原"辽宁地方维持委员会"被改组为"奉天省临时政府"，11 月 15 日，又正式改组为"奉天省政府"，以臧式毅为伪省长。伪省政府随即宣布脱离国民政府而"独立"。1932 年 1 月 1 日，张景惠秉承日军意图发表脱离中国中央政府的所谓"独立宣言"，组织伪黑

① ［日］关宽治等著：《满洲事变》，第 433 页。
② ［日］关宽治等著：《满洲事变》，第 434、407 页。
③ ［日］关宽治等著：《满洲事变》，第 434、407 页。

龙江省政府；6 日，张景惠就任伪省府主席。

　　同期，关东军特务机构头目土肥原贤二南下天津，诱迫清王朝末代皇帝溥仪北上东北。此前，日本方面准确估计了溥仪的复辟愿望，判断溥仪同蒋介石、张学良等均不能合作，而"可以同日本合作"，① 因此可以利用其家族与东北的联系，建立一个受日本控制的傀儡政权。溥仪退位后，居于天津日本租界内。土肥原到津后，面见溥仪，迎合溥仪的复辟愿望，声称日本可帮助溥仪到东北重新登基。溥仪起初半信半疑，最终被复辟欲所驱使，同意与土肥原及日本合作，但又虑于民众及社会舆论，一度陷入两难境地。11 月 7 日，土肥原指使汉奸特务袭击天津公安局保安队，制造暴乱假象。② 溥仪遂以此为烟幕及借口，在驻天津日军护送下，"半强制半自动地逃出天津"，由塘沽乘日船"淡路丸"前往东北，13 日上午抵营口。到营口后，溥仪为欺骗社会舆论，对日本官方说，由于天津发生暴乱，感到生命受到威胁，为寻求安身之处而逃出天津，要求取得保护。于是日本方面按预订计划，宣布出于"人道方面的考虑"，给予溥仪以"保护"。③ 11 月 16 日，日本陆相南次郎（12 月 13 日由荒木贞夫接替）电示关东军"关于拥立溥仪之事，操之过急会徒然刺激列国，待和中央联系后处理"。11 月 18 日，关东军将溥仪秘密送往旅顺，"等待建新国时机之成熟"。④

　　在东北省级伪政权均已成立的基础上，日本内阁陆军省、海军省、外务省于1932 年 1 月 6 日，共同制定了《中国问题的处理方针纲要》，强调："关于满蒙，确定在帝国的威力下，在政治、经济、国防、交通、通信等方面，使之成为帝国的永远存在并发挥重要作用的地区。""满蒙目前是独立于中国本部政权之外的另一政权的统治区域，逐步引导其具有作为一个国家的形态。为此目的，要求迅速确立和稳定满蒙各省政权，比以往更积极地加以援助。使建立的各省政权逐步

① 易显石等著：《"九一八"事变史》，第 196 页。
② 爱新觉罗·溥仪著：《我的前半生》，第 286 页。
③ ［日］关宽治等著：《满洲事变》，第 437、438 页。
④ 《现代史资料 7·满洲事变》第 437、438 页。

做到联省合并，并相机宣布建立新的统一政权。"① 按此 "纲要" 精神，1 月 22 日，三宅召开了 "建国幕僚会议"，具体研究了成立伪满洲国的步骤和计划。27 日，关东军拟定了《满蒙问题善后处理纲要》，决定 "迅速以奉天、吉林、黑龙江三省主要首脑，先组成政务委员会，负责建立新国家的研究准备工作"。

此时，李顿调查团已正式组成，日本为造成既定事实迫其承认，加快了成立伪满洲国的步伐。2 月 16 日，日军召集各省伪政权头目于沈阳，召开了联省会议，成立了伪 "东北行政委员会"，以张景惠为 "委员长"，臧式毅、熙洽、凌升、齐玉、汤玉麟、马占山②为 "委员"。该 "委员会" 宣称 "从此与党国政府脱离关系，东北省区，完全独立"。③ 22 日，板垣专程到旅顺与溥仪会谈，要其出任伪满洲国的 "执政"。2 月 2 日至 24 日，三宅、板垣、石原等连续与各省伪政权头目举行会议，确定成立伪满洲国的各项具体事宜。25 日，经日本政府和军部同意，

图 6.1　溥仪被日本利用，在东北建立傀儡政权——伪满洲国

东北伪政权正式采用 "满洲国" 名称，年号 "大同"，以红蓝黑白满地黄所谓 "新五色旗" 为 "国旗"，以长春为 "首都"，改称 "新京"。同时，伪 "东北行政委员会" 发布所谓 "建国通电"，声称奉天、吉林、黑龙江、热河四省以及内蒙古之呼伦贝尔、哲里木、昭乌达、卓索图各盟，属其版图范围。④ 3 月 1 日，日军指使伪满政权发布所谓 "建国宣言"。溥仪一心想复辟 "大清皇朝"，要当 "皇帝"，在日本安排下，3 月 9 日，溥仪粉墨登场，出任伪满洲国 "执政"，在长春

---

① 《现代史资料 7·满洲事变》，第 440、441 页。
② 哈尔滨沦陷后，马占山一度被敌伪诱降，后又起兵反日，战败后至苏联，再辗转赴沪。
③ 张宪文主编：《中华民国史纲》，第 389 页。
④ 《现代史资料 7·满洲事变》，第 442 页。

举行了所谓"就职典礼"。① 张景惠任伪
参议府议长，汤玉麟副之；郑孝胥任伪国
务总理。日本人驹井德三任伪国务院总务
厅总务长官，掌握各部一切实权，凡有命
令及决定，不经该厅签字盖章，即不能执
行。"各伪机关实权，则皆操诸所谓顾问
谘议之手"，而"顾问"、"谘议"及各部
门副职及中层各职，均有大批日本人
充任。②

对日本一手制造傀儡政权的行径，中
国政府一再加以谴责，并声明不予承认。
1932 年 2 月 21 日，国民政府外交部针对
日本策动的"独立运动"郑重声明："凡
东三省或其一部分之分离或独立，与夫东

图 6.2　1932 年，日本在东北建立傀儡政权伪
满洲国

三省内之一切行政组织，未经国民政府授权或同意者，一律否认之。"③ 伪满洲国
成立后，国民政府要求世界各国不予承认。

9 月 15 日，日本宣布正式承认伪满洲国；同日，签订了《日满议定书》，规
定日本在"满洲国"领域内享有的一切权力利益"概应确认尊重之"，"日本国军
队，应驻扎于满洲国内"。④ 东北终于沦为日本独占的殖民地。后在溥仪的强烈要
求下，1934 年 3 月 1 日，伪满洲国更名为"满洲帝国"，溥仪由"执政"改称为
"皇帝"，改年号为"康德"。这个傀儡政权存在了 14 年，1945 年随着日本帝国主

① 爱新觉罗·溥仪著：《我的前半生》，第 313 页。
② 《外交部致日本驻华公使照会》，载《中华民国重要史料初编——对日抗战时期·第六编·傀
儡组织（一）》，第 49 页。中国国民党中央党史委员会编，1981 年台北出版。
③ 《外交部对东三省所谓独立运动的宣言》，载《日本制造伪组织与国联的制裁侵略》[中日外
交史料丛编（五）]，第 19 页。
④ 《日满议定书》，载《中华民国重要史料初编——对日抗战时期·第六编，傀儡组织（一）》，
第 106 页。

图 6.3　1932 年 9 月 15 日《日满议定书》签订。日本方面签字者为关东军司令官武藤信义（左签字者），伪满洲国方面为"国务总理"郑孝胥（右签字者）

义的军事彻底失败而垮台。

## 二、日寇对东北的殖民统治

　　根据日本的"大陆政策"，满蒙地区仅是其进一步入侵中国，进而占领亚洲、争霸世界的前进基地。基于此，掠夺满蒙地区丰富的资源，壮大日本的经济—军事实力，是日本侵吞东北的首要目的。为贯彻此目的，日本运用军事、政治、文化手段，对东北实行野蛮、残酷的殖民统治。日本政府和军部规定：由关东军司令官兼任驻伪满洲国特命全权大使，是为中国东北地区的日本最高长官，事实上成了伪满洲国的太上皇。"对于满洲国政府的要求事项，一切均由帝国政府通过关东军司令官，通知满洲国使之付诸实现"。① 日本帝国主义利用伪满洲国的形式，对东北实施直接殖民统治。

　　为镇压东北人民的抗日活动，日本不断向东北增兵。伪满洲国成立前后，日

---

　　① 《日本帝国主义侵略史料选编》，第 65、67 页。上海人民出版社。

本陆续派往东北的部队计有步兵第 14 混成旅团、第 20 师团、第 6 师团、第 8 师团、第 10 师团、第 14 师团，骑兵第 1 旅团、第 4 旅团，第 10、第 11、第 12 飞行大队。凭借重兵，日军在伪军配合下，疯狂"讨伐"东北各地，杀害人民群众。仅 1933 年 9 月，日军对抚顺附近平顶山村的一次"讨伐"，就烧毁房屋 800 多间，残杀居民 3000 余人。日本占领当局还大力兴建并强化宪兵队、警察局、法院、监狱等机构。伪满洲国警务司长、各省警务厅长、各县警察局长、各区警察所长也都由日本人担任。各县并设有直接由日军指挥的保安队。1933 年 5 月，日本占领当局又决定在各村庄设立警察，办理所谓"乡村警察事务"。日军宪警在东北城乡横行无忌、滥杀无辜，制造殖民恐怖。从伪满洲国成立到 1934 年两年间，日伪以"反满抗日"的所谓"罪名"杀害民众多达 67000 余人。[1] 日军还全面推行"治安肃正"运动，威逼民众对"反满抗日者"进行"大检举"。为对付抗日武装，日军还强暴实施了保甲制度和"归屯并户"政策，蓄意制造无人区，并大量征发民工修筑直接联结日军基地和靠近抗日游击区的所谓"警备路"，禁止民众通行，以便日军行动。在日军的直接指使控制下，成立了以汉奸为主体的所谓"正义团"，专事收缴民间武器和镇压青年的抗日救国运动。

日军当局惧怕东北人民的民族意识及由此引发的民族解放斗争，遂在东北强制推行奴化教育，摧残中华民族文化。伪满洲国成立后，所有中国教育机构或被关闭，或由日军监视改组。强迫学生一律学习日文，向学生灌输"同文同种"、"共存共荣"、"王道乐土"等奴化思想。原来所用之中文教科书，悉数改换；对历史事实，刻意篡改，以"合日本之意"。日军当局还驻兵学校，防范青年学生的抗日活动，随时销毁具有中华民族意识的书刊。仅 1932 年 3 月至 7 月，即焚书650 万册，并随意对学校进行"整肃"，捕杀爱国师生。[2]

以恐怖统治为基础，日军当局疯狂掠夺东北资源，统制东北经济。在"日满经济一体化"的方针下，将东北经济纳入日本侵略扩张的战争经济轨道。1932 年

---

① 张宪文主编：《中华民国史纲》，第 390 页。
② 魏宏运主编：《中国现代史稿》，第 402 页。

图 6.4　伪满洲国的宣传画，美化日本的殖民统治

8 月 5 日，日本公布《满洲经济统制根本方策案》，提出了"日满一体的计划经济"纲领，并规定关东军和"满铁"为统制伪满洲国经济的支配机构。1933 年 3 月 1 日，伪满洲国公布由关东军和"满铁"制定的《满洲国经济建设纲要》，宣布对东北经济实行统制，并使之统一于所谓"东亚经济"之中。《纲要》规定，凡具有国防或公共公益性质的重要事业，均由"满铁"一类的日资公司或名义上为日满合资实质仍是日资为主的一类公司垄断经营，此类公司称之为"特殊公司"或"国策公司"。这类事业达 46 种。除此之外的其他各业仅有 20 种，规定可由民间自由经营。但日本根据一业一公司原则，在其他各业均设立了占支配地位的垄断性公司。① 九一八事变后，日本在东北先后设立了满洲炭矿株式会社、满洲石油株式会社等许多垄断公司，统治了东北的采煤业、石油勘探及开采业、汽车修造业、电力事业、化工工业、炼钢业、有色金属开采及冶炼业、林业、盐业、通信事业、广播事业等等。1932 年 7 月、8 月间，日本又连续与伪满签订了交通、航空、采矿三个协定，随即成立了垄断性公司，统制了东北的交通、航空

①　延安时事问题研究会：《日本帝国主义在中国沦陷区》，第 25 页，解放社 1939 年版。

和采矿业。从九一八事变至七七事变前夕，日本在东北设立的公司达369个，遍及一切经济领域。实际资本额为52200万日元，其中垄断性公司的资本达36900万日元，占71%。[1] 日本垄断公司操纵了伪满的整个经济命脉，使东北经济完全殖民地化，致使日本掠夺了东北大量资源。1936年，东北输往日本的农矿产品和各种原材料，占其对日输出总额的79%，比1932年增长了5个百分点；而同期日本输入东北的商品，个人消费品占60%以上，并且都是日方人为规定的高附加值产品。[2] 这种不等价不合理交换，使东北由中国唯一的外贸出超地区，自1933年起，变成了入超地区，海关管理也完全由日本控制。东北地区外贸状况的变化，集中反映了东北经济的殖民地性质。

在商业方面，日本使用军事及行政手段打击东北地方商业并限制外商活动。日本为垄断东北商业，排斥外国商业资本，迫使其纷纷从东北撤出。对从关内运往东北的中国商品，竟征收高达40%的"关税"，绸缎、茶叶、瓷器等中国土特产品，还加倍征税，以致国货在东北市场逐渐绝迹。而对日本输入东北的货物，仅征4.5%~11.5%的关税。[3] 从而使日货在东北进口货物总值中的比重，由20世纪20年代末期的60%上下，增至30年代的75%以上。[4] 东北逐渐成为日本的独占市场。

在金融方面，九一八事变的第二天，日军就占领了东三省的主要金融机构——东三省官银号，掠夺其库存黄金8万公斤。此后，又相继占领了边业银行、永衡官银号、黑龙江官银号三大金融机构。1932年2月5日，关东军与"满铁"制定了《货币及金融制度方针要纲》。3月中旬，正式宣布合并各官银号和边业银行，设立伪满洲国"中央银行"。随后，集中了四行号的发行准备金，统一纸币发行权；接着，进行了所谓"币制改革"，发行殖民地货币（满元）。日本占领当局一方面规定伪币对旧奉票的高兑换率，打很大的折扣强制兑换旧奉票，掠夺人

---

① 延安时事问题研究会：《日本帝国主义在中国沦陷区》，第28页。
② 杜恂诚著：《日本在旧中国的投资》，第382页，上海社科院出版社1986年版。
③ 杜恂诚著：《日本在旧中国的投资》，第376页。
④ 郑友揆著：《中国的对外贸易和工业发展：1840~1948》，第247页，上海社科院1948年版。

民资财；另一方面将伪币与日元挂钩，实行所谓"日满货币一体化"原则。由此，日本完全控制了东北的货币与金融。①

在农业方面，日本首先运用军事行政手段，强制性地向东北大量移民，掠夺东北农民耕地。1932 年 4 月，伪满洲国秉日本之意，颁布《外人租用土地章程》，规定外国人可在东北获得土地的承租权。1933 年 6 月，日伪又颁布了土地的《商租权登记法》，规定日本人可自由商租在东北从事农工商各业所需土地，一次租用土地的期限为 30 年，期满可续租延长，实质上承认了日本人对商租土地的永久占有。1935 年 12 月，日军与伪满政权设立了"满洲拓殖会社"，作为专事移民的机构。1936 年 3 月，又设立了"地籍整理局"，着手通过所谓地籍整理掠夺土地，安置日籍移民。1932～1937 年间，日本先后 5 次向东北进行武装移民，抢占了中国农民耕地 20 余万垧。1936 年 7 月以前移入东北的日本人已达 71 万余人、朝鲜人 85 万余人。② 日本掠夺的土地，集中于松花江下游、辽河下游、牡丹江流域等东北的富庶地区。大量中国农民失去土地，沦为流民，或被强迫"归屯并户"。其次，日军当局强迫中国农民种植罂粟，并于 1932 年 11 月设立"鸦片专卖局"，公卖专卖鸦片，以支撑因军费庞大而日益困难的财政。1935 年东北境内种植鸦片的县达 35 个，种植面积达 166.5 万亩。③ 第三，统制粮棉。为将东北变成日本的粮棉供给基地，用暴力强迫农民种

图 6.5　1934 年吉林敦化附近日本武装移民团，图为女性家族成员在进行射击训练

植专门输往日本的稻米、小麦、高粱、棉花及一些杂粮，然后由满洲粮业会社、

---

① 史全生主编：《中华民国经济史》，第 226 页，江苏人民出版社 1989 年版。
② 章有义：《中国近代农业史资料》第 3 辑，第 509 页，三联书店版。
③ 章有义：《中国近代农业史资料》第 3 辑，第 524 页。

满洲棉花会社等垄断公司低价收购，运往日本。1932～1936年，每年输往日本的高粱、小米分别占东北总产量的40%和90%以上。① 日伪还在春荒时，将低价强购的粮食高价出售，牟取垄断暴利。第四，统制经济作物，其手法与统制粮棉类似。如1934年6月设立满洲亚麻株式会社，强行低价统购亚麻，并统制亚麻的加工与纺织。还用低价强迫统购大豆等，致使1934年东北大豆每斤（500克）价格，竟比九一八事变前下跌了55%以上。农民每种一垧地大豆，就得倒贴10～15元。② 第五，统制畜产。伪满洲国成立后，日军在各县设立了"马政局"，调查民间所有的马数，并将马分为军马和耕马，凡被认为可充作军用之马，一律送交"马政局"征用。九一八事变前，日本每年要花费相当于1亿日元的外汇，从澳大利亚进口羊毛以满足本国毛纺织业所需。侵占东北后，日本要求伪满洲国在10年内满足日本对羊毛的需求。为此，专设了"满洲绵羊协会"，统购东北羊毛，禁止任何个人买卖。第六，统制林业。1936年，日本设立了林业垄断组织——满洲林业会社，在东北东部和东北部划定森林区域，垄断林业的采伐、运输和销售，排斥私营商行。日本对东北农业的统制使东北农产品价格出现极度反常的状况，以1931年的主要农产品价格指数为100，至1933年，竟下降为高粱50.92，小米51.26，玉蜀黍49.83，大豆60.51，几乎都下降了一半。③ 在民不聊生的情况下，价格如此低落，充分展现了日军当局对东北人民榨取的程度。这种垄断低价的形成，绝非凭借由竞争导致的优势经济地位——垄断的形成而形成，它完全源于日本殖民当局依靠军事暴力手段、运用行政指令方式人为制造的强制性垄断，其本质是超经济性的。因此，这种垄断低价仅表现了东北经济服从于日本利益的殖民地性质。

日本帝国主义对东北的军事、政治、文化、经济的全面殖民统治，使东北人民陷入了水深火热的悲惨境地。

---

① 章有义：《中国近代农业史资料》第3辑，第538页。
② 章有义：《中国近代农业史资料》第3辑，第532页。
③ 章有义：《中国近代农业史资料》第3辑，第533页。

## 第 7 章
### 东北义勇军的自发抵抗

## 一、东北人民的早期抗日斗争

九一八事变是日本帝国主义全面侵华的开始，也同时是中国抗日战争的发端。

九一八事变发生的当天，驻守北大营的东北军独立第 7 旅爱国官兵，在国民政府的不抵抗命令下，处境极为不利。其第 620 团在团长王铁汉指挥下，"督属收容，以一部掩护，及至七时三十分，该团破出重围"，孤军坚守北大营达 7 小时之久。① 在长春的宽城子站护路军营，营长傅冠军拒不缴械，被日军枪杀。该营官兵"异常激昂，坚不缴械"，一部与日军进行了零星的战斗。在南岭军营，炮团官兵在火炮被上级锁起来的情况下，手持枪械自卫还击，后全军冲出重围。②

江桥抗战爆发时，黑龙江省各界人民自动组织"援马（占山）抗日团"，为前线输送军需物资，并采取各种形式支援前线。日军攻袭辽西时，中国驻军于

---

① 荣臻：《九一八事变之经过情形》，《革命文献》第 34 辑，第 881 页。
② 中国国民党中央党史委员会编：《革命文献》第 34 辑，第 923 页。

1931 年 12 月下旬至 1932 年 1 月初，在锦州大窪车站和打虎山等地，进行了顽强狙击。1932 年 2 月初，东北军第 22 旅旅长赵毅率所部于哈尔滨附近的双城车站，狙击日伪军，在十里铺附近，一举击溃伪军于琛澂部，俘敌 700 余名。此后，再于双城车站狙击日军，将士均奋勇出击，与敌进行白刃格斗，痛击日军第 3 旅团，[①] 在日军第 2 师团主力增援前，一度遏制了其对哈尔滨的攻势。部分东北军的自发抗战行动，打击了日军的侵略气焰，捍卫了中华民族的尊严，鼓舞了全国人民的抗日斗争。

图 7.1　马占山因江桥抗战成为民族英雄。图为出现在香烟上的马占山形象

　　东北地区各阶层人民群众，也运用各种形式，开展了英勇的抗日斗争。中共满洲省委在抗日的最前线，积极开展工作。省委领导下的青年团、军委、满总（联合工会）等组织，发动、武装群众，进行武装斗争。沈阳工人自九一八始，就发动停工、罢工，抵抗日军。日军侵占沈阳兵工厂后，工人们拒绝为之生产任

---

　　① 张宪文主编：《中华民国史纲》，第 391 页。

何武器军火，先后有 3 万多工人自动离厂，其中相当一部分参加了辽西义勇军。1931 年 9 月 23 日，当长春日军企图北犯时，中东路的铁路工人机智地将近 300 辆机车及车厢转移他处，使日军无法出动。哈尔滨电业工人，抚顺、鹤岗煤矿工人，呼海路、吉沈路等铁路工人，都先后举行了反日大罢工。珠河、磐石、通河等地的农民群众进行了游行示威，抗议日军的侵略暴行。东满一些地区的农民揭竿而起，以镰刀、锄头、木棍、刀矛等原始器械为武器，举行了较大规模的秋收暴动和春荒斗争。其中相当一部分辗转参加了各支义勇军。1931 年 11 月，哈尔滨各界联合会发表宣言，坚定激昂地表示，东三省"三千余万民众，二百余万健儿，各输其财，各捐其躯，誓与日本帝国主义者作最后之决斗。宁教白山黑水尽化为赤血之区，不愿华胄倭奴同立于黄海之岸。"① 流亡关内的东北人民，到处奔走呼号，为抗日救国、收复失地而斗争。1931 年 9 月 28 日，东北民众抗日救国会在北平成立，其宗旨为："抵抗日本入侵，共谋收复失地，保护主权。"推动了东北人民的早期抗日斗争。

## 二、东北义勇军的兴起和鼎盛

美国《密勒氏评论报》曾发表评论称："满洲事实上没有不被袭击的地方，城市和铁路，竟找不出一处来。"② 1932 年初，《伦敦每日导报》也撰文说："满洲国当局日陷不宁，目下满洲境内，日本人没有一条绝对安全的道路。"③

这支使伪满洲国和日本人"日陷不宁"的武装力量就是东北抗日义勇军。东北沦陷后，原驻守东三省的东北军，除少数叛变沦为伪军外，一部分辗转入关寻找主力，大部分同当地民众结合，组成了许多抗日爱国武装力量，这些由东北军游散官兵、绿林武装、普通平民组成的非正规部队，总称为东北义勇军。

① 陈觉著：《九一八后国难痛史》（上册），第 999 页。
② ［英］《密勒氏评论报》，摘引自《救国时报》第九期。
③ ［英］《伦敦每日导报》，摘引自《救国时报》第九期。

图7.2　东北义勇军战士

1931年12月9日，东北民众救国义勇军军政委员会便在哈尔滨发表成立宣言，宣称："矢率东北爱国健儿，为党为国为家，誓起奋勇杀敌，光复中国固有河山。"①

辽宁的抗日义勇军兴起最早、发展迅速。九一八事变后，辽宁省警务处长黄显声从沈阳带出部分警察，沿铁路向锦州且战且退，并在锦州一带组织民团、警察、公安队等抗日。1932年1月成立了东北民众自卫义勇军，当时分22路，约六、七万人，分布于黑山、新民、辽中、昌图、沈阳、辽源、绥中、锦县、锦西、抚顺等地。当日军进犯辽西后，"人民激于义愤请缨杀敌者日增，迄二十一年三月，已达五十四路约十余万人"。②4月21日，唐聚五就任辽宁自卫军总司令，使辽宁的义勇军达56路约20万人，划分为5大军区。③辽宁省义勇军自编组以来，采取游击战术，到处袭击日军，破坏交通。他们多次袭击日伪盘踞的沈阳市，袭击飞机场、兵工厂、南满车站等地，焚毁日机数架，也多次攻袭锦州、营口、抚顺、鞍山、海城、新民、辽阳、义县、绥中、大虎山、黑山等重要城镇和日伪据点，扰得日军不得安宁。他们出没在北宁、安奉、营沟等铁路线两侧，颠覆日军军车，切断敌人交通，使运输枢纽常常陷于瘫痪，并歼灭了相当数量的日军。

在吉林省，中东路护路军长绥司令丁超和依兰镇守护使李杜于1932年1月下

①《第二次中日战争各重要战役汇编——东北义勇军》，第73页。
②《第二次中日战争各重要战役汇编——东北义勇军》，第15页。
③《第二次中日战争各重要战役汇编——东北义勇军》，第15页。

旬组织了吉林自卫军，由李杜任总司令，丁超任吉林治安维持会长。吉林自卫军在日军进攻哈尔滨时，给敌人以重创。哈尔滨失陷后，丁、李两部分别退往双城和依兰、宾县一带。3 月 20 日，两部合攻哈尔滨未果，但 3 月 28 日攻克农安县城，并将伪军于瑞征部击溃。4 月 1 日，日军以 3 个旅团，协同伪军张海鹏、熙洽等部，对农安发起总攻，吉林自卫军坚守 3 天才退往扶余。①

图 7.3　兴安岭一带被东北义勇军所放置的装置所撞翻的列车

在黑龙江省，马占山于 1932 年 4 月返回海伦，于 12 日通电再次抗日，表示："一息尚存，誓与倭奴周旋到底，成败利钝，在所不计。"② 马军以黑河为大本营，以海伦为军事中心，其军力达 10 余万之众，并同北满的苏炳文旅、东满的李杜吉林自卫军呼应。苏炳文于 10 月 1 日在满洲里通电抗日，重悬青天白日旗，使日军大为恐慌。此外，还有朱霁青组织的东北国民救国军，冯占海、邓铁梅、王德林、刘万魁、张殿九、董显声、赵毅等各路义勇军。他们袭击敌伪据点，伏击日军列车，破坏铁路桥梁，给日伪军以沉重的打击。

吉、黑各地的民团、民间秘密结社（如大刀会、红枪会）、绿林武装以及热心救国的工农群众、青年学生纷纷加入抗日的行列，使原来以东北军为主体的吉、黑义勇军增添了新的成分，渐而形成各阶层、各民族联合抗日的壮观局面。

---

① 《第二次中日战争各重要战役汇编——东北义勇军》，第 16～17 页。
② 《第二次中日战争各重要战役汇编——东北义勇军》，第 95 页。

到1932年，东北义勇军进入全盛时期。根据考证统计，东北抗日义勇军发展鼎盛时的总人数为55万，即辽宁省（含热河和内蒙东部地区））27万、吉林省15万、黑龙江省13万。[1]

## 三、东北义勇军的困境

为了对付活跃的东北义勇军，日军向东北增调大批兵力，增加重炮、飞机、坦克等重武器的配置。其在东北的兵力已迅速从1个师团与6个独立守备队增加到7个师团，此外还有部分混成旅团，临时派遣队，骑、炮兵队，飞行队等，总兵力已经达10万人以上。1932年10月中下旬，日军为了扫清进关的障碍，出动一个师团、两个旅团的兵力，加上伪军的配合，开始全力围攻辽宁省义勇军。各路义勇军分头抵抗，辽南的第2军团在关门山击退过日伪军的围攻，击毙日军大尉长岗宽等50余人，伪军数百人，生擒辽阳日籍参事官成泽直亮。但由于武器、军事素质等相差悬殊，义勇军各部在作战中遭遇重大损失，其残部大多撤往热河。

图7.4　上海市民组织东北义勇军救护队，图为该救护队从上海北站出发

日军重创辽宁省义勇军后，回师北上，集合2万余人向黑龙江省义勇军马占

---

[1]　孔令波：《东北抗日义勇军人数考》，《军事历史研究》2009年第3期。

山、苏炳文等部发起攻击。日军 13000 余人，伪军 10000 余人，向马占山部发起进攻；以日军第 14 师团主力向苏炳文部猛攻。马、苏等部并不示弱，曾发起围攻齐齐哈尔的战斗，一度攻占齐市外围的昂昂溪、安达、泰安、富拉尔基等重镇，但由于后援不济、弹药告竭而未能取得更大的战果。日军迅猛反扑，马、苏等义勇军各部难以对抗，所占据点相继失守。12 月 2 日，因为碾子山和扎兰屯相继失守，官兵已无力再战，12 月 4 日，苏炳文率部退入苏联境内。马占山在满洲里匆匆安排军务后率部分官兵，也同苏炳文一并从满洲里越界进入苏联境内。另有一部分义勇军在邓文、李海青率领下寻路南下进入热河境内，至此，黑省义勇军主力的抗敌活动已告失败。

辽宁和黑龙江两省义勇军受挫后，东三省只剩绥宁及乌苏里江、黑龙江下游一带未陷入日军之手。日军在击败马、苏等部义勇军后，继续向上述地区大举进犯，一直活跃在这一带的吉林自卫军、救国军步步抵御，终于不支，1933 年 1 月初，李杜、王德林等人率余部撤入苏境。至此，东北义勇军主力均告失败。

由于东北义勇军是自发的抵抗运动的产物，各自渊源不同，故从一开始就没有统一的指挥系统，也无明确或者系统的行动纲领。义勇军的众多首领素质差异甚大，队伍成员构成复杂，而且缺乏训练，加上国民政府又不予以援助，只能孤独而分散地与组织严密、装备精良、运输便利、训练有素的日军作战，处境至为不利。到 1933 年初，由于日军运用大兵力连续攻击，各路义勇军兵败溃散，幸存者命运各异。极少数义勇军首领如丁超等投降了伪满；部分义勇军在苏炳文、马占山、李杜率领下退入苏联，后来大部分远赴新疆；部分义勇军退入热河，其中大部分参加了察哈尔抗日同盟军；还有众多义勇军仍然留在东北各地抗日，只是活动的规模远小于鼎盛时代，其中相当一部分义勇军的领导骨干和士兵，参加了东北抗日联军，为抗日救国继续浴血奋战。

# 第8章
## 长城抗战

## 一、日军侵占热河

日军计划进攻锦州与辽西时，即有继续西侵之意。据历史上不平等条约驻扎于北平、天津、山海关的日军（共 1000 余人，主要担负"守护"日本租界的任务），当时就要求关东军以追击东北军消灭张学良政权的名义直下山海关，入侵平津地区。[①] 关东军特务头目土肥原支持此计划，并与驻天津日军以及关东军共同阴谋策划了枪击天津日军兵营事件。1931 年 11 月 26 日晚 8 时 20 分，土肥原唆使日本特务和部分伪装了的日本士兵从多角度射击日军天津兵营，造成其被围攻的假象。驻天津日军由此向关东军求援。关东军接到其求援电报后，立即按照既定方针发布命令："我军为解救天津军的危急，要尽快集结全部兵力向山海关进发。"[②] 但因日军蓄意扩大侵略的阴谋很快败露，加上当时日军尚未完全

---

① 《现代史资料 7·满洲事变》，第 336、351、352 页。
② 《现代史资料 7·满洲事变》，第 339 页。

侵占锦州、辽西地区，此既定计划遭到日军陆军部的坚决反对，只好暂时中止。

1932 年初，日军占领锦州、辽西地区后判断："包括山海关在内的长城一线，事实上已置于关东军的统治之下。"① 关东军取得了继续西侵的有利态势，"在这一点上，锦州之战多半包含着对关内作战这一转机"。② 日军还认为："锦州之战除了战略上的意义外，还有其打击张学良的政治目的。不过锦州只是张学良的前进据点，真正的根据地还在北平（当时张学良任军事委员会北平分会代理委员长）。一旦锦州被占，张学良必然在北平加强反攻态势。所以，如果攻占锦州后不解决北平问题，那么满洲国的建设也难以期望太平无事。"③ 据此逻辑，不占领全中国，日本就不会感到"太平无事"。这是其"大陆政策"的既定方案，它蕴含了扩大侵华的必然性。

山海关是万里长城的东端，背山临海，地形险峻，战略地位重要，自古就有"天下第一关"之称。日军在拼凑了伪满洲国之后，按既定的扩大侵华方针开始进迫山海关一线，很快占据了山海关南门与东门外围地区，其海军游弋于山海关海面，舰炮可直射山海关。1932 年 12 月 8 日，关东军铁甲车队炮击山海关，并提出了山海关中国驻军取缔民众的抗日救国活动、切断关内对东北义勇军的一切支援、阻止东北义勇军将士撤至关内等无理要求。这自然遭到山海关中国驻军——东北军步兵独立第 9 旅旅长兼临永警备司令何柱国的拒绝。日军因关内外驻军的协调尚未完成而未扩大事态，"但其蓄意侵占榆关的企图更为积极"。④

1933 年 1 月 1 日下午，日本天津驻屯军秦（秦皇岛）榆关（即山海关）守备队队长落合正次郎少佐，指使日军在其守备队兵营内自掷手榴弹和鸣枪射击，并袭击中国哨兵，然后诬称中国军队进攻日军兵营。鉴于形势紧急，何柱国在接到

---

① 《现代史资料 7·满洲事变》，第 359 页。
② 《现代史资料 7·满洲事变》，第 359 页。
③ 《现代史资料 7·满洲事变》，第 359 页。
④ 关邦杰：《榆关抗日战役与何柱国将军》，台湾《传记文学》第 29 卷，第 5 期，第 75 页。

报告后，"星夜由北平回防"。①

　　1 月 2 日凌晨，日军提出中国军队撤离山海关南门，由日军进驻等四项要求，限即刻答复，"否则开始夺取"，② 遭何柱国断然拒绝。日军遂出动步兵 3000 余名、火炮 40 余门、铁甲车 3 列、坦克 20 余辆，从东、南、东南三方向大举进犯山海关。东北军步兵独立第 9 旅驻守山海关的第 626 团第 1 营、第 3 营奋起抗击，③ 与日军在山海关南门、东门、东南角楼一线展开血战，阻遏了日军的进攻。受挫的日军又出动飞机 8 架、军舰 2 艘增援，从空中、海上对中国守军阵地狂轰滥炸，中国守军坚守不退，顽强抵抗。日军的多次进攻，均被中国军队击退。

　　1 月 3 日上午，日军在陆海空三军优势火力的掩护下，主攻山海关南关南门一线，中国守军伤亡过半，但仍勉力支持，奋勇杀敌，多次将敌击退。午后，日军增加兵力和进攻强度，主攻山海关东南城角，中国守军安德馨营与之血战，全营 600 余名官兵皆尽职殉国。午后 2 时，日军突破东南角，南门随之失陷；东门、

图 8.1　在榆关作战中阵亡的安德馨营长

　　① 张蓬舟：《近五十年来中国与日本（1932～1982）》第 1 卷，第 77 页，四川人民出版社 1985年版。
　　② 《长城战役》，第 44 页。台北"国史馆"1980 年版。
　　③ 《从九一八到七七事变》，第 409 页。

北门的侧、背立即暴露，遂无险可守。第 626 团团长石世安振臂高呼，率留守西门的团预备队与日军步兵、坦克展开殊死巷战。不久，"卒因兵力薄弱，武器悬殊，伤亡过重，捉襟见肘，无险可守"，[①] 山海关四门皆破。第 626 团守关部队战至仅剩十余人才在石团长率领下艰难突出重围，山海关及临榆县城（设于山海关内）遂沦入敌手。

图 8.2　残破的山海关南门

日军侵入山海关后，大肆杀戮中国伤兵和无辜百姓，"城内商店毁于战火者五百家以上，人民死伤千余"。[②] 山海关之役，中国守军以两营兵力（第 626 团第 2 营驻防于孟家店、角峙等地，未及参战）1300 余众抗击近 3 倍于我并装备大大优于我之敌，杀敌 400 余人，[③] 打击了日军的嚣张气焰。日军在榆关得手后，曾派一部乘胜沿平榆大道进攻五里台，被何柱国部击退。

日军略事休整后，又于 1 月 10 日沿长城一线继续西侵，向山海关西侧的九门口、石门寨发起进攻。当地中国守军亦奋起抗击，与敌激战多次，分别于 12 日晚和 21 日撤离两地。此后，日军在山海关、九门口、石门寨一线转入战略防御，对长城沿线中国驻军取侧翼牵制态势，而将扩大侵华的主攻方向转向热河省。

---

① 《长城战役》，第 48 页。
② 《近五十年来中国与日本（1932～1982）》第 1 卷，第 78 页。
③ 《从九一八到七七事变》，第 410 页。日方自称死官兵 80 余人，受伤 200 余人。

1932年3月25日，伪"东北行政委员会"发出的伪满洲国"建国通电"中，即秉承日本之意，声称热河省属"满洲国"版图。① 伪满洲国成立时，任命东北军将领、热河省主席汤玉麟为伪参议府副议长，示以虚位以待，对其诱降。汉奸张景惠、张海鹏在伪满洲国成立后，也多次派人秘密至热河诱降汤玉麟。与汤熟识的日本浪人高原也受日军委派，化装赴热河诱降汤。在张学良的督促下，加之全国抗战大势所迫，汤玉麟拒绝了诱降，被迫表明了抗战的决心。② 此后，日本又转而诱降何柱国，表示日本支持何主事热河，独立自治，并可以给何政治、军事上的大力支持，被何断然拒绝。③ 日本上述作为，其意均在不战而占热河。

日本多次诱降失败，即准备以武力侵占热河。1932年7月22日，关东军参谋长小矶国昭在给参谋本部的电报中提出，热河省是威胁"满洲国建设的一大祸根"，"应立即采取军事行动，攻占热河省，从根本上解决满洲问题。为此，至少需要给关东军增加一个师团和一个骑兵旅团的兵力"。④ 日军侵占山海关后，实现了从侧冀牵制中国长城一线及热河守军的态势，遂将侵略锋芒直指热河。同时注意到张学良在"恢复失地"的名义下，整军备战，从事抗日，以热河为最后根据地，不断将自己的军队调入热河，对准备倒向伪满洲国的汤玉麟常常进行威胁，使抗日声势日益高涨。日军因此认为："征服热河，具有使热河省真正成为满洲国领域、消灭扰乱满洲国根源的张学良势力、以及巩固满洲国建国基础的重大目的和意义。"⑤

1933年1月27日，关东军司令官武藤信义下达热河作战命令，在锦州设立了总指挥部。2月10日，关东军司令部向参加入侵热河的部队宣布了"攻占热河

---

① 《现代史资料7·满洲事变》，第442页。
② 《从九一八到七七事变》，第422、423页。
③ 《从九一八到七七事变》，第407页。
④ 《现代史资料7·满洲事变》，第490~491页。三铃书房，东京1977年版。
⑤ 《日本军国主义侵华资料长编——（大本营陆军部）摘译》（上），第22页，四川人民出版社1987年版。

计划"，明确宣称要"使热河省真正成为满洲国的领域"。① 2 月 21 日，日本关东军以第 6 师团、第 8 师团、第 14 混成旅团、第 33 混成旅团近 3 个主力师团的兵力，并纠合伪满张海鹏部伪军共 10 余万人，分三路直犯热河。依日军的作战计划：以第 6 师团为主力的右翼（北路），出通辽直犯开鲁，进逼赤峰、围场；以第 8 师团为主力的中路，出锦县、义县，直犯北票、朝阳，继攻凌源；以第 14 混成旅团为主力的左翼（南路），出绥中、兴城，直犯凌源，与第 8 师团在凌源会合。同时，日军以第 33 混成旅团出绥中直犯山海关西北方向的长城界岭口、义院口一线；以属第 6 师团的骑兵第 4 旅团出辽西的林西地区，直犯察哈尔省之多伦，作侧翼牵制。② 为集中兵力使用于热河，武藤命令参战各部，"不要在河北省内实施作战"，且要"在结冰期间结束主要作战行动"。③ 面对日军咄咄逼人的进攻态势，北平军分会任命张作相为热河前敌总指挥，统一指挥热河境内的中国军队。驻防热河的中国军队为汤玉麟兼任司令的第 5 军团和万福麟任司令的第 4 军团，均为东北军旧部。具体布署如下：驻防开鲁的中国守军是汤玉麟部崔兴武旅（第 17 旅），孙殿英统领的第 41 军纵深布防于赤峰、围场、多伦，为其后援，部分撤至此地的东北义勇军也协助布防于此；驻防朝阳的中国守军为汤玉麟部董福亭旅，第 5 军团其余兵力布防于建平周围地区，侧应朝阳；驻防凌源的中国守军是万福麟部于兆麟旅（第 30 旅），第 4 军团其余部队以王永盛旅（第 29 旅）为前导，纵深展开于平泉、承德、滦平地区，为其后援。

2 月 23 日，三路日伪军均兵临开鲁、朝阳、凌南、凌源城下，热河之战全面爆发。开鲁守军第 17 旅旅长崔兴武于开战当日，即率部投降日伪，沦为汉奸，日军第 6 师团兵不血刃，即占开鲁，并再将兵锋直犯赤峰，孙殿英军稍作抵抗亦弃城而去，转守围场。日军第 6 师团遂占赤峰，随即以一部兵力续攻围场，指向多伦，策应其第 4 骑兵旅团，其余兵力则转而南下，与第 8 师团、第 14 混成旅团会攻凌源。

---

① 张宪文主编：《中华民国史纲》，第 399 页。
② 据《从九一八到七七事变》附图 6：《长城抗战敌我双方态势图》。
③ 《近五十年来中国与日本（1932～1982）》第 1 卷，第 96 页。

　　朝阳守军董福亭旅所属邵本良团，在开战不久，亦叛变投敌，董旅防线遂被敌楔入，朝阳外围之南岭、北票相继失守，整个防线随之动摇。2 月 25 日，朝阳沦陷。日军第 8 师团直趋凌源。南路日军第 14 混成旅团侵掠凌南后，亦于同期寇犯凌源，三路日军开始会攻凌源。

　　凌源扼平泉、承德要冲，为日军侵占承德直至热河全境的必经之地。凌源中国守军于兆麟旅在凌源外围叶柏寿地区与进犯之敌展开激战。全旅将士奋勇当先，浴血杀敌，以惨重的伤亡代价顽强阻止优势敌军的进攻，孤旅坚守凌源三昼夜。2 月 28 日，于旅向第 4 军团总部急电求援，军团司令部即令第 29 旅火速驰援。该旅之第 684 团急行军 13 小时抵达叶柏寿，增援于旅。此时，日伪军在汉奸邵本良的引导下发起强攻，第 684 团与于旅并肩作战，继续苦守叶柏寿达两昼夜之久。3 月初，日军楔入第 684 团与于旅的结合部，于旅为避免遭敌合围，遂撤往平泉，与第 29 旅主力汇合，坚守平泉。第 684 团本拟随于旅后撤平泉，因被敌截断，遂向围场方向突围，与孙殿英第 41 军一部会合。此时，第 5 军团由于开鲁、朝阳作战失利，丧失抗战信心，由建平大步西撤至平泉一线。

　　第 4、第 5 两军团会合于平泉，本可以构成颇具实力的新防线以抗遏日伪。但由于两军分属东北军内两个派系，不愿合作，各图保存实力；加之汤玉麟等对日伪观望动摇，无心抗战，所以，他们并未坚守原地作战，而继续退却。第 4 军团在平泉以西的后续部队纷纷撤向西南，经长城喜峰口撤至关内，不久，军团司令部也随之撤入喜峰口。平泉守军亦弃守平泉，随全军团撤入喜峰口。汤玉麟部第 5 军团失去右翼侧应，急调驻守隆化的军团预备队张从云旅（第 7 旅）南下承德，在承德正东十余里的青石岽一线构置防御。3 月 3 日晚，张旅与前出至承德东郊的日军展开激战，坚守一夜。张作相命汤部在承德周围布防，"汤部官兵不从，要求先补发三个月军饷"。[1] 汤玉麟见大势已去，竟扣留军车等二百余辆，由承德装载私物运天津。张作相也将司令部从承德撤出，"逃往古北口"。[2]

---

① 《近五十年来中国与日本（1932～1982）》第 1 卷，第 104 页。
② 《近五十年来中国与日本（1932～1982）》第 1 卷，第 104 页。

4 日拂晓，日军除从东面进攻外，遣兵于南北两翼迂回承德。汤军从前线溃逃至承德的部队未及展开，又纷纷后撤，全线动摇。张从云旅也弃守青石峦一线，其一部继续西撤，经长城古北口入关；大部队则随汤玉麟北撤至丰宁县，经大阁镇、大滩，退往察哈尔省沽源县一带。守卫围场的孙殿英部稍事抵抗亦经多伦撤往张家口，日军第 6 师团一部进占围场。至此，热河全境沦陷。

日军占领热河，使华北的屏障尽失，门户洞开，是中国方面在军事方面的重大失败。导致失败的原因有二：一是当时南京的国民政府正处在激烈的政争中，上层人物忙于争权夺利，无法集中全力来指挥、组织作战；二是前线的个别指挥官如汤玉麟，缺乏抗战到底的决心与信心，与敌作战，稍触即溃。

热河失守，全国哗然，民众纷纷要求惩办不战而退的将领，有人要求将张学良、张作相、万福麟撤职严办，汤玉麟"缉拿枪决"。[1] 在各方压力下，张学良被迫辞去北平军分会代理委员长职。国民政府发布命令，称汤玉麟"竟于前方军事紧急、忠勇将士矢志抗敌之时，畏葸弃职，贻误军机，深堪痛恨"，先行撤职，并"彻查严缉究办"。[2]

## 二、长城沿线的防守

3 月上旬，热河全境沦陷后，日军进抵长城一线，继续展开进攻态势，以第 33 混成旅团进攻长城界岭口、义院口一线；以第 14 混成旅团和第 8 师团一部由凌源南下，进攻长城冷口一线；第 8 师团与第 6 师团主力兵分三路，一路由凌源经平泉南下，直犯喜峰口；一路占承德后，经峦平南下直犯罗文峪；另一路占承德后西犯古北口，指向独石口。此外，以第 6 师团一部占领围场；以骑兵第 4 旅团于 3 月上旬寇占多伦，作为长城沿线日军的北翼侧应；以海军外遣第 2 舰队巡

① 《近五十年来中国与日本（1932～1982）》第 1 卷，第 107 页。
② 《国民政府通缉汤玉麟令》，载李云汉编：《抗战前华北政局史料》。

弋于山海关、秦皇岛、塘沽一线，作为长城沿线日军的南翼侧应。[1]

热河中国守军溃败之际，北平军分会代理委员长张学良令驻守平津地区的宋哲元部第 29 军沿遵化、蓟县、宝坻一线集结，以随时策应长城各口。[2] 第 29 军将士在全国抗日高潮的激励和推动下，士气高昂，枕戈待旦。

3 月 10 日晚，日军尾追万福麟部逼近喜峰口。第 29 军第 37 师赵登禹旅星夜出击，跑步急行军 40 华里，在日军之前抵达喜峰口孩儿岭，士兵们奋勇进击，与敌白刃交锋，将敌先头部队击退，使中国军队在孩儿岭及口门一线稳定了前沿。与此同时，第 29 军第 37 师 (师长冯治安)、第 38 师 (师长张自忠)、暂编第 2 师 (师长刘汝明，后改编为第 143 师)，均率部星夜驰援。连夜急行军 100 余里或连日急行军数百里，赶赴喜峰口、罗文峪一线，先敌抢占各岭。

11 日拂晓，日军发动进攻，中国军队将士沉着应战，潜伏不动，待敌进至百米之内，突然出击，以手榴弹炸，用大刀砍杀，与敌近战。两军混杂，使敌飞机、大炮、坦克无法发挥作用。连续两天，日军毫无进展。12 日下午，第 37 师决定发挥己之特长，短兵夜战，接敌搏杀。傍晚，留王治邦旅 (第 111 旅) 扼守喜峰口正面；以赵登禹旅、佟泽光旅 (第 110 旅) 从两翼迂回敌军侧后，进行包抄。中国军队雪夜行军，斗志高昂，很快抵达敌背后。日军第 27、第 28 联队自侵占我东北及热河之后，骄狂万分，轻视中国军队，未料中国军队敢于雪夜出击，皆脱衣大睡，警戒疏忽。赵旅董升堂团全团挥大刀发起冲锋，砍杀日军甚众。赵登禹旅长尽管在 10 日腿部被炸弹击伤，亦裹伤出击率部众与敌肉搏相拼。不少日军惊魂未定，已是人头落地，未死者抱头鼠窜。中国军队将敌辎重粮秣悉数焚毁，夺取大量敌军装备。敌军增援部队亦被赵旅击退。王旅乘机正面出击，三路夹击敌人，敌军自喜峰口前沿狼狈溃退。统率第 27、28 联队的敌支队长植田亦被赵旅特务营伏击击毙。此后数日，敌军虽仍发起了数次攻击，但锐气尽挫，毫无得逞。连续七昼夜，喜峰口阵地岿然不动。

---

① 据《从九一八到七七事变》附图 6：《长城抗战敌我态势图》。
② 《从九一八到七七事变》，第 453 页。

日军进攻长城的首战失利，暂时转入防御休整，与中国军队对峙。喜峰口初战告捷，为中华民族及中国爱国军队赢得了荣誉，连日本报纸也被迫承认，喜峰口之役"丧尽皇军名誉"，使日军遭受了"50 年来未有之侮辱"。①

图 8.3　长城抗战时的赵登禹

热河沦陷，张学良引咎辞职。3 月 12 日，国民政府任命何应钦接替张学良任军事委员会北平分会代理委员长，任命黄绍竑为其参谋长，统一指挥长城抗战。何、黄到职后，据蒋介石所定"一面抵抗，一面交涉"② 的方针，对长城沿线中国军队部署作了相应调整。鉴于由热河溃退的部分东北军实力大损，且张学良辞职对其士气也有影响，遂将其撤往后方休整改编。令第 57 军（军长何柱国）、第 51 军（军长于学忠）、第 53 军（军长万福麟）守山海关西侧界岭口、义院口、石门寨一线；令第 32 军（军长商震）守冷口一线；令第 29 军坚守最关键之中段——喜峰口、罗文峪一线；令东北军精锐王以哲部第 67 军守古北口一线。同时令新调来的国民政府精锐第 17 军（军长徐庭瑶，下辖关麟征第 25 师、黄杰第 2

① 张宪文主编：《中华民国史纲》，第 400 页。
② 《从九一八到七七事变》，第 397 页。

师、刘戡第 83 师、李家升第 1 骑兵旅）增援古北口一线；令傅作义统率的第 59 军守独石口、镇岭口、怀柔一线，以掩护长城一线中国军队北翼。后又令孙殿英之第 41 军，自沽源起与傅作义部同线展开，以监控多伦方向并策应傅部。①

日军进抵长城一线后，关东军司令部要求于 3 月中旬之前，占领长城各口，以"一面确保长城要隘，对华北方面加强戒备；一面继续扫荡（热河）省内残敌，以恢复治安"。② 3 月上旬末、中旬初，日军相继于长城各口，对中国守军发动了第一次全线攻击。在喜峰口中国守军初战大捷的鼓舞下，中国守军均顽强抗御，力战报国。

界岭口、义院口、石门寨一线中国守军顽强阻敌，阵地虽经敌多次猛攻，经过大小战斗 20 余次仍屹然峙立。有的地段虽被敌楔入，但将士们反复冲击，舍命夺回；有的地段多次失而复得，形成拉锯战，战况惨烈，至 3 月中旬，中国守军阵线仍然基本稳定。冷口一线，"4 月上旬，敌军突以优势兵力，向我阵地猛攻"，中国守军亦奋勇杀敌，炮兵多次有效射击敌装甲车部队，阻遏了其攻势，坚守 5 天后，于 4 月 11 日放弃冷口，被迫撤至滦河东岸之前进阵地，与敌对峙。③

古北口东北军第 67 军在完成了阻击敌先头部队的任务之后，撤至滦河西岸休整，于 3 月 10 日交防于第 17 军第 25 师。该师在师长关麟征率领下，奋勇出击，迅速占据古北口周围之各高地。在有的高地已被日军先占的情况下，该师将士冒死冲锋，力战夺回。师长关麟征因此受伤。关受伤后，由副师长杜聿明代理师长职务，统率全师与敌鏖战。随后，第 17 军其余各师、旅陆续抵达，遂以 3 师 1 旅兵力交替轮番与敌接战，至 4 月上旬，日军未能越我防线一步。

喜峰口中国守军挟初战大捷之威势，继续狠击日军。面对日军的飞机、装甲车、大炮的猛烈轰击，第 29 军将士在"行则堕指裂肤，息则卧雪嚼冰"的冰天雪地里，与敌展开近战、夜战，以手榴弹、大刀沉着应战，短兵接敌，拼死肉

① 《从九一八到七七事变》，第 389～391 页，第 442～512 页。
② 《日本军国主义侵华资料长编——（大本营陆军部）摘译》（上），第 225 页。
③ 李云汉编：《抗战前华北政局史料》，第 226 页。

搏，使喜峰口阵地多次失而复得。3 月 17 日，日军铃木旅团三四千人在 20 余架飞机支援下向罗文峪等处进攻，中方守军奋起反击，"反复争夺阵地十余次"，并于夜间从两翼夹击日军，"营长王合春率部抄到敌后，重创日军，王营长阵亡，全营生还者仅七十余人"。① 战至 4 月上旬，喜峰口一线中国军队阵地仍岿然如初。

日军在长城沿线月余无进展，"担心补给线被切断而使战局逆转"，"对此紧急状况，关东军命令积极作战"。3 月 27 日，关东军司令官武滕信义下令开始对长城沿线发起第二次全面进攻，将进攻重点放在喜峰口至石门寨的滦（河）东（岸）一线，特别指向冷口方面。②

石门寨、义院口、界岭口一线何柱国守军自 3 月下旬以来，虽多次击退敌军攻势，但已伤亡惨重。北平军分会在 3 月中旬已注意到在整个长城防线上何军孤军突出，且受日海军威胁。万一冷口、喜峰口被敌突破，敌即可长驱直下滦州、唐山一线，截断何军退路并合围之。为缩短战线，于 3 月 20 日令何军撤至滦河西岸，并破坏桥梁，依托滦河构置新的防御。③ 何军于 3 月下旬开始执行命令，将主力渡河西撤。为掩护何军撤退，第 53 军、第 51 军组织兵力坚守原防线至 4 月上旬，随之亦西撤。三个军西撤后，仍与日军隔河对峙，牵制了日军兵力，自侧翼有力掩护了冷口、喜峰口方向。

4 月 11 日，日军第 6 师团长板木指挥 3 万余人以优势兵力强攻冷口以南至滦东沿线，冷口中国守军虽努力抵抗，但终被敌全线突破，冷口中国守军遂后撤至滦河西岸。此时滦东长城一线，仅剩喜峰口仍在中国军队之手。自 3 月中旬，日军见无望直接拿下喜峰口，即重点转攻其西侧的罗文峪，企图从侧背迂回喜峰口。坚守罗文峪的第 29 军将士，"咸抱只进无退死而后已之决心"，"虽在炮火弥

---

① 《近五十年中国与日本（1932～1982）》第 1 卷，第 112 页。
② 《日本军国主义侵华资料长编——（大本营陆军部）摘译》（上），第 225 页。
③ 《从九一八到七七事变》，第 390 页。

漫血肉横飞之际，仍能表现不屈不挠之精神"。① 连续与日军血战月余，致敌溃不成军。刘汝明师长亲率手枪队参战，近敌挥刀砍杀。以至一度时期内，"罗文峪北十里以内，已无敌踪"。② 冷口全线失陷后，日军兵分两路，一路南占迁安，扼滦河上游；主力折向西北，迂回喜峰口—罗文峪侧后，对第 29 军形成前后夹击合围态势。鉴于此，第 29 军已不得不后撤。4 月 12 日，北平军分会令第 29 军后撤，第 29 军遂撤至平谷、三河以东地区，沿蓟运河展开布防。喜峰口被日军占领。

4 月 15 日，日军集中由围场方向转进的第 6 师团部分兵力、第 8 师团主力、第 33 混成旅团一部以及由多伦转进的骑兵第 4 旅团一部转攻古北口方向，并配之以强大的空军、装甲部队，希图一举突破古北口，击溃长城全线中国守军，并由西往南迂回中国军队侧背，配合长城沿线正面日军，合围中国军队于平津以东地区。古北口中国守军仍以 3 个师 1 个旅的兵力交替轮番英勇抗击日军，并"充分利用作战间隙，加强阵地构筑，积极修筑阵地内的交通，以利炮兵的活动"，③ 顽强阻遏了日军的攻势，使战线出现了双方对峙之局面。在双方对峙期间，第 17 军各师及骑兵第 1 旅多次组织、派遣别动队，迂回敌后袭击敌军，给敌后方部队以沉重打击。敌久攻古北口不下，遂自 4 月 21 日起转攻与古北口一线的南天门，迂回古北口。第 17 军遂将第 2 师与第 83 师的主力守南天门，两师中国守军与敌血战 8 个昼夜，"致敌伤亡，为九一八来所少有"，而南天门阵地仍固守在我军手中，"殊出敌预期之外"。④

古北口、南天门一线中国守军的顽强固守，使长城沿线敌我军事态势成胶着状态。滦东地区南段，中国军队与日军隔河对峙；滦东地区西南段与北段，中国军队沿平谷—三河—蓟县—玉田—遵化即蓟运河东岸一线与敌对峙。

因担心久攻不下引起国际干预，关东军曾一度接受天皇命令，将进入滦东的

---

① 《宋哲元致国民政府军事委员会电》（1933 年 3 月 10 日），国民政府军令部战史会档案，中国第二历史档案馆藏。

② 《从九一八到七七事变》，第 451 页。

③ 《从九一八到七七事变》，第 492、493 页。

④ 《从九一八到七七事变》，第 492、493 页。

日军撤出。① 中国军队相机进行局部反攻。面对这种局面，日本内阁召开紧急会议研究局势。陆相荒木贞夫认为："扩大不扩大（战争）要对时间、地理、兵力三方面进行考虑，如时间能缩短，地域和兵力的扩大都可认为是次要的，时间的延长才是大忌。"要求内阁承认关东军在滦东地区的进击，以利速战速决。② 5 月 3 日，关东军在军部和内阁的支持下，决定在积极补充消耗兵员和装备的基础上，对滦东及整个平津外围地区发动第三次大规模进攻，企图"予中国军队以致命打击"，并要求平津地区的日本驻军和以旅顺口为基地的日本海军第 2 外遣舰队，"以严肃态度支援关东军"。③ 5 月 6 日，日本参谋本部制定了《华北方面应急处理方案》，命令关东军"断然对长城沿线所有中国军队反复进行打击"，"造成华北当局实质性的屈服或导致瓦解"。④ 长城抗战进入了第三阶段。

5 月 7 日，日军兵分两路发起攻势，由经补充加强的第 6 师团、第 14 及第 33 混成旅团，出冷口、迁安一线进攻滦东地区，威胁天津；以海军第 2 外遣舰队沿秦皇岛—塘沽海岸线侧应之。由经补充加强的第 8 师团、骑兵第 4 旅团一部倾全力进攻古北口，企图攻占后直下密云，进迫北平，从北南两路对我平津地区形成钳形攻势。

长城沿线中国守军因两月苦战，人员、装备均损失极大；国民政府将重兵用于"剿共"，致长城一线无后援部队，中国守军均陷入孤军鏖战；加之国民政府忙于对日媾和，无心再战，遂使第三阶段长城抗战迅速出现不利的局面。

5 月 7 日，日军突破滦河东岸突出部中国守军第 51 军防线，继而向两翼扩展。5 月 11 日夜，从多处地段同时渡过滦河。北平军分会乃令何柱国、于学忠、万福麟率部撤至宁河、宝坻一线，并令商震、王以哲等部也撤往该线，与北部第 29 军据守的平谷—三河防线衔接，组成新防线。5 月 16 日，日军占领遵化，17 日侵入玉田，18 日攻陷玉田，19 日占领蓟县。至 5 月下旬，南路日军主力侵占了

①《近五十年来中国与日本（1932～1982）》第 1 卷，第 124 页。
②《日本军国主义侵华资料长编——（大本营陆军部）摘译》（上），第 225、226、227 页。
③《日本军国主义侵华资料长编——（大本营陆军部）摘译》（上），第 229 页。
④《现代史资料 7·满洲事变》，第 515 页。

秦皇岛、北戴河、抚宁、卢龙、滦县、昌黎、唐山、乐亭等县，推进到芦台，直逼天津。另一部日军在占领遵化、蓟县后，向北迂回，进迫古北口、南天门中国守军背后，企图与正面进攻之日军合围该地守军。北平军分会急令傅作义部向怀柔一线展开，阻击日军。① 古北口—南天门一线中国守军自 5 月 10 日起又连续与敌血战 4 天，第 2 师、第 83 师几乎伤亡殆尽，但仍坚守不退，致敌不能得逞。14 日拂晓，日军第 8 师团发动总攻，第 25 师与敌激战 3 小时，将敌军拼死击退。后日军又反复进攻，第 17 军将士咸抱与国土共存亡之气概，节节抗击，直至阵地全部化为焦土，仍拼死固守。鉴于第 17 军伤亡殆尽又无补充，北平军分会于 5 月 14 日令其撤往密云。② 古北口—南天门落入敌手。古北口抗战前后两月有余，予敌重创，悲壮激烈，是长城抗战中作战时间最长、战事最剧烈的一战，连日军也称之为"激战中的激战"。③

第 17 军后撤后，北平军分会令第 26 军（军长萧之楚）进入九松山预备阵地敌前接防。④ 北路日军乘势于 5 月 19 日占领密云。21 日，进抵怀柔之郊。傅作义第 59 军自抵怀柔之后，从 5 月 15 日至 20 日，"不分昼夜地加紧构筑工事，并得到当地人民的多方热情援助"。⑤ 5 月 21 日，日军先头部队进抵怀柔，与中国守军发生激战，旋即被击退。5 月 23 日拂晓 4 时，日军第 8 师团主力在飞机、大炮狂轰滥炸之后，以装甲车掩护步兵向怀柔沿线中国守军发起强攻。59 军与敌连续血战 15 小时有余，击退日军 11 次进攻，致敌死伤千余人，中国军队防线完整无缺；并拟于当晚遣精锐夜袭敌营，灭日军虎狼之师之凶焰。是晚 7 时，突接北平军分会何应钦命令："着全军即刻停战，撤至高丽营集结。"此后，何又三次致电傅作义，命令全军立即开始后撤高丽营一线。⑥ 午夜，第 59 军以团为单位逐次向指定

① 《从九一八到七七事变》，第 503、395、495 页。
② 《从九一八到七七事变》，第 503、395、495 页。
③ 《从九一八到七七事变》，第 495、491、504 页。
④ 《从九一八到七七事变》，第 495、491、504 页。
⑤ 《从九一八到七七事变》，第 495、491、504 页。
⑥ 《从九一八到七七事变》，第 507、508 页。

地点秘密后撤，集结于高丽营一线，长城抗战的最后一仗就此结束。

5 月下旬，日军进至顺义附近，其前锋距北平仅 50 余里，同时，原从遵化、蓟县向北迂回企图突袭、夹击古北口的日军，见古北口已破，遂西攻三河，第 29 军守卫部队也奉令后撤通县，日军随之进迫该地。南路日军占滦东后，又兵分两路，一路继续据芦台威逼天津；另一路则转进宝坻进逼香河，与进迫通县和顺义之日军，对北平形成三面包围的态势。至 5 月下旬，日军已侵占平津以东地区 22 个县，进至北运河与蓟运河之间，缺乏后援的中国守军，在此两河地区，勉力支撑，与日军对峙。

## 三、《塘沽协定》的签订

1933 年 3 月 30 日，汪精卫出任国民政府行政院长并兼任外交部长。此前，蒋介石已定下对日本"一面抵抗、一面交涉"的方针。汪到任后，力主由抵抗交涉并存转变为对日谈判的政策。4 月中旬以后，汪一面寻找、委托第三国斡旋，一面派出亲日派、知日派人物多方奔走，频频与日本驻华、驻外官员接触，探听日方真意。4 月 27 日，国民政府军政部次长陈仪在沪对日本驻华公使馆助理武官根本博中佐转达了军政部长兼北平军分会代理委员长何应钦关于中日停战谈判的意见。当时日本当局鉴于长城沿线中国军队之英勇抵抗，担心孤军深入并被中国军队入热河切断其补给线而全军覆没，加之英美等西方大国与日本在中国问题上的矛盾日趋尖锐；同时，这一时期日苏关系亦趋紧张，因而同意与中方谈判。4 月 29 日，关东军电示根本博：若中国军队按日方要求撤军，可以谈判。"根本博在上海，按照关东军的示意，与中国当局探索双方停战意向，停战问题逐步趋于具体"。[①]

5 月 3 日，国民政府按照早已内定之计划，任命亲日派人物、前外交部长黄

---

① 《日本军国主义侵华资料长编——（大本营陆军部）摘译》（上），第 228 页。

郓为北平政务整理委员会委员长，具体负责与日方谈判。日本为取得谈判中的有利地位并压服国民政府接受其条件，发动了长城战役的第三阶段攻势。5月15日，关东军司令官武藤发表声明："中国军队如果断然放弃原来的挑战态度，撤退至远离（伪满洲国）国境线（此时已指热河省境）地区，我军将迅速回到长城一线。"5月17日，关东军在《关于长城以南地区第一次作战的停战善后处理方案》中提出："要利用华北方面战局进展有利的现状，因势利导，使敌人不得已而提议停战，我军即接受提议，进行谈判。"① 在日本硬软两手交替作用下，5月17日，"黄郛认为时机成熟，自上海赶赴北平"。② 5月18日，日本参谋本部决定，由日本驻北平的永津助理武官负责停战谈判。同时，参谋本部向关东军及驻平津地区日军下达了《华北方面停战指导要领》。

5月22日，黄郛与永津等进行了初步谈判。"经彻夜协商达成协议，于23日晨拟成《停战方案备忘录》。当日午后，何应钦即予以承认。"③ 这就是何应钦急令傅作义部和第29军驻守三河部队后撤之内幕。备忘录系日方提出，内有停战条件四项，并约定择日由双方代表达成正式停战的成文协定。④ 5月25日，何应钦派代表、参谋本部第二厅处长徐祖诒以北平军分会上校参谋徐燕谋的名义赴密云，向日军第8师团长两义一中将正式提议停战。然后在日方拟定的《关东军司令官之意志》备忘录上签字，双方就停战谈判问题取得一致意见。⑤ 随后，关东军司令官命令各部队停止作战行动。

在前线将士浴血抗战之时，国民政府却积极谋求对日妥协。消息传出，全国民众与舆论哗然，反对之声骤起。但汪精卫、黄郛等意志甚坚，汪精卫在给黄郛的电报中称："弟以为除签字于承认伪国、割让四省之条约外，其他条件皆可答应。且弟决不听任兄独任其难，弟必挺身负责。"⑥ 5月25日，南京国防会议通过

① 《现代史资料7·满洲事变》，第516页。
② 《日本军国主义侵华资料长编——（大本营陆军部）摘译》（上），第231页。
③ 《日本军国主义侵华资料长编——（大本营陆军部）摘译》（上），第231页。
④ 《近五十年来中国与日本（1932~1982）》第1卷，第142页。
⑤ 熊斌：《塘沽协定经过》，载《抗战前华北政局史料》，第269页。
⑥ 《汪兆铭致黄郛电》，载《抗战前华北政局史料》，第250页。

图 8.4　《塘沽协定》签字仪式上的中日军方代表

决议，同意接受日方停战条件，但要求"只限于军事，不涉政治"。①

5 月 30 日，中日停战谈判在塘沽日陆军运输派出所正式举行。中方首席代表为北平军分会总参议熊斌，日方首席代表为关东军参谋副长冈村宁次。日本海军舰只同时开入塘沽港以示威胁。

谈判开始，中方随即提出了有关恢复战区原状、维持治安等要求的意见书。日方提出已印好的停战协定草案，基本内容与 5 月 23 日晨的《停战方案备忘录》大致相同。冈村宁次则蛮横地表示："鉴于此次停战协定之性质（意为日军在战场上占据了有利态势），只需质问中方是否同意关东军所提示之协议案，故中方上述提案不在回答之列。"② 威逼之意，溢于言表。5 月 31 日，在日方所提原案不得改动一字的条件下，中方首席代表屈辱地签了字，被称之为《塘沽协定》的城下之盟终于产生，并立即生效。

协定规定："一、中国军一律迅速撤退至延庆、昌平、高丽营、顺义、通州、香河、宝坻、林亭口、宁河、芦台所连接之线以西及以南地区，尔后不得越过该线，亦不得有挑衅扰乱之行动。二、日军为证实第一项之实行情况，得随时以飞机及其他方法进行监视，中方对此应予保护，并提供各种便利。三、日军在证实

① 《汪兆铭致何应钦黄绍竑黄郛电》，载《抗战前华北政局史料》，第 258 页。
② 《日本军国主义侵华资料长编——（大本营陆军部）摘译》，第 232 页。

中国军业已遵守第一项规定时，不再越过上述中国军之撤退线继续进行追击，并主动回到大致长城一线。四、长城线以南及第一项所示之线以北、以东地区内之治安，由中方警察机关负责维持。上述警察机关不得利用刺激日军感情之武力团体。"① 协定的丧权辱国性质是显而易见的。据此协定，河北省滦东等地的 19 个县被划作了"非武装地带"，中国军队无设防权力；协定在实质上承认了日本侵占热河省的"合法性"，使伪满洲国的"国界"扩展至长城一线，而且使平津地区在日军武力威逼之下大门洞开。战后日方亦承认："日军越过长城线在关内河北地区设置了有力据点一事，意味着作为将来继续进入华北的第一步，也可以看作不久即走上通往中国事变的路程。"②《塘沽协定》为日本进一步侵华提供了条件。协定签订之后，遭到了全国人民的反对。天津《大公报》在社论中指出，协定中"充满战胜国对战败国之形式，狰狞面目，活跃纸上"，要求当局"不必讳言屈辱，勿再饰词自欺"。③ 胡适先生则直称协定签订是个"国耻的消息"。④

图 8.5 《塘沽协定》的双方谈判代表。中方代表熊斌（前排右四），日方代表冈村宁次（前排右五）

---

① 《日本军国主义侵华资料长编——（大本营陆军部）摘译》，第 232 页。
② 《日本军国主义侵华资料长编——（大本营陆军部）摘译》，第 233、227 页。
③ 《中日停战协定痛言》，载天津《大公报》（1933 年 6 月 1 日）。
④ 李云汉编：《抗战前华北政局史料》，第 245 页。

《塘沽协定》的签订，标志着长城抗战的最终失败。长城抗战失败的首要原因，在于国民政府继续奉行了对日妥协政策。日军进犯热河后，国民政府虽继续了一二八时期的"一面抵抗，一面交涉"政策，实质上外面抵抗，心向交涉，以抵抗作为利于交涉的筹码。1933 年 3 月，蒋介石调集了 50 万兵力发动的对江西中央苏区的第四次"围剿"刚刚失败，正坐镇南昌，忙于整顿、调集重兵，以图再战。日军正是利用此，才敢于以相对不多的兵力挑起战争。蒋介石虽两次赴华北进行布置，但他多次表示，要以现有兵力尽力抵抗，不能希望再增加援军，调兵增援是无法办到的。汪精卫兼任外长后，鼓吹对日谈判，与蒋介石不谋而合。国民政府终于转向"一面交涉"，断送了广大抗日将士长城浴血抗战的战果。

长城抗战失败的第二个原因，在于国民政府不图自立自强，一味寄希望于国联及西方大国的干预。日军侵犯热河之始，国联及西方大国当即采取了强硬立场，中国也一再呼吁国联及各大国实施对日制裁。但面对日本的蛮横独行，西方列强一时束手无策，除以言词继续显示强硬立场外，未能采取有效约束日本的有力行动。国民政府的"希望"亦自然落空。

长城抗战失败的第三个原因，是单纯防御的军事战略。当时，中日双方的军事差距是明显的，日军一个齐装满员的师团即有 3 万余人，其总兵力虽不占优势，但武器占尽优势，飞机、重炮、装甲车乃至军舰一应俱全。中国守军虽番号众多，但齐装满员者不多，如第 29 军 3 个师合计为 22000 余人，一部留守阳泉等地，开赴华北前线的仅 15000 余人；齐装者更少，该军三分之一的枪械为老毛瑟枪，还有三分之一竟是军械所以旧枪械拼装制造的，重武器尤其缺乏。① 与日军进行阵地攻防战，中国守军被敌重兵器杀伤甚众。不过，当时中国军队并非没有优势可言，作战过程中日军最担心的是："日军补给线通过艰难的热河省，易于断绝。"② 而中国军队只是一味防御，未能实施机动作战，深入敌后，切断敌后勤补给线，困毙日军，逆转战局。特别是在两军对峙，日军战力一度殆尽之际，坐

① 《从九一八到七七事变》，第 447 页。
② 《日本军国主义侵华资料长编——〈大本营陆军部〉摘译》（上），第 225 页。

失战机，致使日军从容补给，发动了第三阶段攻势。

长城抗战虽然以失败告终，但中国爱国官兵表现出的英勇作战、不惧牺牲精神，尤其是第 29 军喜峰口的苦战及第 17 军在南天门一带的血战，都是"最悲壮的牺牲"，[1] 极大地鼓舞了全国人民的抗日热情和信心，挫败了日军的嚣张气焰。傅作义在奉命后撤时，曾对何应钦说："只有敌军先撤，我们才能撤。我们决不在敌人火力下撤退。"[2] 长城抗战发扬了中华民族爱国主义的光荣传统，显示了中国人民与敌人血战到底的英雄气概。

---

① 李云汉编：《抗战前华北政局史料》，第 245 页。
② 《从九一八到七七事变》，第 508 页。

第 9 章
察哈尔抗战

## 一、察哈尔抗日同盟军的建立

九一八事变之后，国民政府屡屡丧师失地，并置民族存亡于不顾，一心"剿共"，激起全国人民的义愤。国民政府的对日妥协政策导致长城抗战失败，社会舆论哗然，部分国民党爱国将领也产生了强烈反响。他们自发组织抗日武装，奋起抗战，收复失地，在全国产生了巨大影响。其中最著名的，是冯玉祥等人领导的察哈尔抗日同盟军的抗战活动。

1930 年，冯玉祥联合阎锡山讨蒋失败后，隐居于汾阳。在此期间，他与社会各界仍保持着联系，关注国内形势。九一八事变后，冯玉祥数次致电国民政府，痛斥不抵抗政策，提出抗日救国主张。淞沪抗战爆发，冯又在国民政府军事委员会会议上提出：发兵 10 万驰援 19 路军；沿海各口岸守备炮兵同时炮击日舰，使日军穷于应付；再调北方军队主力反攻，全歼入侵日军。① 不久，冯在其西北军

---

① 《冯玉祥与抗日同盟军》，第 179 页，河北人民出版社 1985 年版。

旧部属韩复榘邀请下，移往泰山隐居。1932年秋，冯见韩复榘对蒋介石日益效忠，对自己时时防范，遂想别移他处。适逢国民政府任命第29军军长宋哲元兼任察哈尔省主席，宋亦为冯玉祥西北军旧部，察省又近抗日前线，便于开展抗日救国活动，冯玉祥遂于1932年10月9日移居察哈尔省省会张家口。

热河沦陷后，大批原驻防热河的东北军部队和义勇军部队退入察哈尔省，其他不愿投敌的零星部队也陆续辗转退入察省。当时宋哲元正率部血战喜峰口—罗文峪一线，察省代理主席许庸以去北平请示局势对策为名，一去不返。日伪进犯热河后，便分兵西进，直犯塞外重镇多伦，并继续南侵，察省危在旦夕，省内军民均盼德高望重的冯玉祥将军出山主事。"上海广州等地有六十个以上的人民团体曾急促冯氏领导抗日"。① 在国难当头之际，冯玉祥多次对察省军民表示：热河沦陷，察省眼看不保，我既然住在这里，决不能等着当俘虏，更不能当逃兵，我们必须立即拿起枪来，实行抗战。②

冯玉祥立即着手组织武装。离山西后，他在汾阳所办的汾阳军官学校改编为当时驻山西的第29军教导团。冯玉祥急电该团，令其开至张家口。抵达后，冯将其扩编为师，任命佟麟阁为师长。同时，冯电召其西北军旧部下吉鸿昌（当时已为中共党员）、孙良诚、高树勋、张凌云等人赶赴张家口，改编、整顿退入察省且无人指挥的零散部队和零散东北义勇军。一些将领毁家纾难，变卖家产充作军费，购置枪支装备部队。未几，便整编部队15000余人。退入察省尚有组织的部队及东北义勇军，还有部分内蒙古自卫军共40000余人，均表示服从冯玉祥指挥。冯亦将其整编，并将上述所有部队暂时统称为察哈尔民众自卫军。

同时，曾任第6路军总指挥兼安徽省主席的方振武在晋南介休组织了抗日救国军，自任总指挥。1933年2月1日，举行誓师，通电抗日。2日晨，全军出晋南，过晋东东阳关，4月下旬经涉县抵邯郸，沿平汉路北上抗日。4月底5月初，方军陆续抵张家口，与冯玉祥所率察哈尔民众自卫军会合。

---

① 李云汉：《冯玉祥察省抗日事件始末》，载《抗战前华北政局史料》，第294页。
② 《从九一八到七七事变》，第531页。

1933 年 5 月 24 日，盘踞多伦的日伪军南侵，沽源守军后撤，察省告急。张家口各界代表和各支部队，立即召开了察哈尔省民众御侮救亡大会，经大会决议，以第 29 军教导团扩编的师、吉鸿昌等改编的零散部队和义勇军、方振武军、退入察省尚有组织的部队与义勇军等 4 支队伍，计 8 万余人为基础，组建察哈尔省民众抗日同盟军。大会公推国民党中央委员、国民政府委员、国民政府军事委员会委员冯玉祥将军任同盟军总司令。

26 日，冯玉祥、方振武、吉鸿昌等于张家口联名发出通电，宣告察哈尔省民众抗日同盟军正式组成。冯玉祥正式就任同盟军总司令职，方振武任副总司令，邱山宁任参谋长，佟麟阁暂代察省主席，吉鸿昌任察省警备司令。通电声明："率领志同道合之战士及民众，结成抗日战线，武装保卫察省，进而收复失地，求取中国之独立自由。"①

大批民众及北平、天津、太原等地的大、中学生，受其抗日精神之感召，成群结队赶赴张家口参加同盟军。短时间内，同盟军便发展至 10 余万人。抗日高潮在察省骤然形成。冯玉祥等首先对同盟军进行了抗日救亡的宣传教育及鼓动工作；同时加强军事训练，积极筹补给养、改善装备。短时间内，便将这支队伍塑造成了士气高昂、训练有素的抗日有生力量。不少中共党员在党组织支持下也参加了同盟军，并成为其骨干，如吉鸿昌、宣侠父（任第 5 师师长）等。

6 月 15 日至 19 日，同盟军在张家口召开了第一次代表大会，对同盟军的军事、政治、经济等方面作出了纲领性的决议案，主要内容包括：同盟军为革命军民的联合战线，旨在外抗暴日，内除国贼，武力收复失地，对日绝交，反对任何妥协，否认一切卖国协定，凡有志抗日救国的军民团体，均得加入同盟军。大会选举产生了同盟军军事委员会，为代表大会闭会期间的同盟军最高权力机关，处理军队的军事、政治、财政等事宜。共有委员 35 人、候补委员 29 人组成。冯玉祥、方振武、吉鸿昌、佟麟阁、邱山宁、宣侠父等 11 人组成常务委员会。② 依冯

---

① 《国闻周报》第 10 卷，第 22 期。
② 《冯玉祥与抗日同盟军》，第 203 页。

玉祥所拟的计划，同盟军的抗日目标分三步："第一步先行收复察东失地；第二步收复热河；第三步收复东三省。"①

## 二、察哈尔抗日同盟军的活动及其解体

察哈尔抗日同盟军组建后，按照既定作战计划，其主力兵分两路，南路拱卫平绥线及张家口，北路积极准备收复察省失地。② 6 月 20 日，同盟军任命吉鸿昌为北路前敌总指挥，方振武为北路前敌总司令，率军北进，收复察东失地。22 日，同盟军王德重部首战康保，力攻克复，全军士气大振。23 日吉鸿昌、邓文等部疾进宝昌；李忠义等部直趋沽源。7 月 1 日，敌我两军在两城外围展开激战。吉、邓等部力将盘踞宝昌的伪军张海鹏部击退，收复宝昌。"是役，俘获甚众，内有白俄 37 人。"③ 张部伪军向多伦溃逃，与盘踞多伦的日伪军汇合。同日，沽源伪军刘桂棠部在同盟军的猛攻下，临阵反正，另一部伪军被击退，同盟军光复沽源。同期，同盟军还收复了黄旗大营子等地。

图 9.1　1933 年 7 月，察哈尔抗日同盟军进入察北军事重镇多伦

① 李云汉：《冯玉祥察省抗日事件始末》，载《抗战前华北政局史料》，第 300 页。
② 《冯玉祥与抗日同盟军》，第 104 页。
③ 《冯玉祥与抗日同盟军》，第 210 页。

7 月 3 日，同盟军大部队乘胜进军，向察北军事重镇多伦推进。多伦位于内兴安岭的西口，系联系察哈尔与热河的通道，此时由日军第 4 骑兵旅团一部 2000 余人及伪军张海鹏等部盘踞，为防止同盟军来攻，日伪军调集了大量兵力及装备，"在多伦城外构筑 8 排炮台 32 座及内外交通沟壕及电网等工事"。①

7 月 4 日，同盟军张凌云部在多伦外围七里河孤子山与日伪发生前哨战，将敌击退。7 月 5 日、6 日，进军多伦的同盟军各部相继进入攻击阵地。7 日，吉鸿昌、方振武下达进攻多伦总攻击令。当日夜间，同盟军开始行动，经彻夜激战，至 8 日拂晓，连克敌两道外围防线。8 日到 11 日，连续与敌血战，吉鸿昌亲自指挥敢死队几度奋力突袭，同盟军直抵多伦城下。11 日，同盟军从拂晓起对多伦发起总攻，由于日机不断轰炸，各部队仅以大刀血肉相搏，"伤亡累累，遂暂退守原阵地"。② 在此受挫之际，冯玉祥向前线将士发去电报，激励他们以死报国，电称："今日之事，进则俱生，退则俱死……为国而死，其死也荣。忍辱偷生，虽生实死。"③

11 日晚，吉鸿昌派数十名士兵化装潜入城内；12 日晨 1 时，同盟军再次发动总攻，潜入城内的同盟军士兵四处出击，以为内应。同盟军很快突入南、北、西三门，"吉将军亲自赤膊抡大刀片上阵，全军将士均奋勇杀敌，浴血苦战"，④ 与日伪军巷战 3 小时，将其大部歼灭，残部由东门夺路溃逃。

经连续 5 昼夜苦战，沦陷 72 天的察北重镇多伦，终被同盟军收复。至此，察省失地全部光复。在收复察省四县市的作战中，抗日同盟军伤亡官兵 1600 余人，其中阵亡者 212 人。日伪军毙命者千余人。⑤

察省光复后，东北的爱国军人、爱国青年群集察省，集议成立东北民众抗日大同盟。冯玉祥表示："愿亲率十万饥疲之士，进而为规复四省之谋。"⑥ 7 月 27

---

① 《冯玉祥与抗日同盟军》，第 104 页。
② 《冯玉祥与抗日同盟军》，第 212 页。
③ 《冯玉祥与抗日同盟军》，第 204 页。
④ 《冯玉祥与抗日同盟军》，第 113 页。
⑤ 《冯玉祥与抗日同盟军》，第 213 页。
⑥ 《冯玉祥为克服多伦致南京、北平当局电》，《国闻周报》第 10 卷，第 29 期。

日，在冯玉祥领导下，成立了收复东北四省计划委员会，冯任委员长，内设军事、政治、经济、秘书四局，主任均为同盟军骨干。

蒋介石对同盟军的兴起与发展极为恐惧，同盟军领袖冯、方、吉等人皆为其宿敌，与之积怨甚深；又察知同盟军骨干中有不少中共党员，深惧中共党员发动民众，在华北形成抗日民主运动局面；蒋还担心同盟军刺激日本，招致日军以此为借口再度进攻。同盟军收复多伦后，日本驻北平使馆武官柴山特为此走访何应钦，对何讲："日本对此事，认为有违《塘沽协定》，请予注意。"① 同盟军兴起，蒋感到妨碍他"政令军令之统一"，深忌之。基于上述诸多出于个人统治权力的考虑，蒋介石与国民政府对以抗击侵略、收复失地为职志的同盟军不仅未予任何支援，反而力图早日扑灭。

蒋为消灭同盟军采用了三管齐下的手段。其一，拉拢诱惑同盟军主要领导人物，努力使之"归顺"。同盟军进攻多伦之前，何应钦代表国民政府"请冯玉祥就全国林垦督办职"。多伦激战之际，汪精卫又代表国民政府邀冯玉祥赴南京，"徐图救国根本之计"。② 对方振武则许以西北边防督办名义，督办公署驻地可在张家口、大同、归绥三城市，由方自己选择决定之。③ 在冯、方等拒绝了南京方面的拉拢诱惑之后，蒋介石便令何应钦等竭力收买冯、方的部下，从内部瓦解同盟军。同盟军领导骨干张人杰、李忠义、冯占海、鲍刚等高级将领先后被何应钦收买，率部脱离了同盟军。

其二，以国民党中央和各地方党部的名义，谴责冯玉祥、方振武等人"擅自行动"，"意图赤化"，对其发动宣传攻势，施加政治压力和党内舆论压力。6月初，国民党中央授意南京市党部发表通电，诬责冯"冒名抗日，割据地盘"，"宣传共产，实行赤化"。并要求中央开除其党籍，下令讨伐。7月28日，蒋介石、汪精卫在庐山开会后，一致通电冯玉祥（俭电），要冯"（1）勿擅立各种军政名

① 《从九一八到七七事变》，第539页。
② 《从九一八到七七事变》，第536、537、585页。
③ 《从九一八到七七事变》，第585页。

义；（2）勿妨害中央边防计划；（3）勿滥收散军土匪；（4）勿引用共匪头目，煽扬赤祸"。并威胁冯，称同盟军之事"事关察省存亡与全国安危，万不能因循迁就"。①

其三，调集重兵，对同盟军形成封锁包围态势，断绝同盟军军需的供应，并积极准备直接诉诸武力镇压同盟军。7 月 3 日，蒋介石密电汪精卫，称冯"赤色旗帜已益鲜明，使中外皆易认识不为所蔽，则中央处置更易"，并令何应钦"速筹军事之彻底解决方法"。7 月 17 日，国民政府军事委员会在发给汪精卫的电报中表示："已一面令庞（炳勋）、傅（作义）各部，冯（钦哉）、关（麟征）各部进兵；一面由宋（哲元）、庞（炳勋）、秦（德纯）派人劝冯取消名义，奉还察政，离去张垣，另谋安置。"② 至 7 月下旬，何应钦已在同盟军周围集结了 16 个师，15 万兵力，并配有铁甲列车、飞机等。

在蒋介石积极筹划镇压抗日同盟军的同时，日伪更在丰宁、多伦东侧一线积极备战。多伦克复后，日军谲使向冯玉祥提出要其让出多伦的"觉书"，冯玉祥断然驳斥，并向日军提出要其让出热河的反要求。日军威胁要对同盟军"加以膺惩"。③ 随后，日军出动第 4 骑兵旅团主力、第 6 师团一部及伪军张海鹏部 2 万余人，进迫多伦、沽源等地，与蒋军形成了对同盟军的夹击态势。

面对上述形势，加之同盟军财政困难，军需短缺，同盟军军事委员会于 8 月 4 日召开会议研讨对策。冯玉祥表示，如引起内战，将使日本坐收渔人之利，他决定下野。应使宋哲元早日返察省主事，同盟军名义虽不存在，但这一支抗日力量可借宋的掩护得以保存。8 月 5 日，冯玉祥通电全国："自即日起完全收缩军事。政权归之政府。复土交诸国人。"④ 9 日，冯辞去同盟军总司令之职，撤销同盟军总部。14 日，在韩复榘的再次邀请下，冯离开张家口赴泰山"休养"。同盟军部队（除方振武、吉鸿昌部）有的被宋哲元第 29 军收编，有的自行解散。

---

① 《国闻周报》第 10 卷，第 31 期。
② 国民政府行政院档案，中国第二历史档案馆藏。
③ 《国闻周报》第 10 卷，第 29 期。
④ 《冯玉祥与抗日同盟军》，第 224 页。

方振武、吉鸿昌在8月初的同盟军军委会上，对冯玉祥的决定即不表赞同。冯离开张家口后，在吉鸿昌的倡议下，同盟军方、吉两部公推方振武为同盟军代理总司令，吉鸿昌为副总司令兼前敌总指挥，两人随即通电就职，继续抗日救国活动。随后，方、吉二人率其所部同盟军撤出张家口、多伦等原驻地，8月下旬，分别由张北、沽源等地东进，沿途宣传抗日，组织民众。但因军需补给困难，方、吉决定南下进占北平作为根据地，补充整顿，联络各方，再继续北上抗日。9月中旬，方、吉联军抵北平北郊之昌平县。下旬，占领北平以北的大、小汤山地区。何应钦急调军队从东、南、西三面围困之，日伪军也从北面向其迫进，日伪军并多次轰炸、炮击同盟军阵地。10月中旬，北平许多社会及民众团体倡议何应钦与方、吉联军和平谈判，力避内战。随后，双方开始接触，达成了保证方、吉二人安全自由，师长以上干部不咎既往，旅长以下干部发资遣散，军队由商震部第32军收编的协议，协议立即执行。① 察哈尔民众抗日同盟军至此完全失败。

察哈尔抗日同盟军虽然失败了，但其抗日业绩永垂中华民族之史册。其抗日精神，感召了全国民众。同盟军兴起之时，察省人民即在财、物、社会舆论上多方大力支持。多伦光复后，上海、天津、北平、西南及华北各省市民众抗日救国团体均纷纷致电祝贺，"并踊跃捐助进行慰劳"。② 即使蒋、何所调围困同盟军的军队中的爱国将士，也纷纷消极抗命，不忍向同胞开枪。后来，宋哲元第29军、商震第32军收编了大部同盟军将士，保存了抗日有生力量。商震还违抗何应钦密令，释放了方、吉二人。③ 正由于各方的声援，才使蒋、汪始终未敢下令进攻同盟军。察哈尔抗日同盟军为激发全国民众的爱国热情、推动全国民众的抗日运动，作出了不可磨灭的贡献。

---

① 《从九一八到七七事变》，第591页。
② 《冯玉祥与抗日同盟军》，第214页。
③ 吉鸿昌将军于1933年11月在天津法租界被国民政府引渡逮捕，押往北平杀害。方振武将军失败后出国。七七事变后，返国抗战，任抗日救国人民外交委员会委员长，后被特务暗杀于香港。

## 一、中国共产党组织的东北抗日游击战争

九一八事变后，部分东北军和东北义勇军开始了东北人民的早期抗战，历时岁余，相继失败后，中国共产党领导的抗日游击战争逐渐成为东北抗战的主体。

1932 年 4 月 15 日，中华苏维埃共和国临时中央政府发布了对日宣战的通电，"正式宣布对日战争，领导全中国工农红军和广大被压迫民众，以民族革命战争驱逐日本帝国主义出中国，反对一切帝国主义瓜分中国，以求中华民族彻底的解放和独立"。① 中共中央先后选派了罗登贤、杨靖宇、赵尚志、周保中、李兆麟、魏拯民、冯仲云等优秀干部赴东北，组织、领导东北人民开展抗日游击战争。1933 年初，中共中央代表、中共满洲省委书记罗登贤对即将赴东北各地去组织、

———————————

① 《红旗周报》第 19 期。

领导抗日游击战争的中共党员强调："我们党的责任，就是把自发的斗争，变成有组织有领导的斗争。同时，建立党领导的工农义勇军。"[①] 1933年1月26日，中共中央向东北各级党组织和全体党员发出指示信。指示信指出，中国共产党在东北的总策略方针是建立全民族的反帝统一战线，聚集和联合一切可能的反日力量反对日本帝国主义及其走狗，争取和保证无产阶级在统一战线中的领导权。指示信强调要发展和扩大中国共产党领导的游击队，同时要深入到一切反日武装中去，在进行下层统一战线工作的同时，也要注意开展上层的统一战线工作。5月，中共满洲省委召开扩大会议，研究贯彻指示信精神，会议作出了《关于执行反帝统一战线与争取无产阶级领导权的决定》，制定了贯彻执行中共中央指示信的计划和各项具体措施。包括建立东北人民革命军，与一切抗日军队签订作战协定，建立东北人民革命政府等。

1932～1933年间，东北建立了许多支中国共产党领导的抗日游击队，主要包括：磐石游击队，1932年6月由李红光、杨佐青（中共东满特委军委书记）等创建于吉林省磐石县。不久，与磐石赤卫队、海龙游击队汇合，同年11月，改名为中国工农红军第32军南满游击队，队伍发展至800余人。1933年1月，中共满洲省委派杨靖宇任游击队政治委员。1933年春夏，队伍迅速扩大到2000余人，活动于磐石、海龙、伊通、桦甸、通化、柳河等地。东满游击队，1933年1月由童长荣（中共东满特委书记）、王德泰在原东满红色游击队的基础上创建。队伍很快发展到千余人，活动于吉林以东汪清、安图、和龙、珲春一带。珠河游击队，1933年10月由赵尚志、李启东、李兆麟等创建于黑龙江省珠河县（今尚志市）。游击队联合了当地的山林队、红枪会等群众抗日武装，活动区域遍及延寿、阿城、双城、滨江等地。密山游击队，1932年在中共密山县委领导下，由富振声等将勃利、林口、密山等地的群众抗日武装合并组建而成。1933年初，李延禄将溃散的王德林义勇军残部，改编为抗日救国游击军。同年7月，中共密山县委将这

---

① 《星火燎原》（4），第379页。

两支队伍合并，仍称密山游击队，以李延禄为主要领导人，活动于密山、勃利、宝清、林口一带。宁安游击队，1933 年 1 月由白殿贞、张建东等创建于宁安县，称"抗日救国义勇军"，后与周保中领导的王德林义勇军残部会合，改编为东北国民救国军绥宁反日同盟军。此后，中国共产党又派陈翰章等整顿了队伍，改称宁安游击队。汤原游击队，1932 年秋，中共汤原中心县委以当地的抗日救国会为基础组建。1933 年夏，改称中国工农红军第 33 军汤原游击队，领导人为冯仲云、夏云阶等。当年冬，队伍即发展到了 2000 余人，活动于汤原、富锦、通河、依兰等地。饶河游击队，九一八事变后，中共饶河县委即开始组织抗日救国会。1933 年 4 月，以此为基础组建了饶河游击队。领导人为李学福（葆满）、崔石泉等。活动于黑龙江省饶河、虎林、宝清、佳木斯等地。巴彦游击队，1932 年 5 月由张甲洲、赵尚志等建立、领导。活动于黑龙江省巴彦、绥化、东兴一带，后在东兴作战中受挫溃散。此期中国共产党组织领导的游击队还有：海伦游击队、和龙游击队、台（安）辽（中）游击队等。

中国共产党领导的上述抗日游击队建立后，在武器装备低劣、环境险恶等极其困难的条件下，开展了英勇卓绝的东北抗日游击战争。磐石游击队于 1933 年 1～4 月，与敌苦战，周旋 3 个多月，连续粉碎了日伪的四次"讨伐"，创立了以玻璃河套和红石砬子为中心的游击根据地。此后，又联合其他抗日武装攻克了磐石大兴川、伊通营城子等敌人重要据点。东满游击队联合其他抗日武装，一度攻克东平县城和敌占八道沟据点，创立了以延吉的湾湾沟、八道沟、珲春的烟筒砬子、大荒沟、汪清的大小汪清以及和龙的渔浪村为中心的游击根据地。1933 年，东满游击队与"讨伐"的日伪军进行了数百次战斗，粉碎了敌人的讨伐。1934 年春，珠河游击队攻克珠河镇，直下黑龙宫，三次围攻宾州，并一度解放宾州城，全歼敌守军，威慑敌胆，创立了以三股流为中心的珠河游击根据地，建立了具有抗日临时政府性质的农民委员会以及青年、妇女、儿童等抗日救国组织；同期，还在庙岭伏击战中歼灭日伪军 300 余人，缴获枪械 200 余支。密山游击队于 1933 年 8 月，奇袭杨木林子日军据点，击毙日军百余名。饶河游击队建立后，联合其他抗日武装，一度解放虎林县城，创立了以抱马顶子、大叶子沟为中心的游击根据地。汤原、密山、宁安等游击队，也在对日伪作战中，分别创立了以太平川、哈达河、八道河子等为中心的抗日游击根据地。

1933 年 9 月至 1935 年底，各抗日游击队在对敌作战捷报频传、不断发展壮大的基础上，陆续改编为东北人民革命军。1933 年 9 月 18 日，以磐石游击队为基础建立了东北人民革命军第 1 军独立师，杨靖宇任师长兼政委。1934 年 3 月，在中共东满特委领导下，以东满游击队为基础，成立了东北人民革命军第 2 军独立师，王德泰任师长。1934 年春，按中共满洲省委部署，杨靖宇在吉林省濛江县（今靖宇县）召集了该地区抗日武装领导人会议，成立了（东北）江南抗日军联合总指挥部，推选杨靖宇为总指挥。赵尚志在珠河召集了哈东一带抗日武装首领会议，成立了哈东联合军总司令部，赵尚志被推举为总司令。在中国共产党领导的抗日武装进一步发展、壮大的基础上，1934 年 11 月，杨靖宇师扩编为东北人民革命军第 1 军，下辖两个师，杨靖宇任军长兼政委，在以磐石为中心的南满各地开展抗日游击战争。1935 年 5 月，王德泰师扩编为东北人民革命军第 2 军，下辖 3 个师，王德泰任军长，在东满各地开展抗日游击战争。1935 年 1 月，赵尚志部队发展为东北人民革命军第 3 军，赵尚志任军长，在以珠河为中心的哈东地区进行抗日游击战争。1934 年秋，以密山游击队、饶河游击队为基础，联合该地区其他抗日武装（救国游击队等），成立了东北抗日同盟军第 4 军（属东北人民革命军序列），李延禄任军长，在以密山、饶河为中心的周围各县从事抗日游击战争。1935 年 2 月，以宁安游击队为基础，汇合当地的其他抗日武装（工农义勇队等），成立了东北反日军第 5 军（属东北人民革命军序列），周保中任军长，在以宁安县为中心的周围各县开展抗日游击战争。1935 年春末，汤原游击队也扩编为汤原游击总队，后在东北人民革命军第 3 军的帮助下，发展为东北人民革命军第 6 军，夏云阶任军长，在以汤原为中心的周边广阔地区进行抗日游击战争。至 1935 年底，中国共产党领导的抗日军队已达 6 个军近 7000 人，抗日游击战争区域扩大到 40 多个县。

中国共产党领导的抗日军队，政治素质好，顽强善战，能够深入发动人民群众，紧密依靠人民群众，使抗日游击战争的烽火很快燃遍了东北各地。仅辽宁地区的抗日军队，1934 年 6 月份即出击日伪军 709 次，7 月份出击 757 次，8 月份出击 1516 次，12 月份达 1706 次。1934 年 1 月至 10 月，日伪奉天铁路局所辖各路段遭袭击 136 次，日伪新京（长春）铁路局所辖各路段遭袭击 105 次，日伪哈尔滨铁路局所辖各路段遭袭击 127 次，日伪洮南铁路局所辖各路段遭袭击 166 次，整个日伪铁路平均每月遭袭击约 100 次。①

中国共产党领导的东北抗日游击战争牵制了日军的兵力，部分阻止了日本对东北地区殖民化统治的进程，在陷入了黑暗之中的东北人民的心头点燃了希望的火光，在开始了局部抗战的中国人民的心中树立了胜利的信念。

## 二、东北抗日联军的正式建立

1935 年 8 月 1 日，中共中央面对日本帝国主义加紧侵略华北、进而妄图灭亡全中国的严峻形势，发表了《为抗日救国告全国同胞书》（即"八一宣言"）。这一宣言，提出了建立抗日民族统一战线的战略任务，号召全国一切愿意抗日的阶级、政党、军队，实现大联合，组织全国统一的国防政府和抗日联军，以反对日本帝国主义的侵略。② 它对东北抗日联军的正式建立，起了直接指导作用。

随后，中共满洲省委根据"八一宣言"精神，作出了东北一切抗日武装力量联合起来，组织抗日联军及其指挥部，建立统一指挥的决定。

此后，在中共满洲省委领导下，东北人民革命军第 2、5、4、3、6 各军先后在黑龙江的宁安、汤原等县开会，讨论东北抗日部队联合作战的问题。

翌年 2 月，中共驻共产国际代表团拟定了《东北抗日联军统一军队建制宣言》。该宣言宣告：东北人民革命军、反日联合军、各反日游击队，为着组织巩

---

① 胡华主编：《中国新民主主义革命史参考资料》，第 303 页，人民出版社。
② 《东北抗日联军史料》（上），第 165 页，中共党史资料出版社 1987 年 12 月版。

固与行动统一，共同对抗日本帝国主义，废除抗日军一切不同的名称，"一律改组军队建制为东北抗日联军第一、二、三、四、五、六军，以及抗日联军××游击队"。[①] 该宣言由杨靖宇、王德泰、赵尚志、李延禄、周保中等署名发表。此后，东北各地的抗日武装相继改编为东北抗日联军。

1936年2月，东北反日联合军第5军，率先改编为东北抗日联军第5军，周保中任军长，柴世荣为副军长，胡仁为政治部主任，张建东为参谋长，全军3000人。

3月，东北人民革命军第2军、东北抗日同盟军第4军，分别改编为东北抗日联军第2军和第4军。第2军军长王德泰，政委魏拯民，政治部主任李学忠，参谋长刘汉兴，全军2000余人。第4军军长李延禄。1936年3月李延禄奉调入关，李延平代理军长。1937年，李延平正式任军长，吴平任政委，胡伦任参谋长，黄玉清任政治部主任。全军2100余人。

7月、8月、9月，东北人民革命军第1、3、6军，相继正式改编为东北抗日联军第1、3、6军。第1军军长兼政委杨靖宇，政治部主任宋铁岩，所部3000余人。第3军军长赵尚志，政委冯仲云，张寿篯任政治部主任，全军6000余人。第6军军长夏云杰，张寿篯为代理政治部主任，冯治纲任参谋长，共有官兵2000余人。[②]

东北抗日联军第7军是由饶河反日游击队发展而来的。1935年9月，该游击队改编为东北人民革命军第4军第4团。1936年3月，扩编为东北抗日联军第4军第2师。同年11月15日，扩编为东北抗日联军第7军。陈荣久任军长，崔石泉任参谋长。全军700余人。

东北抗联第1军至第7军，是中共直接创建和领导的队伍，政治素质好，战斗力强，是东北抗日武装力量的主体和骨干。

中共在组建东北抗联第1军至第7军同期，还先后组建了东北抗联第8、9、10、11军。

---

① 《东北抗日联军史料》（上），第169页。
② 《东北抗日联军史料》（上），第356、359、362页。

1934 年 3 月，土龙山地区农民群众举行反日暴动，并组织了民众救国军，打击前来镇压暴动的日军。10 月，民众救国军遭受重挫，余部在抗联第 3、4、5 军的帮助下得以坚持和发展。1936 年 9 月，该部正式改编为东北抗联第 8 军。谢文东为军长（后叛变），刘曙华任政治部主任。该军仅有 300 多人。[①]

东北抗联第 9 军，是原东北军李杜部李华堂支队发展而来的。该支队在 1934 年底遭到重大损失，后在抗联第 3、5 军的帮助下，于 1937 年 1 月正式改编为东北抗联第 9 军。李华堂为军长（后叛变），李熙山任政治部主任，李向阳为参谋长。全军 800 人。[②]

抗联第 10 军，是由"双龙"反日山林队发展而来的。该队在中共珠河县委和抗联第 3 军的帮助下，于 1937 年 10 月正式改编为东北抗联第 10 军。汪亚臣任军长，齐云禄任副军长，王维宇任政治部主任，全军共 1000 余人。[③]

抗联第 11 军，是由桦南县驼腰子金矿工人抗日起义队伍发展而来的。这支队伍，在东北人民革命军第 3 军和中共勃利县委的帮助下，于 1935 年 5 月改编为抗日联军独立师。1937 年 10 月，独立师正式改编成抗联第 11 军，祁致中任军长，金正国任政治部主任。全军共有官兵 1500 余人。[④]

东北抗联第 8、9、10、11 军是接受中共领导的友军。这 4 个军，特别是第 8、9 军成员复杂，政治工作薄弱，组织纪律较差，因而战斗力较弱。

除了抗联的 11 个军之外，接受中共和抗联指挥的抗日武装还有：姚振山的抗日义勇军 600 余人，李洪宾的抗日救国军 1000 余人，王荫武、王凤阁的抗日救世军各 1000 余人，[⑤] 左子元的抗日救国联合军 400 余人，[⑥] 等等。

东北抗日联军的组建，是中共执行抗日民族统一战线方针的重要成果，它发

---

① 《东北抗日联军史料》（上），第 363 页。
② 《东北抗日联军史料》（上），第 363 页。
③ 《东北抗日联军史料》（上），第 364 页。
④ 《东北抗日联军史料》（上），第 364 页。
⑤ 常城著：《东北近现代史纲》，第 216 页，东北师范大学出版社 1987 年 2 月版。
⑥ 孙继英著：《东北抗日联军第一军》，第 138 页，黑龙江人民出版社 1986 年 6 月版。

展和壮大了抗日武装，有利于东北各抗日武装的团结对敌，为东北抗日游击战争的迅速发展奠定了基础。

## 三、东北抗日游击战争的迅速发展

东北抗日联军组建后，东北抗日游击战争得到迅速的发展。

1936年3月，杨靖宇指挥第1军在辽宁辑安县三道崴子全歼日军讨伐队，缴获迫击炮多门。同年7月15日，抗联第1军第1师在本溪县摩天岭大榆沟伏击尾追之敌，毙日军今田大尉以下30余人，缴获了一些枪支弹药。8月4日，杨靖宇率第1军军直部队在通化四道江地区伏击伪军邵本良部，打死日本指导官英俊志雄，毙、伤、俘伪军50余人，缴获军用物资一批。[①] 日军因邵本良屡遭失败而将其毒死。邵本良是大汉奸，曾被日军封为伪陆军少将。痛歼邵本良的胜利，使抗联第1军声威大震。此后，活跃在宽甸、本溪一带的许多义勇军、救国军，纷纷要求改编为抗日联军或接受第1军的领导与指挥。8月下旬，杨靖宇将左子元领导的抗日救国联合军，改编为抗联第11独立师。9月13日，杨靖宇指挥第1军教导团和第11独立师，采用化装袭击战术，攻占了宽甸县大荒沟街，俘日伪军30余人，缴枪30余支。9月29日，第1军教导团和第11独立师在宽甸县错草沟设伏，击毁敌汽车9辆，毙伤日军曹臼井彦次郎等40余人，使敌人大为震惊。[②] 在此前后，杨靖宇还把抗日军高维国部、于万利部分别改编为抗联第13独立师和游击大队。这类接受抗联第1军领导、又保持独立性的抗日武装均达七八百人以上。[③] 第1军领导的游击战争的迅速发展，使敌人大为恐慌。12月，第1军与10倍于己的日伪军周旋、激战月余，粉碎了敌人的冬季"大讨伐"。杨靖宇的名字使敌闻之丧胆。

---

① 孙继英：《东北抗日联军第一军》，第135页。
② 孙继英：《东北抗日联军第一军》，第139页。
③ 孙继英：《东北抗日联军第一军》，第139页。

抗联第 2 军改编之后，与第 1 军协同作战。1936 年 7 月，第 2 军和第 1 军合编为东北抗联第 1 路军。杨靖宇任总司令兼政委，王德泰任副总司令，魏拯民任政治部主任。8 月 17 日，第 2 军第 6 师联合抗日义勇军，进攻抚松县城，摧毁敌东山炮台，毙敌数十人。9 月初，第 6 师在长白县大德水、小德水、半截沟、二道岗等地击敌，歼灭了一批敌人。9 月 12 日，第 2 军和第 5 军联合反日山林队黑山队在穆棱县磨刀石地区设伏，颠覆日军用列车，毙伤日军工兵 130 余人，缴获大批武器弹药和给养。日军哀称其为九一二事件。① 1936 年秋冬至 1937 年春，日军进行冬季"大讨伐"，第 2 军主力和第 1 军第 2 师密切配合，转战长白山区。12 月，王德泰军长牺牲于抚松县小汤河，魏拯民率全军继续战斗。经大小上百次战斗，歼灭了大批日伪军，粉碎了日军的"讨伐"。

1936 年 6 月和 11 月，抗联第 3 军改编前后，第 3 军主力先后分两批到庆城、铁力、海伦地区，开辟新的游击区，歼灭了大量的敌人。12 月，赵尚志指挥第 3 军西征部队在海伦冰趟子设伏，歼灭日军 300 余人，其中包括 7 名日军指挥官，缴获大批武器弹药。冰趟子战斗，是抗联以少胜多、以弱胜强的典型战例之一。② 翌年 3 月 27 日．赵尚志指挥远征队在龙门附近伏击日军汽车，全歼日军"讨伐队"町田少佐以下 21 人，缴获轻机枪 1 挺，掷弹筒 1 个，步枪 20 余支。

与此同时，留守在松花江两岸的第 3 军部队不断击敌。从 1936 年 10 月到 1937 年 6 月，他们作战上百次，毙、伤、俘敌 1100 余人，缴获了大量的军械弹药。第 3 军尤其善于联合和改编其他抗日武装。1936 年秋冬，它在原有 6 个师的基础上，通过收编抗日义勇军、山林队等抗日武装，又建立了第 7、8、9、10 师，使部队扩大到 6000 余人。从 1936 年 9 月至 1937 年 4 月，第 3 军各部驰骋在松花江两岸广大地区和黑嫩平原的部分地区，纵横数千里，大小百余战，毙伤敌 800 余人，俘敌 300 多人，攻占城镇 20 多座，缴获大量武器弹药。③

① 霍燎原：《东北抗日联军第二军》，第 136 页，黑龙江人民出版社 1987 年版。
② 刘枫：《东北抗日联军第三军》，第 115 页，黑龙江人民出版社 1986 年 8 月版。
③ 刘枫：《东北抗日联军第三军》，第 125 页。

1936 年 3 月下旬，抗联第 4 军组建之后，夜袭石头河子金矿，歼敌 60 余人，缴获各种枪械 70 余支，军马百余匹，子弹万余发。[①] 5 月以后，第 4 军主力部队东征，开辟了宝清、富锦两县新游击区，还将几支抗日山林队收编为抗联第 4 军第 4 师。

抗联第 5 军改编后，留下部分武装在宁安地区坚持抗战，主力向中东路道北转移，开辟新区。1936 年 3 月～1937 年 1 月，第 5 军先后取得了宁安三道河子、卧龙屯、马莲河、烟筒沟、刁翎小盘道、大盘道等战斗的胜利，给日伪军以沉重的打击。其中，大盘道战斗，歼灭敌军 300 余人，使驻刁翎的日伪军一度不敢出扰。莲花泡子战斗，歼敌伪近 500 名。1937 年 3 月，第 5 军和第 3、4、8、9 军各一部，联合进攻依兰县城，共歼日军 300 余人，俘伪军一个排，缴获大批枪支弹药和军用物资。[②]

抗联第 6 军组建后，以汤原为基地，开辟了依兰、桦川、富锦游击区，广泛出击，打击敌人。1936 年 12 月 21 日，第 6 军军长夏云杰在指挥西北沟战斗中牺牲，戴洪滨继任军长，领导第 6 军继续战斗。1937 年 5 月 18 日，第 6 军夜袭汤原城，歼灭日伪军 500 余人，其中击毙日军参事官、营务处巡官和警士多人，救出狱中的抗日群众，缴获了大批枪械弹药和军用物资。

抗联第 7、8、9、10 军组建之后，也都积极开展抗日游击战争，使北满地区的抗日游击战争得到迅速的发展，给日伪军以沉重的打击。1937 年 1 月，第 7 军与日伪军激战于饶河县小南河，毙敌 200 余名，军长陈荣久牺牲，李学福继任，并率军突出重围。

东北抗联广泛开展的抗日游击战争沉重地打击了日伪军。关东军司令部承认："在对付反日武装方面，如果按兵力和时间计算（同占领时相比），确实要付出 10 倍的努力，尚不能充分达到目的。"[③] 伪满洲国军政部最高顾问、日军少将

---

① 《东北抗日联军史料》（上），第 299 页。
② 《东北抗日联军史料》（上），第 308 页。
③ ［日］岩波讲座：《世界历史 28·现代 5》，第 280 页。东京岩波书店 1971 年版。

佐佐木亦表赞同："根据我的观察，对于能不能预计在短期内将满洲国治安恢复到平静时期这一问题，很遗憾，我只能回答一个'否'字。"①

据不完全的统计，从九一八事变至七七抗战爆发，由于东北人民的局部抗战，尤其是东北抗日联军的英勇作战，东北日伪军共被消灭 10 余万人，其中 1931 年至 1933 年 3.1 万人，1933 年至 1937 年 7 月 7.3 万人。②

## 四、北方少数民族的早期抗日斗争

日本帝国主义对中国的侵略，给中国各族人民带来了深重的灾难。最先遭受日军入侵的中国北方各少数民族，出于民族大义，奋起抗日。九一八事变之后，东北蒙古、朝鲜、满等各族人民，即行抗日，坚持不断。察哈尔民众抗日同盟军兴起和东北抗联组建后，中国北方各少数民族人民的抗日斗争与之结合，受其推动，进一步发展和高涨。

1931 年 10 月，辽西、辽北一带蒙汉两族人民即组建了东北抗日军蒙边骑兵，驰骋于辽西平原，奇袭日军。1932 年归建于东北义勇军序列，发展至数万人。1932 年，在绥远成立了有蒙汉两族各阶层人民参加的反日大同盟，积极组织、推动了蒙汉等各族人民的抗日救亡运动。同期，在热河、察哈尔省也由蒙汉两族人民共同成立了蒙汉抗日同盟会、救亡抗日会及抗日十人团等组织，从事抗日宣传鼓动工作。1933 年 2 月，中国共产党人在热河、辽宁一带领导成立了蒙汉抗日同盟军军事委员会，发表宣言，号召各民族建立抗日武装。蒙汉及各族人民纷纷响应，组织了蒙汉抗日同盟军等，于热河前线，英勇抗击了日伪军的进攻。5 月，冯玉祥在张家口组织察哈尔民众抗日同盟军，各民族人民踊跃参加。有着光荣革命传统的绥远土默特旗蒙古骑兵老一团和由蒙古族若干上层人物统领的蒙古民众抗日自卫军数万人，亦加入了同盟军行列。1934 年 7 月，察绥地区奈曼旗蒙汉人

---

① ［日］岩波讲座：《世界历史 28·现代 5》，第 280 页。
② 王明阁等著：《东北抗日联军斗争史略》，第 146 页，《北方论丛》编辑部 1980 年版。

民群众，为反抗日本侵略者丈量、掠夺土地，组织了有500余人参加的抗日救国军，攻下日伪警察署，杀死7名日本官吏，接着占领八仙筒，砸开监狱，释放政治犯，并四处张贴布告，号召武装抗日，予日军极大震动。1936年2月21日，蒙古族官兵1000余人，举行了百灵庙起义，反对该地区蒙古贵族德王投靠日本。5月，鄂尔多斯草原也建立了第一支蒙古族抗日骑兵游击队，随后掀起了鄂尔多斯抗日风暴。

日军侵占东北后，朝鲜族人民积极行动起来，踊跃地投入了抗日游击战争。1932年春，延吉、和龙、汪清、珲春、安图等县朝鲜族人民，相继组织了以朝鲜族为主体的抗日游击队。在中国共产党领导下，1933年1月，以这些游击队为基础，创建了东满游击队。后又以此为基础，组建了抗联第2军。抗联第2军中，朝鲜族战士占半数以上。他们在朝鲜人民聚居地区，到处开辟抗日游击区，建立朝鲜人民抗日救国会、农民抗日自卫队、妇女和儿童抗日团体等组织，并在抗日游击区内建立了人民抗日政权。1935年，东北人民革命军第1、2军在老黑山、罗子沟一带，多次出击日军守备部队，予敌重创。1936年7月，抗联第1、2军进攻抚松城，切断日军警备公路，歼敌300余人。1937年6月，抗联第2军在其他兄弟部队配合下，粉碎了敌人对间峰山的围攻，歼灭敌人1000余人。1932年4月，朝鲜族中共党员李红光，在磐石县组织了朝鲜族人民占绝大多数的各族人民抗日示威游行，旋即组成磐石抗日游击队。1933年夏天之后，磐石游击队已发展至2000余人，在大量汉族人民加入的基础上，最后扩编为抗联第1军，成为南满地区抗日游击战争的主力，李红光出任东北抗联参谋长。在东北抗联其他各军中，均有大批朝鲜族指战员。他们为开展东北地区抗日游击战争，推动中华民族抗日斗争的发展，作出了不可磨灭的贡献。

东北地区是满族人民聚居地区。九一八事变后，满族人民也成为东北抗日救国斗争中的一支重要力量。九一八事变后不久，满族人民即和各族人民一道，纷纷组织抗日团体，进行抗日救国宣传鼓动工作。黑龙江省宁安县世环镇70%以上的满族人民参加了反日组织。① 广大满族人民还争相拿起武器，直接参加抗日武

---

① 《满族简史》第210、211页。中华书局1979年版。

装斗争。哈尔滨工大、商船专门学校、医专、一中、二中等院校的许多满族学生走出课堂奔赴抗日战场。在满族集中的辽东、辽南地区，许多优秀的满族儿女，成长为活跃于此的抗日游击队的指挥员。邓铁梅、苗可秀领导的东北抗日民众自卫军骑兵第 5 旅旅部 40 人中，满族指挥员达 30 人。有的连队，满族战士达 70% 以上。① 1932 年，满族抗日将领富振声等，将黑龙江省东部勃利、林口、密山一带的满汉各族群众的抗日武装，组织成密山游击队，在中国共产党的领导下，逐步发展为东北抗联第 4 军。在东北抗联各军中，都有大量满族指战员，有些人还担任了师以上领导职务。他们卧冰餐雪，浴血抗日，为抗日救国事业立下了不朽的功勋。居住于关内的满族各阶层人民群众，以及从沈阳内迁北平的东北大学和其他院校中的许多爱国满族学生，以各种形式支援、参加了长城抗战、察哈尔民众抗日同盟军、一二九爱国运动及其他多种反日示威游行，做了大量的抗日救国工作。

中国北方各少数民族的早期抗日斗争，是中华民族早期抗日斗争的重要组成部分，彪炳于中华民族的抗日救国事业之史册。

---

① 《满族简史》第 210、211 页。

# 小 结

日本帝国主义侵占东北之后，为逼迫国民政府承认既成事实并转移国际舆论对其筹建伪满洲国的注意，蓄意在上海制造了一系列事端，挑起纠纷与冲突，进而以此为借口，步步紧逼中国政府，终于导致一二八事变的爆发。第 19 路军暨第 5 军广大爱国将士，出于民族大义和全国民众抗日高潮的推动，奋起反击日军的入侵，兴起淞沪抗战，不仅致敌久攻不克，而且予敌重创，是为九一八事变之后中国人民抗日斗争的一大进展，弘扬了民族士气。

国民政府虽声称"一面抵抗，一面交涉"，但出于"剿共"之需，不肯进一步增派援兵；且仍寄望于国联调停，遂使第 19 路军暨第 5 军陷于孤军苦战，终于后撤待援。在西方列强共同调停下，以中国政府作出重大妥协为基础，《淞沪停战协定》得以签订。

1932 年 3 月，日本一手炮制的伪满洲国成立，以溥仪为头目的一批汉奸和清王朝遗孽，构成伪满政权的骨干。日本帝国主义利用伪满洲国的形式，凭借野蛮的、赤裸裸的军事暴力，在政治、经济、文化等各方面对东北实行残酷的殖民统治。东北义勇军逐次失败后，中国共产党领导的抗日游击队成为开展东北抗日武装斗争的主体。在抗日游击战争中，东北抗日游击队不断成长壮大，最后发展为东北抗日联军。东北抗联在东北百万平方公里的土地上，四处出击日伪军，将抗日游击战争区域扩大到 90 多个县市。

东北沦陷后，日本按大陆政策既定方针扩大侵华，锋芒直指华北，热河首当其冲。1933 年 2 月，日本遣重兵入侵热河。热河省主席汤玉麟部或降或逃，东北军万福麟部力战不支，热河于半月内全境沦陷，日军直犯长城沿线，进迫京津。长城一线中国守军激于民族义愤，援淞沪抗战为楷模，奋起抗击，浴血杀敌，顽强阻敌于长城—滦西一线达两月之久。蒋介石专注"剿共"，继续推行对日妥协政策，遂致长城抗战失败，与日本签订《塘沽协定》。《塘沽协定》纯为城下之盟，中国利益遭致重大牺牲。部分国民党爱国将领对蒋介石对日妥协政策不满，自发组织，抗击日军。冯玉祥、方振武、吉鸿昌等组织、领导了察哈尔民众抗日同盟军，光复察省全境，鼓舞了全国人民。

九一八事变后，中国北方各少数民族，特别是蒙古族、朝鲜族、满族的广大人民群众，投入了如火如荼的抗日斗争，汇入了中华民族抗日斗争的洪流，作出了不可磨灭的贡献。淞沪抗战、长城抗战、东北抗联的斗争以及各少数民族人民的抗日斗争，标志着中国局部抗战形势的形成。

第三部分

华北危机与全面
抗战的准备

## 一、日本在华北的军事与经济扩张

日本军队在我国华北驻扎，可以追溯到 1901 年 9 月 7 日清朝政府与英、俄、日、德、法、美、意、奥、比、西、荷等 11 国公使签订的丧权辱国的《辛丑条约》。该约第七款规定："大清国国家允定，各使馆境界，以为专与住用之处，并独由使馆管理，中国人民概不准在界内居住，亦可自行防守。""中国国家应允，由诸国分应自主，常留兵队，分保使馆。"① 第九款规定："中国国家应允，由诸国分应主办，会同酌定数处，留兵驻守，以保京师至海通道无断绝之虞。今诸国驻守之外至：黄村、廊坊、杨村、天津、军粮城、塘沽、芦台、唐山、滦州、昌黎、秦皇岛、山海关。"② 这些规定使外国军队在上述地区驻扎合法化。日本在《辛丑条约》签字之前的两个月，以"护路"和"护侨"为名，向中国派遣了总

---

① 王铁崖编：《中外旧约章汇编》第 1 册，第 1006～1007 页，三联书店 1980 年 10 月版。
② 王铁崖编：《中外旧约章汇编》第 1 册，第 1006～1007 页。

兵力约2600名的驻屯军，命名为"清国驻屯军"。9月签约之后，驻屯军司令部移驻天津日本租界地张园，兵营分天津海光寺和北京东交民巷两处。1912年日本陆军省将清国驻屯军更名为"中国驻屯军"，因为司令部在天津，又称"天津驻屯军"。

其后，随着日本侵华政策的步步实施，日本在侵占我国东北之后，随即向华北地区进一步扩张，制定了一系列分离华北、控制华北的战略。军事上，《塘沽停战协定》即《塘沽协定》的签订，日本强划冀东25县（原定19县，后被日本强行扩大为25县）为"非武装地带"，成为向华北扩张的第一步。1935年1月，驻热河日军向察哈尔省东部发动进攻，与驻守的中国方面宋哲元军发生冲突。2月2日，在日本的胁迫下，宋哲元同日本达成《大滩协定》，规定第29军不得进入石头城子、南石柱子、东栅子之线及其以东地域。日本通过发动察东事件，打开了侵入华北的大门，开始全面干涉华北政治。①

然而由于日本国内政治斗争制约和军事、经济力量的限制，并顾忌英美等国的反对，日本侵略华北的方针，采取与侵占东北不同的方法，在继续发动军事进攻的同时，主要以政治谋略策动华北脱离国民政府，实行所谓"独立"，以实现其不战而取华北的目的。到1935年4月，这种所谓政治谋略便具体确定为："在内蒙和内蒙以外的华北地区制造自治政权……在华北是要使这五省脱离南京政府，建立一个在日本领导下同'满洲国'有密切关系的特殊区域。"②

为此，日本竭力寻机把国民党中央的党政军势力驱逐出华北，以便控制华北政治。自1935年5月1日起，华北发生了一系列事件，导致南京国民政府在华北地区控制力的丧失，酿成第一次华北危机。

5月1日晚，天津《国权报》社长胡思溥在日租界内被暗杀。第二天凌晨，天津《振报》社长白逾桓也在日租界内被暗杀。接着发生了东北义勇军孙永勤军

---

① 《何应钦致林森、汪精卫、蒋介石电》（1935年2月5日），国民政府行政院档案，中国第二历史档案馆藏。

② 《东京审判法庭证据》，复旦大学历史系编《中国近代对外关系史资料选辑》下卷，第1分册，第283~284页，上海人民出版社1977年9月版。

进入长城和易水《闲话皇帝》一文事件，日本立即抓住时机压迫中国，导致华北局势急剧尖锐化。

29 日，天津驻屯军参谋长酒井隆、日本驻北平使馆武官高桥坦向北平军分会代理委员长何应钦口头提出抗议，宣称："今后如再发生如此行为，或得悉将要发生此种行为，日本军将根据条约的规定，采取自认为必要的自卫行动，由此而产生的其他一切事态。日军概不负责。"① 紧接着，日本向国民政府提出事先预谋的要求：河北省政府主席于学忠下野；河北省政府移至保定；宪兵第 3 团团长蒋孝先及军分会政治处处长曾扩情应予免职；办胡、白案犯人等。

5 月 31 日，国民政府不得不对日方的要求作出回应，授权驻日大使蒋作宾告知广田弘毅外相，平津地区无论如何不能划作停战区域；于学忠更调系中国内政；河北省政府早已确定迁往保定，即付执行。② 日本随即采取使事件恶化的手段，天津日本驻屯军立即连日以坦克车、轻炮和机关枪队在河北省政府门前武装示威，并在天津举行巷战演习。在日本的恐吓下，北平军分会按日本的要求将曾扩情、蒋孝先撤职。6 月 9 日，酒井、高桥又向何应钦提出了下列更为苛刻的要求：（1）取消河北省包括铁路党部在内的一切国民党党部；（2）撤退河北的东北军第 51 军、南京国民政府中央军及宪兵第 3 团；（3）解散北平军分会政治训练处、蓝衣社、励志社等机关及第 25 师的学生班；（4）撤免河北省主席于学忠及其他所指各官吏；（5）取缔全国一切反日活动及团体。10 日，国民政府终于作出了全面让步的决定，汪精卫电令何应钦全面承诺日本要求。7 月 6 日，何应钦复函日本天津驻屯军司令官梅津美治郎，正式承诺日本的各项要求，谓"六月九日酒井参谋长所提各事，均承诺之，并自主的期其遂行"。③ 从而事实上成立了《何梅协定》。至此，国民党中央系和东北系势力退出华北，日本终于打破了国民政府希图把日本势力控制在长城以北的幻想，开始对华北政治发挥更大的影响，华北从此

---

① 日本防卫厅研究所编：《中国事变陆军作战史》，第 1 卷，第 1 分册，第 32 页。
② 《中国外交年鉴》，第 176 页。1936 年 3 月初版，正中书局印行。
③ 国民政府军事机关档案，中国第二历史档案馆藏。

成为日本势力和华北地方实力派的交易场所。华北政局顿形严峻并日趋恶化。

"河北事件"纠缠未清，日本又在极力寻找压迫宋哲元的机会。1935 年 6 月 5 日，日本关东军军官山本一行四人没持护照潜入察哈尔省，测绘地图，刺探情报，在张北县被第 29 军宋哲元部扣留。察哈尔省主席宋哲元为免引起事端，释放了山本等人。日本方面立即抓住这一机会，称其为"张北事件"，展开了把宋哲元逐出察哈尔省的政治、军事行动。11 日，日方以日军官被恐吓为借口，向第 29 军副军长、察省民政厅长秦德纯提出"惩办"第 132 师军法处长等三项无理要求。17 日，日本方面制定出《对宋哲元交涉纲要》，决定"由土肥原直接交涉，密切同天津驻屯军等接触，打开同宋哲元的直接谈判"，并"为了迅速完成谈判，保证中国的顺从，关东军一部将对热河采取行动"，"使宋哲元军对日军在察哈尔省的行动绝对不干扰"。① 国民政府低估了日本控制察哈尔省的阴谋，为求得事件的妥协，19 日发布命令，免去宋哲元察省主席的职务，改任秦德纯代理察省主席。日本迅速扩大突破口，6 月 23 日，日本驻沈阳特务机关长土肥原贤二等向秦德纯提出了苛刻要求，同时派遣便衣队深入察哈尔省进行骚扰破坏活动。在日本的胁迫下，国民政府再次屈服。27 日，秦德纯与土肥原在北平正式签订了《秦土协定》，认可了日本先前提出的诸项要求。其主要内容为：（1）成立察东非武装区，第 29 军从该地区全部撤退；（2）宋哲元向日军道歉，惩罚直接责任者；（3）解散察省排日机关；（4）停止山东向察省移民。②

至此，日本侵略者通过上述两个协定，实际控制了冀察两省，日本在华北扩张的态势进一步巩固。

掠夺华北的战略资源是日本在华北扩张战略的重要目的，也是驱使日本在华北军事和政治扩张的重要动力。早在 1933 年 11 月，"满铁"即制定了《华北经济调查设计》，此后又派人两次到华北考察，制定了向华北经济扩张的实施方案。③ 1935 年 3 月 30 日，关东军制定了《关东军对华政策》，其中对华北的政策

---

① 国民政府外交部档案，中国第二历史档案馆藏。
② 国民政府外交部档案，中国第二历史档案馆藏。
③ ［日］中村隆英：《日本的华北经济工作》，载《东亚与日本》，第 161～162 页，山川出版社
1980 年版。

为"对华北要根据实际的经济力量的扩张，逐步尽力加强不可分的关系"。① 此后，日本加紧了对华北的经济调查活动，以调查为目的的常设机构也不断增多，其重要者就有大藏省的东亚经济课、"满铁"驻天津事务所、天津驻屯军司令部的经济顾问部等。② 与此同时，日军利用《塘沽协定》中将冀东划为"非武装地区"的规定，开始禁止中国海关的巡逻船舶进入冀东沿海，"于是，由东北循海、陆两路向冀东走私成了完全放任的状态"。③

至 1935 年底，日本"华北经济提携"的声浪虽然高涨一时，然而，由于日本侵略者所策动的"华北自治运动"尚未完成，因此，日本对华北的投资并不活跃。这一时期，除 1935 年 12 月"满铁"成立兴中公司，并为"开发"华北资源在天津设立了分公司外，"华北经济提携"并无具体结果。

从 1936 年初开始，日本又加紧采取以经济掠夺为主的侵略方针，企图达到全面控制华北的目的，华北的危机进一步深化。9 月，天津驻屯军司令官田代皖一郎"借助华北经济提携"的口号，逼迫宋哲元实行所谓"四原则、八要项"的经济"开发"计划，即由日本贷款，提供技术人员，双方合作在华北地区开发航空、铁路、煤炭、铁矿、港口、电力、通讯、农业、渔业九个行业。④ 日本"开发"华北的经济计划，首先提出了交通运输的开发，这不仅仅是出于对华北掠夺的需要，也是出于进一步扩大侵华战争的需要。因此，日本除了重视（天）津石（家庄）铁路和塘沽海港的建设，还重视华北航空业的发展。1936 年 10 月，日本驻天津总领事掘内干城迫使宋哲元在北平签订了《华北通行协定》。10 月 23 日在天津设立了中日合办的惠通公司，经办中日通航事宜。协定规定的航线计有：天津—大连线，天津—北平—承德线，天津—北平—张家口—张北线和北平—天津—锦州线等四线。津连线衔接日本国内航线，以后日本与天津间可朝发夕至；而津承、津锦两线则恰和伪满的空路组成一个航空网；平张线则可以联结内蒙，

①　《中国事变陆军作战史》第 1 卷，第 1 分册，第 26 页。
②　周开庆：《一九三六年之中日关系》，第 175 页，正中书局 1937 年版。
③　［日］古屋奎二：《蒋总统秘录》（全译本）第 10 册，第 95 页。
④　《现代史资料 8·中日战争 1》，第 368～371 页。

这"对于增加日本侵略华北军事上的便利，不言而知"。①

## 二、日本策动"华北自治"

随着国民党势力的撤退，一时间华北出现权力真空，失去了维持政治平衡的主导力量。日本乘机加快了分离华北的步伐，加紧策动河北、山东、山西、察哈尔、绥远的华北五省"自治运动"，同时以"华北经济提携"为名，从经济上加紧扩张和掠夺。

日本策动华北"自治"，把希望寄托在华北地方实力派和亲日势力上。"最初的计划是使下野寓居北平的吴佩孚东山再起，组织五省联盟自治政府"，② 但这个计划因各种原因特别是吴的不合作而未能实现。而后，又有反复劝诱河北省主席于学忠"独立"之举，然而于学忠"均置之不理"。③ 日本又转向拥戴孙传芳任"自治运动"的首领，结果遭到了孙的公开拒绝。④ 宋哲元被逐出察省后，利用汉奸白坚武在北平制造暴乱的机会，将第 29 军"来平驻防，以资镇慑"。⑤ 宋哲元进入平津，改变

图 11.1 策动"华北自治"的土肥原贤二

了自国民党中央党政军势力退出华北后的政治、军事格局，成了这一地区能与日本抗衡的主要力量。日本于是转而把华北"自治"的希望寄托于宋哲元，迅速进

---

① 李云汉编：《抗战前华北政局史料》，第 556～557 页。
② 《中华民国史资料丛稿·土肥原秘录》，第 87 页，中华书局出版。
③ 刘家鸾：《日寇侵略华北冀察政权的形成》，《文史资料选辑》第 63 辑，第 62 页。
④ 吴相湘著：《第二次中日战争史》（上），第 212 页。
⑤ 《国闻周报》（1935 年 7 月 8 日）第 12 卷，第 26 期。

行促使宋哲元实行"自治"的步骤。1935 年 10 月，日本派曾主谋策划伪满洲国的土肥原进入北平主持此事。开始，土肥原想说服宋哲元与国民党河北省蓟密区兼滦榆区行政督察专员殷汝耕合作，共同脱离南京，成立"自治政府"，为宋所拒。日本于是加紧在华北制造"自治"的气氛，企图逼宋就范。

10 月 22 日，河北省香河县汉奸武宜亭等在日人指使下，借口反对附加税，占领县城，成立了"临时维持会"，制造了"香河事件"；白坚武也在天津组织了"华北自治救国军"，天津还出现了"华北民众促进会"、"华北人民自救会"等所谓"自治"团体。土肥原根据日本三相会议作出的"华北自治运动应循序渐进，目前自治的内容为轻度自治"① 的决定，考虑到宋哲元对"自治"的不合作态度，决定先让殷汝耕成立"自治"政权。11 月 24 日，殷汝耕在通县发表宣言，宣告冀东停战区"脱离中央"，"自治独立"，并成立"冀东防共自治委员会"，还挂起五色旗。当日发表宣言，宣称"自本日起，脱离中央，宣布自治，树立联省之先声，谋东亚之和平"。同时，殷汝耕还向宋哲元等人发出通电，要求他们"当此存亡之秋，宜定大计"，以真正实现"华北自治"。25 日，又改称"冀东防共自治政府"，成了日本人在中国内地扶植的第一个傀儡政权。冀东 22 县实际沦入敌手。

殷汝耕的公开叛国，使国民政府措手不及。11 月 26 日，国民政府行政院召开紧急会议，决定撤销北平军分会，以军政部长何应钦为驻平长官；任命宋哲元为冀察绥靖主任，殷汝耕免职拿办。② 日本一面调兵遣将，把部队从锦州移向榆关，作出武力支持冀东伪政权的姿态；另一方面又逼使宋哲元等人或与殷汝耕"合流"，完全"独立"；或"藉口西南有政务委员会，则华北有何不可创造类似组织，即可截留税款，委派官吏，形成独立之状态"。③ 国民政府为了不使华北脱离中央，向日本作出重大让步，决定仿照西南政务

① ［日］秦郁彦著：《日中战争史》，第64页，河也书房新社1972年版。
② 天津《大公报》，1935年11月27日。
③ 《蒋介石致陈济棠、李宗仁电报》，《中华民国重要史料初编——对日抗战时期·绪编（一）》，第736页。

委员会的体制，提出了设立冀察政务委员会的方案，将华北大权完全交给宋哲元。这样的半自主的机构一成立，南京方面就再也无法直接控制平津一带的局势。在华北设立冀察政务委员会虽显然与日方的想法有较大距离，但日寇自信可以操纵这个机构逐步达到"华北自治"，所以同意了这一方案。而此方案意味着华北主权陷入严重危机之中，为国人无法忍受，4 天后就引发了一二九爱国学生运动。

图 11.2　1935 年底爆发一二九运动，图为在北平城内游行的东北大学学生

12 月 11 日，南京政府发表成立冀察政务委员会的决定，并公布了人选名单。12 月 18 日，冀察政务委员会在北平外交大楼举行了成立仪式，宋哲元被委为委员长。冀察政务委员会的成立，在一定程度上适应了日本侵略的要求，彻底改变了华北行政传统和行政机构，冀察两省实际上已变相或接近"自治"。土肥原自认为大功告成，得意地声称"该政权确属成功的典范"，它将"成为华北五省政治上脱离南京政府而独立的阶梯"。但宋哲元和第 29 军官兵在长城抗战中有过优秀的表现，该军虽然因历史恩怨与南京方面不睦，但爱国思想却根深蒂固。因此，冀察政务委员会运作中虽难脱日本的影响，但与"冀东防共自治政府"这种傀儡政权却截然有别，最终令日寇大失所望。

图 11.3　冀察政务委员会成立，左二为委员长宋哲元

## 三、华北走私与经济掠夺

1936 年 1 月 2 日，第 29 军士兵在天津大沽搜查走私，与贩毒品的日商冲突。日方一直找到第 29 军军长宋哲元，迫使宋哲元不得不向日方道歉，并赔偿 400 元，第 29 军不准进入塘沽、大沽，地方治安由"冀东防共自治政府"的保安队负责。4 月 30 日，据中国海关报告，因华北日货走私，4 月份 1 个月损失关税达 800 万元。此种情形只是华北走私情形的一个缩影。

中国曾经历了长时间的低关税，也就是对进口货物值百抽五。因此，收回关税权一直是民国政府的目标之一。自 1929 年取得关税自主权以后，规定通商条约废止值百抽五税率，开始连续提高关税，但不法商人的走私成为海关头疼的问题，由于中国海岸线有 4000 哩（1 哩 = 1.609 公里）左右，缉私工作分外困难。特别是日本浪人利用日本在华北的特殊地位，肆无忌惮走私，给中国的财政、经济造成了巨大的伤害。

1933 年塘沽协定后，日本浪人与韩人利用冀东停战区域，三五成群，从大连购货偷运内地。1934 年春，他们公开组织走私团体，配备武器，雇用民用帆船大规模偷运，如遇海关人员缉查，就围打海关人员。9 月 7 日，日本浪人百余人在秦皇岛围攻海关，打伤海关执行公务人员，致使海关无法正常行使权力。日本人的走私规模越来越大，渐渐成为公开的秘密。秦皇岛变成走私的中心，1935年它的关税收入是142.8万元，比较1934年减少了33.1万元。

日本浪人的走私路线大致分水陆两路：水路大多从大连、营口、葫芦岛用小汽船装运货物到北戴河、秦皇岛、滦河口三处，上岸后再用汽车运往留守营或者昌黎车站，转送华北最大的工商业都市天津，最终分销各地。陆路由大连、营口将走私物品装上火车，经过奉山路，运到榆关，再用汽车运到东罗城角山寺一带，然后运往各处销售。但陆路不及水运方便，走私量较小。到1935年，不仅日韩人走私，许多中国人也通过走私来赢利，由日本人当保镖。1935年9月以后，日本宪兵以非武装区域为借口，要求海关的巡逻船只退出战区海面三英里（含）以外。走私集团在无形中得到日本军队的保护，结果从芦台至秦皇岛一段海面上，走私船只云集。到冀东宣布"自治"后，走私者得到公开的庇护，气焰更加嚣张。

到1936年情势已经十分严重，大批走私物品由秦皇岛登陆，运送到昌黎，向冀东的"防共自治政府"交纳相当于关税一半的轻微捐税后，即由日本浪人押送，经过北宁铁路运送到天津。遇到强横的浪人，连货物的运费及车票也拒绝支付。华北形成了日军、日本私枭和伪"冀东政府"三位一体的走私状态。

图11.4　日本扶植的"冀东防共自治政府"控制下的冀东，成为日本走私物品的集散地

在走私品的目的地天津，有 200 多家经营走私的"洋行"，它们向天津租界纳税。每当黄昏黑夜，运入输出，紧张忙碌。货物主要是人造丝、毛织品、食糖、布匹和卷烟及卷烟纸等；毒品白面等因为便于携带，数量也很大。人造丝运到上海，销售到华南，糖运往山西，毛织品在内地销售，卷烟纸运往河南。面对肆无忌惮的走私，海关向国民政府报告时称：此种走私事态之严重为海关有史以来所未见。

南京方面意识到问题的严重，外交部出面对日本提出抗议，并由津海关与北宁铁路当局协同执行临时缉私办法，规定：凡是由铁路运输的洋货，商人必须在启运前向海关报税，领取运输凭证，铁路车站验明凭证后，才能够装车，否则拒运。津浦铁路也照此办理。津海关派人在天津各站检查。北宁路从 1936 年 3 月 21 日实施，4 天后，津浦铁路实施。《大公报》披露了执行情况："自实施缉私起之一周内，正式向海关报运者，仅五十余件，且多系小批，大批私货，仍源源至津。"①

一般走私者请日本浪人包运，经北宁路到塘沽，再绕道至天津，改牌换号后，挂上日本国际运输公司的旗帜，从天津运出，日本浪人手执手枪，怒容逼人，遇到天津海关人员拒绝接受检查，到了津浦铁路强行装车，海关人员和铁路当局无可奈何，走私货物反而有增无减，平均每天在 600 吨左右。走私货物到处行销，一路沿平绥线销售，直达包头，一路沿陇海线直达西安，一路沿津浦路南下贩卖，就是穷乡僻壤，也是私货充斥。

仅 1936 年 5 月 5 日至 12 日的一周间，从冀东走私到天津的货物即有：人造丝 300 万公斤，砂糖 603 万公斤，卷烟张 3 万公斤，棉布 3000 捆，海杂货 8000 包，煤油、汽油 4775 箱。② 大量的走私贸易，使国民政府的大宗财政收入——关税收入受到了严重损害。自 1935 年 8 月 1 日至 1936 年 4 月 30 日，因华北走私，海关税收损失共计 25506946 元，其中 1936 年 4 月份一个月损失达 800 万元，"占税收全部几达三分之一"。③

---

① 1936 年 4 月 2 日《大公报》。
② 《华北事变资料选编》，第 529 页，河南人民出版社 1983 年版。
③ 国民政府关务署档案，中国第二历史档案馆藏。

中国政府的收入向来依赖关税和盐税，占总收入的70%，而且来源稳定，也是举借外债和发行公债的可靠担保。津海关的收入仅次于上海，占全国关税收入的七分之一。走私严重以前，每年除分担外债本息之外，还有余额七八千万元，补贴冀察平津财政军费之用。

走私不仅破坏中国主权，影响财政收入，还打击中国的工商业，破坏中国的国民经济。据专家估计：1934年的走私数额为进口额的15%，达到1.5亿元，到1935年增加到进口额的35%，高达3.1亿元。其中以食糖和人造丝数量最大，每年在7000万元以上。1933年以前中国进口食糖每年在8000万元左右，但到1935年仅进口2700万元，初步分析，以为是国产食糖业发展，其实国内食糖业在萎缩，市场被走私食糖占领。这些食糖大多来自台湾，经过大连运进关内。1935、1936年，上海的糖价在每包23元左右，而华北因走私，私糖充斥，每包市价仅16元上下，[1] 鸦片及其他毒品约4400万元左右，军火武器等在200万元左右。[2]

走私除影响中国工商业，英国、美国等商品的销路也受严重影响，在华的李滋罗斯奔走调查，英国驻日本大使克莱武也为此询问日本政府。在上海的英国和美国商会在6月2日致电本国政府称："日军当局，有意庇护，其目的乃在颠覆中国政府之经济机构，四月份税收，损失已达800万至1000万元之巨，如不亟加取缔，后患更不堪设想，不特以关税为担保的外债，受重大影响，即各国合法贸易，亦受毒害"。[3] 大规模的华北走私连日本大公司在华的营业也受到影响，1936年初，在中国海关苦思缉私良策时，日本的三井、三菱等大公司特派代表谒见日本驻津总领事川越，要求他协助中方缉私。川越如同对中国官员一样只是口头答应，却拒绝提供书面保证。因为华北走私的猖獗绝不是中国提高关税造成的，而是日本意图侵占华北的总战略的一部分，是实现日本侵华方略的一种经济工具，在日本军方和政府的庇护下，令中方明知损失惨重却无计可施。

---

① 《申报》(1936年4月8日)。
② 朱光泽："华北走私问题"，《中外月刊》第一卷第六期。
③ "走私问题的国际性"，《中外月刊》第一卷第7期。

## 第 12 章
## 国民政府抗战的准备

## 一、对日政策的转变

国民政府处理华北危机的方针经历了由软弱退让到较为强硬的过程。

自九一八事变后，日本不断向国民政府进逼。蒋介石在国难当头与内战不息的情况下，推行了"攘外必先安内"的政策。蒋介石同汪精卫合作，由汪精卫主持对日外交，在华北问题上表现了软弱退让，致使华北危机愈显严重。

随着日蒋矛盾的加深，蒋介石深感中日战争"已无法避免"。[①] 同时，从客观上来说，中国工农红军在第五次反围剿中的失利，使蒋介石的"心腹之患"有所缓解，这也促进国民政府的对日政策发生了若干转变。

从未来对日作战的战略出发，为了遏制日本在华势力的扩张，从 1934 年起，蒋介石开始寻求同苏联改善关系。1934 年 6 月，蒋介石派蒋廷黻赴苏"测探中苏

① 中共中央党校党史教研室编：《中国国民党党史文献选编》，第 230 页，中共中央党校出版社 1985 版。

两军合作的可能性"，① 并向苏方说明"目前阶段中国的外交政策不代表也不反映中华民族的感情，但……这个阶段的时间将不会太长"。② 为了取得苏方的谅解和信任，蒋介石一再表示准备在国内"政治解决共产党问题"，"同中国共产党和解合作抗日"，③ 作出了谋求改善对苏关系的外交姿态。华北事变后，蒋介石为牵制日本，采取措施改善与苏联的关系。1935 年 10 月 25 日，作为对苏联表示友好的一种姿态，在南京成立了中苏文化友好协会，立法院院长孙科任主席。同年秋天，蒋介石召驻苏武官邓文仪回国述职，获悉苏联政府愿意支持中国抵抗日本以后，蒋介石便指派陈立夫出面同苏联驻中国大使鲍格莫洛夫会谈。年底，蒋介石派陈立夫、张冲秘密去莫斯科同斯大林谈判，因故谈判未成。④ 陈立夫于 1936 年春离开莫斯科回国。国民政府同苏联的关系逐渐趋于改善。

图 12.1　1937 年中苏文化协会举行周年大会，立法院长孙科出席。面对日本的威胁，中苏两国不断修复关系，共谋对付日本

　　1935 年 11 月，由于汪精卫被刺，亲日派在国民政府内失势。日本对华工作

---

① 《蒋廷黻回忆录》，第 153 页，台湾传记文学出版社 1979 年 3 月版。
② ［苏］R. A. 米罗乌依兹卡雅：《过去的教训》，载《远东问题》，第 224 页，1982 年版。
③ ［苏］委托夫：《1935～1936 年南京政府同苏联的谈判》，载《党史研究》1985 年第 4 期。
④ 因蒋介石认为与苏联就建立军事同盟举行谈判时机未到，遂命陈立夫等返国与苏联驻华大使鲍格莫洛夫在南京继续交涉。参见陈立夫：《参加抗战准备工作之回忆》，载《传记文学》第 31 卷，第 1 期。

失去了一个理想的对手，于是他们转而集中力量对付、拉拢主政平津冀察的宋哲元，企图与华北当局直接交涉，达成华北自治以脱离南京政府的目的。

鉴于华北问题的严重，蒋介石的"攘外必先安内"政策遭到了严厉的抨击，如果华北再成为第二个东北，国民政府面临着被全中国人民抗日怒潮推翻的危险。《何梅协定》、《秦土协定》把国民党最终推向了"忍无可忍、让无可让"的地步。① 1935 年 11 月 20 日，蒋介石在会见日本驻华大使有吉明时，一改以前的笑脸姿态，驳斥日方观点，宣布华北问题不应只看作地方问题，而应当从整个中日外交出发，解决中日间的一切"悬案"。蒋介石提出了"整个谈判"中日外交的方针，用以抵抗日本以局部事件解决而分裂华北的阴谋。② 遵照这一方针，国民政府外长张群在与日方大使等要员的会谈中亦一再声明："在进行商讨解决中日双方问题时，双方在华北一切行动务须停止。否则，不良影响之所及，一切问题将无从解决。"③ 同汪精卫在华北问题上软弱退让及其"中央对日交涉难，有整个计划"④ 的言论相比较，国民政府处理华北问题的方针有了明显的进步。

1935 年 11 月 12 日至 23 日，中国国民党第五次全国代表大会在南京举行。蒋介石在向大会作关于对外关系的讲演时，虽表示"和平未到完全绝望时期，决不放弃和平；牺牲未到最后关头，亦决不轻言牺牲"，⑤ 但也表示了若到和平完全绝望的时刻与牺牲的最后关头，则"当听命党国，下最后之决心"。⑥ 同时调动部队在南京附近演习，并以一部北上。随后国民政府在对日交涉中，采取了软中有硬的方式，由妥协开始转向抵制，在捍卫中央对华北的主权的基础上同日本进行政治和外交交涉，谋求和平解决华北问题。

---

① 蒋介石：《苏俄在中国》，载《中国国民党党史文献选编》，第 230~231 页。
② 国民政府行政院档案，中国第二历史档案馆藏。
③ 《民国档案》1988 年第 2 期，第 23 页。
④ 《国闻周报》第 10 卷，第 21 期。
⑤ 中国国民党中央党史委员会编：《革命文献》第 76 辑，第 251 页。
⑥ 中国国民党中央党史委员会编：《革命文献》第 76 辑，第 251 页。

图 12.2　1935 年中国军队在南京举行军事演习，图为行政院长汪精卫在听取军方汇报

　　针对日本在华北加紧策动"自治"运动，对华北地方实力派的威逼利诱，蒋介石于 1935 年 11 月 20 日致电宋哲元，否定了宋与日本磋商"自治"方案的打算，并表示中央必当以实力为后盾，决不令他独为其难，而与之为共同之牺牲也。① 他还电告河北省主席商震："如平津自由行动降敌求全，则中央决无迁就依违之可能，当下最后之决心。"② 为此，蒋介石将大军调至津浦、陇海一线，并命河南省赶造渡黄河之船只，以备华北发生不测。

　　尽管国民政府在华北问题上对日本也曾一度抱有幻想，期望通过半独立于国民政府的冀察政务委员会的成立，使日本对华北扩张的势头有所缓和。但 1936 年 1 月日本"广田三原则"的提出，打破了国民政府的幻想。蒋介石和他的幕僚们终于明白：日本的侵略是绝无止境的，在华北问题上国民政府已不能再退让。华北的存亡成了中国政府对日和战的最后关键。

---

　　① 《总统府机要档案》，见《中华民国重要史料初编——对日抗战时期·绪编（一）》第 714 页。
　　② 《总统府机要档案》，见《中华民国重要史料初编——对日抗战时期·绪编（一）》第 714 ~715 页。

图 12.3　号称"举国一致"的广田内阁，广田弘毅
（前立者）作为首相兼外相，提出了"广田三原则"

此时蒋介石认为"日本为我国最大的危险"，对日本政府屡次提出的"中日共同防共"要求予以拒绝，称"反共协定之缔结，其唯一效果只有加深中日间的裂痕，而不是将其缩小"。① 在此之后进行的对日政治交涉中，国民政府外交部长张群多次表示："防共纯系内政问题，无待与任何第三者协商。"② 在处理中日之间悬案上，国民政府的态度逐步趋于强硬。

国民党五全大会后，本着"一方面固为和平尽最大之努力，一方面亦不辞牺牲作积极之准备"③ 的精神，为争取时间进行抗战准备，国民党开始同日本进行政治上的主动、直接交涉。

就在五全大会上发表了对外关系的重要演说后不久，蒋介石即令外交部长张群主动向日本提议，举行会谈，商谈调整国交。④ 1935 年 12 月，日本驻华大使有

① 董显光：《蒋总统传》（中），第 245 页。台湾中华文化出版事业委员会 1952 年版。
② 《中国国民党党史文献选编》，第 237 页。
③ 《中华民国重要史料初编——对日抗战时期·绪编（三）》，第 663 页。
④ 《第二次中日战争史》，第 345 页。

吉明抵南京与蒋介石晤谈，试探中方态度。12 月 20 日，张群与有吉明在南京会谈。张群向有吉明表示："多年来中日问题未能圆满解决，原因是遇事只能敷衍一时，未作根本的打算。日本没有能认识中国的诚意，中国又感觉日本要求无厌。如果不根本调整两国关系，前途殊堪忧虑。本人愿以最大努力，经由外交途径采用正常办法来商谈中日整个关系之调整。至于用何种方式进行商谈，亦愿交换意见。"① 针对有吉明关于华北问题仍归华北地方处理的建议，张群表示："华北为中华民国一部分，一切问题仍须中央整个商谈。"②

24 日至 27 日，中国驻日代办丁绍伋三次前往日本外务省，将中国政府的提议面告外务次官重光葵，要求明确答复。重光葵表示没有异议，只希望双方造成良好空气，使交涉顺利进行。③ 自此，中国从不与日本直接交涉到一面交涉、一面抵抗，进而进入了主动与日本直接交涉的阶段。

然而，日本亡我之心未改，没有丝毫诚意准备彻底调整中日关系，而继续加紧向华北增兵，鼓励走私活动，竭力实现华北特殊化。中国方面则采取了相应的应对策略。1936 年 7 月 10 日，张群在国民党五届二中全会上作外交报告，指出："中日交涉不采取地方交涉的办法，凡两国外交事件，概由两国外交官用外交方式处理。中国政府在处理与日本交涉时始终抱定这个方针，并通知地方当局，把所有外交事件，都推到中央来办。"④ 同时在军事上，中国方面着力进行抗战准备。张群在同日本驻华使馆代办有田八郎会谈时，告诫日本"两国交涉途径，如果能够调整，固然是我们的希望，否则惟有一战以求解决"。⑤

1936 年 4 月 16 日，张群和日本驻华使馆秘书须磨会谈，中国方面希望从东北问题谈起，遭到日方拒绝，并提出互惠关税和自由通航（空）的反要求，⑥ 双

---

① 《张群、有吉会谈纪录》，载《民国档案》1988 年第 2 期，第 10～24 页。
② 《张群、有吉会谈纪录》，载《民国档案》1988 年第 2 期，第 10～20 页。
③ 《中日外交史料丛编》（四），第 37－39 页。
④ 《中华民国重要史料初编——对日抗战时期·绪编（三）》，第 663 页。
⑤ 《中华民国重要史料初编——对日抗战时期·绪编（三）》，第 663 页。
⑥ 《中日外交史料丛编》（五），第 370 页。

方不欢而散。面对日军在华北步步进逼，同时日人又不断在中国其他各地寻衅，中国民众的抗日情绪日益激愤。

1936 年 7 月，在中日矛盾进一步尖锐化的情势下，国民党召开了五届二中全会，会议决定成立以蒋介石为议长的国防会议。会上蒋介石对其在五全大会上提出的"最后关头"作了解释，一是："假如有人强迫我们签订承认伪国等损害领土主权的时候，就是我们不能容忍的时候，就是我们最后牺牲的时候。"二是在国民党五大后，"如遇有领土主权再被人侵害，如果用尽政治外交方法而仍不能排除这个侵害，就是要危害到我们国家民族之根本的生存，这就是为我们不能容忍的时候，到这时，我们一定做最后之牺牲。"虽然蒋介石屡次对日本人发出了"最后关头"的警告，但他又表示：现在"并未到达和平绝望的时期"，"并未达到最后关头"。① 为避免刺激日本人，他在谈及"最后关头"时把话说得较为含糊。

面对日本在华北的不断走私和增兵，国民政府认为："这虽然增加两国交涉的困难，但和平一日不绝望，即外交尚不无运用的余地。"② 1936 年 8 月和 9 月相继发生了成都事件和北海事件。日本方面电令驻华大使川越茂与中国外长张群交涉。中国方面的态度则日趋强硬，对日本的无理要求采取敷衍和拒绝态度。1936 年 9 月 16 日起，张群同川越茂举行一系列谈判，商谈事件的处理问题。几次交涉之后，双方之分歧就已经显露无遗。19 日，日方以最后通牒方式要求中方承认共同防共、协定关税、聘用日本顾问、开通福冈至上海航空线以及引渡不法朝鲜人等。23 日，中方则答以五条希望事项：甲、取消上海停战协定；乙、取消塘沽停战协定；丙、取消冀东伪组织；丁、取缔走私；戊、取缔日机之自由飞行。中国在谈判中采取了较为强硬的态度，使日本人的要求不能得逞。

日本在进行外交谈判的同时，还进行军事威胁。北海事件发生后，日本以保护侨民为借口，派出 9 艘舰艇驶到北海港，并曾两次企图强行"武装登陆"。对

---

① 《国闻周报》第 13 卷，第 28 期，1936 年 7 月 20 日出版。
② 《中华民国重要史料初编——对日抗战时期·绪编（三）》，第 665 页。

此蒋介石两次电令军政部长何应钦"预防对日交涉恶化，应即准备一切"。"务令京沪汉各地立即准备一切，严密警戒，俾随时抗战为妥"。① 10月8日，蒋介石接见川越茂，强调指出："我方所要求者，重在领土之不受侵害，及主权与行政完整之尊重。"并再次向川越着重声明"华北行政必须及早恢复完整"。② 同月17日，蒋介石致电何应钦，要他转告宋哲元："中央对日交涉以华北行政主权之完整为最小惟一之基准，望其坚持一致为要。"③ 蒋介石这时已清楚地意识到"倭寇之威迫，岂外人所能知哉？……交涉迟早必至破裂，准备实不可一息缓也"。④

图12.4　蒋介石会见日本驻华大使川越茂（前排中）

为此，1936年11月10日，蒋介石命令张群在交涉破裂时，要预行拟定宣言，在宣言中应再次强调"应以完整华北行政主权为今日调整国交最低限度"。因为"今日完整华北之主权，乃为中国生死存亡唯一之关键"。宣言要表现出"虽至任何牺牲，亦所不恤之意"。⑤ 次日，蒋介石再次致电张群，要他在同日本方面签订上海至福冈通航条约时，"最好载明以附件规定，此附件即待华北非法航行停止

---

① 《中华民国重要史料初编——对日抗战时期·绪编（三）》，第673、675页。
② 《中华民国重要史料初编——对日抗战时期·绪编（三）》，第675页。
③ 《中华民国重要史料初编——对日抗战时期·绪编（三）》，第677页。
④ 《中华民国重要史料初编——对日抗战时期·绪编（三）》，第679页。
⑤ 《中华民国重要史料初编——对日抗战时期·绪编（三）》，第680页。

后，再订沪福开航日期，必须有换文，否则不可签订"。① 双方交涉陷入僵持之中。

1936 年 11 月 14 日，日本主使伪蒙军侵犯绥远，绥远战事爆发。这更使刚刚走上轨道的中日交涉无法进行。12 月 3 日，日本海军水兵在青岛登陆，事态更趋紧张，中日交涉始告停顿。

在对日政策的转变过程中，国民政府在内政、经济、教育、军事等方面，开始着手准备抗战。

## 二、对日军事方略的策订

随着国民政府由坚持"攘外必先安内"的错误政策向团结抗日转变，其国防准备也迈出比较实际的步伐，并从军事战略的高度全盘考虑未来对日作战计划。

南京政府的抗日军事战略有一个酝酿和形成的过程。九一八事变后，国内的有识之士和国民党开始了对抗日战略的思考。提出持久战思想较早的是军事教育家蒋百里，他认为制胜日本的唯一方法，"即是事事与之相反：彼利速战，我持之以久，使其疲敝；彼之武力中心在第一线，我侪则置之第二线，使其一时有力无处用"。② 学者傅斯年也撰文提出："中国在开战之初，不能打胜日本，却可以长久支持，支持愈久，对我们越有利。"③ 地理学家丁文江在 1934 年撰文疾呼："华北是我们的乌克兰，湖南、四川、江西是我们的乌拉尔，云南、贵州是我们的堪察加……大家准备到堪察加去。"④ 主张向内地退兵，退到西南去，利用西南优越的地理条件，坚持长期抗战。这一时期，青年党也呼吁"万一变乱扩大，政府可迁西部高原，以最大决心作持久殊死战"。⑤ 然而华北事变前，蒋介石忙于进

---

① 《中华民国重要史料初编——对日抗战时期·绪编（三）》，第 680 页。
② 王冉之：《蒋百里将军与其军事思想》，第七章，传记文学出版社出版。
③ 《独立评论》1932 年 8 月号。
④ 《大公报》1935 年 7 月 21 日。
⑤ 郭衣洞：《中国各党派》，第 33 页，1947 年版。

行反共军事"围剿"，对上述主张和呼吁置若罔闻。

华北事变的发生，震动了中国社会各阶层，严重威胁着国民政府的统治。国民党内各派系在对日问题上开始作长远考虑。蒋介石在 1935 年春夏视察了西南，计划在国防较为安全的内地建立新的工业基地，以作为支持战时经济的战略后方。蒋介石曾回忆说：在 1935 年，"就预先想定以四川作为国民政府的基础"。① 桂系首领李宗仁于 1936 年 4 月在广州对记者谈话中提出了"焦土抗战"思想，主张"发动整个民族解放战争，本宁愿全国化为焦土，亦不屈服之决心，用大刀阔斧来答复侵略者"，② 并在七七事变前对抗日军事战略提出自己的构想。他认为："中日战争一经爆发，日本利在速战，而中国则以持久战困之；日本利于主力战，而中国则以游击战扰之，日本利在攻占沿海重要都市，而我则利用内陆及坚壁清野之方法以苦之。"③ 这些意见为卢沟桥事变后国民政府决定全面抗战、并对日采取持久消耗战略奠定了基础。

南京政府从 1932 年开始制定国防计划大纲，具体确定对日作战的战略构想，但真正重视并有所实施却是在 1935 年后。1935 年度《防卫计划纲要（甲案）》指出："为抵御强暴使敌难达其速战速决之目的起见，集合国军实力坚固占领预定之阵地，以消耗之战略，行逐次之抵抗，将全国形成为若干防卫区及核心，俾达长期抗战之要求。"乙案更进一步提出："为制止敌之蚕食野心，确保我之领土完整起见，应集全国之精锐，于适当地区与敌决战，一举而击破之，先行消灭在长城以内及沿江海之敌势力为要。"④ 该年度防卫计划将全国划为三道防卫区域。1936 年国防计划大纲草案，将全国分为抗战、警备、绥靖、预备四区，其中抗战有察、绥、冀、晋、鲁、豫、苏、浙、闽、粤十省。指导要领规定"抗战区，不得已时，退至预定最后抵抗线"。另在《国防设施计划纲要草案》中确定"以四

---

① 《国府迁渝与抗战前途》（1937 年 11 月 19 日），秦孝仪主编《总统蒋公思想言论总集》，第 14 卷，第 655 页，台湾"中央文物社"1984 年 10 月版。
② 李宗仁：《焦土抗战的理论与实践》，第 1～2 页、11 页。
③ 李宗仁：《焦土抗战的理论与实践》，第 1～2 页、11 页。
④ 国民政府军事委员会档案，中国第二历史档案馆藏。

川为作战总根据地"，"大江以南以南京、南昌、武昌为作战根据地"，"大江以北以太原、郑州、洛阳、西安、汉口为作战根据地"。①

图 12.5　国军重要将领（自左至右）：张治中、程潜、何应钦、朱培德、唐生智

1937 年 1 月，国民政府参谋本部在本年度的作战计划中，设想了中日战争可能发生的三处战场，拟定了抗击日军侵略的具体战斗计划。作战计划甲案称："为维持国家之独立，民族之生存，应先使现驻各地区之部队极力拒止敌人于沿海岸及平津以东、张家口以北之地区"，"尤以长江之封锁及陇海东端之布防并晋鲁两大国防支撑点之编成最为紧要"，"于主防御线之全线上采取常山蛇式之决战防御，使敌不能集结兵力，企图突破我主防御线之任一点"。② 作战计划乙案认为中国军队须"于开战初期，以迅雷不及掩耳之手段，于规定同一时间内，将敌在我国非法所强占各根据地之实力扑灭之，并在山东半岛经海州及长江下游亘杭州湾以南沿海岸，应根本扑灭敌军登陆企图。在华北一带地区应击攘敌人于长城以北之线，并乘好机，以主力侵入黑山白水之间，采积极行动，而将敌陆军主力歼灭之"。③ 甲乙两案的基本意图是北面拒止日军于长城以北，东面拒止于平津以

① 《民国二十五年度国防计划大纲草案》，国民政府军事委员会档案，中国第二历史档案馆藏。

② 《民国二十六年度作战计划》（甲、乙案），国民政府军事委员会档案，中国第二历史档案馆藏。

③ 《民国二十六年度作战计划》（甲、乙案），国民政府军事委员会档案，中国第二历史档案馆藏。

东，在沿海则防止日军登陆，并摧毁日租界内之日军根据地，利用时机反攻东北。

因此，华北事变后，国民政府在对日作战上是有所考虑和筹划的，其抗日军事战略也随着日本压迫的加紧而日益明朗。

## 三、加紧国防建设

面对日本的步步进逼，为改变不堪一击的中国国防状况，在全国人民抗日运动的推动下，国民政府不得不加强国防建设。蒋介石首先命令参谋本部次长贺耀祖整顿江海防要塞，要求"宁镇澄淞各要塞急应修备"，"对于各要塞之修正与改良，以及镇海要塞与海州地区皆须积极筹务，分期完成"。[①] 1932 年 10 月 5 日，蒋介石又命令军委会务必于 40 个月内完成要塞整理工作。是年 12 月，军事委员会城塞组成立，统筹修理各要塞和国防工事，并聘请在华的德国军事顾问参与协助。然而 1935 年底以前，国民政府国防建设大多停留在计划和口头上，绝大部分未付诸实施，仅主要整理修缮了原有江海防要塞。

华北事变后，日本侵华步伐骤然加快，中国工农红军被国民党军队追击转移到西北一隅，国民党自认为心腹之患被解除，遂加紧国防建设，开始投入一定力量。1935 年，南京政府开始按照国防线与防区设想构筑国防工事。是年冬，蒋介石调集 4 个师秘密构筑苏州、常熟、嘉兴、江阴等地国防工事。

国防工事构筑与防区划分、战场建设密切相关。当时的国防工事，根据不同情况分为三种：永久性工事系用钢筋混凝土构筑而成；半永久性工事系用铁轨、枕木构筑而成；临时工事则由轻易材料临时构筑。还有的只备置建筑材料，暂不动工。国防工事的构筑程度是以"首都为中心，逐次向国境线推进"。[②]

抗战前，国民政府构筑的国防工事，分沿海与内陆两部分，其分布特点是以

---

① 《蒋介石对国防计划及各地工事设施指示文件》，中国第二历史档案馆藏档案。
② 《何应钦部长对五届三中全会军事报告》（1937 年 2 月），载《何上将抗战期间军事报告》，台湾文星书店 1962 年版。

首都南京为中心，首先部署沿海和黄河沿线，其次为黄河以北各战略要地。沿海与长江方面，南京政府陆续整修和加强在虎门、厦门、马尾、连云港、江阴、镇江、南京等处的江海防工事。其整理主要内容有：配属高射炮及高射机关枪；整理要塞守备队；构筑要塞之近战永久工事及各种障碍物；配置水雷；设置游动重炮阵地等等。① 至 1937 年上半年，全国共有南京、镇江、江阴、宁波、虎门、马尾、厦门、南通、连云港等 9 个要塞区整建完毕，拥有炮台 41 座，各种要塞炮 273 门。② 长江中游之要塞及守备区工程进展不快。此外，为加强长江要塞防御，南京政府从九一八事变以后便开始建造 300 吨左右的江防炮艇。至 1934 年分别建成江宁、海宁、抚宁、绥宁、肃宁、威宁、崇宁、义宁、正宁、长宁等 10 艘，用于长江布雷及防御。

在内陆方面，南京政府计划在察、绥、冀、晋、鲁、豫、苏、浙、闽、粤十省重要地点构筑工事，但大多数工事建在南京周围及邻近各省市。1934 年春，宁、镇、乍澉浦要塞区步兵永久性工事开工，同年底完成。1935 年，南京香虎阵地以及近郊第一期警卫工事开始构筑，并于年底完工。同年夏天，武汉国防工事在陈诚筹划下也开始构筑，沿北面之武胜关、南部之城陵矶到东部之田家镇，修筑这一东向的武汉外围国防工事，断断续续地构筑了两年之久，至抗战爆发仍未全部竣工。是年冬季以后，蒋介石又命部队在淞沪外围各要点如龙华、徐家汇、虹桥、北新泾、真如、南新村、闸北车站、江湾、庙行、大场等地秘密构筑防御工事。

1936 年春季前后，国防工事建设全面展开，此年国防建设费也从每年的 1400 万元猛增到 3000 万元。构筑工事计有河南的焦作、博爱、沁阳、道口、修武、巩县、洛阳、开封、兰考、郑州、归德、亳县各区工事；南京东南正面主阵地、南京长江渡河点暨城厢警卫与各地下室工事；宁镇澄要塞工程的步兵工事；镇江、芜湖、江西北岸各区警卫阵地；吴福线主阵地工事；锡澄线核心步兵工事和后方

---

① 《中华民国重要史料初编——对日抗战时期·绪编（一）》，第 364～365 页。
② 《全国要塞现况一览表》，中国第二历史档案馆藏档案。

地带工事；杭州湾、镇海至象山港之海岸工事；淮海区之海州、徐州、清江浦、蚌埠、鲁南各工事。[①] 1937年6月，又于沧县、保定、德县、石家庄等地构筑国防工事。到1937年3月国民党五届三中全会前，南京政府在江浙区、山东区鲁南阵地和河南区实际构筑工事3512个，其中江浙区即占2264个，约占65%。[②] 迄止七七事变前，江浙、山东、河南、晋绥、冀察各区第一期国防工事基本完成，其中南京、淞沪的外围阵地，吴福、锡澄、乍平嘉、乍平甬、鲁南、豫北、豫东、沧保德石、娘子关亘雁门关内长城国防工事均具相当规模。

国民政府加紧国防建设的另一项内容是国防工业建设，它是国防准备的物质基础。抗战前中国工业尤其是重工业极为落后，几乎谈不上自成体系的国防工业，为应对日本的侵略，国民政府在兵工生产方面主要做了两方面的工作。首先，为防止战争爆发时兵工企业沦于敌手，国民党着手停办和迁移多家可能受到战争波及的兵工厂。一二八事变后，国民政府即决定迁移上海兵工厂于杭州。而后又决定将上海、华阴、开封、德州、大沽等兵工厂停办，机器分运金陵、巩县、济南和汉阳兵工厂。原拟在江苏无锡设立的化学厂也为防敌袭击而改建于巩县，更名为巩县兵工分厂，1936年完成建厂。1935年后，国民政府又决定将兵工厂向川黔转移。此年6月5日，蒋介石指示兵工署长俞大维："凡各兵工厂尚未装成之机器，应暂停止，尽量设法改运于川黔两厂，并须秘密陆续运输，不露形迹。"[③]这个迁移计划至抗战爆发尚未完成。

其次，在对第一线兵工厂停办和内迁的同时，南京政府加紧对天水、太原、四川、广东、福建等地兵工厂进行清理整顿，西安、南昌、株洲等地兵工厂和火药厂则扩大生产规模，加速生产和仿制兵器。1935年，巩县兵工厂仿照制造出德国1924式毛瑟枪，定名为中正式，并正式成批生产；金陵兵工厂仿制出马克沁重机枪。至抗战前夕，全国几家主要兵工厂的生产概况如下（只举主要产品）：金

---

① 《陆军沿革史草稿》第一章第三节，中国第二历史档案馆藏档案。
② 据何应钦：《何上将抗战期间军事报告》中《对五届三中全会军事报告》一文数字计算所得。
③ 《中华民国重要史料初编——对日抗战时期·绪编（三）》第338页。

陵兵工厂，年产迫击炮 180 门，手提机枪 385 挺，月产马克沁重机枪 33 挺；上海兵工厂，月产七五山炮 6 门，七九机枪子弹、六五步枪子弹 240 万发；汉阳兵工厂，月产七五山炮 2 门，八八式步枪 4700 支，三十节式重机枪 35 挺；巩县兵工厂，年产中正式步枪 5 万支，月产元年式步枪 3120 支，捷克式轻机枪 25 挺；汉阳火药厂，月产枪药 30 吨。[①] 这些数字，未必精确，但大致反映了抗战前夕中国兵工生产的水平与特点，可见轻型武器生产虽具有一定规模，而重武器尚远远不足。

国民政府的国防建设虽然计划周密，但进展缓慢，成效有限。由于执行"攘外必先安内"的错误政策，从九一八、一二八、长城抗战直至华北事变，对日一味妥协，甚至不惜签订丧权辱国协定，极大地影响了对日国防准备。到了西安事变以后，日本全面侵华已迫在眉睫，国民政府始倾力突击准备国防，赶筑国防工事，惜已为时嫌晚。况且已完成的国防设施管理混乱，军事训练极少，未能达到战备的要求。尽管如此，国民政府毕竟在准备抵抗侵略上迈出了一大步，在后来的抗战中，国防工事等国防建设项目也发挥了一定的作用。如沧、保、德、石和鲁南阵地，即在后来的平汉路、津浦路北段抵御日军和台儿庄会战中发挥了不同程度的积极作用。抗战前国民政府的国防准备为中国抗战正面战场的前期作战作出了一定的贡献。

## 四、整编军队

国防准备的基础是军队。但 30 年代的中国军队，正如陈诚所说："以之内哄则有余，以之御侮则不足。"[②] 要对日作战，必须对原有庞大、混杂的军队加以整顿。1933 年秋天，德国将军冯·塞克特来华访问考察后，向蒋介石提交了一份

---

① 见《抗战中的兵工生产》附表 4，载台湾《抗战胜利四十周年论文集》（上），第 1053～1056 页。

② 《陈诚回忆资料》，载《民国档案》1987 年第 1 期。

《陆军改革建议书》。他认为，中国军队的最大弊病是多而杂，因而"目前必须达到的目标是大量减少常备正规军，而以一支小型但配备精良、士气高昂、战斗效率锐利的军队取代一群既无良好武器装备又无严格训练的乌合之众"。① 他建议中国军队编为 60 个师，并成立一个教导总队，训练在职军官，使他们具备相当军事技能和指挥现代化战争的经验，以提高军队整体作战能力。蒋介石接受了塞克特的建议，在德国军事顾问的帮助下，着手整编中国军队。

1934 年 12 月，蒋介石制订整军计划，将全国军队编成 60 个师，"暂定三年至四年编练完成"，② 1935 年编练 6 至 10 个师，1936 年编练 16 或 20 个师，1937 年编练 20 至 30 个师。根据编制原则，每师改为四团制编制。中央军与东北军先行编练。为避世人耳目，不特别设置整军机关，只在武汉总部或南昌行营下附设督练处或编练处，以武汉为第一编练处，编练鄂豫皖未参加"进剿"工农红军的部队；以南昌为第二编练处，编练赣浙闽地区部队。③

1935 年 1 月 26 日，蒋介石在南京召开全国军事整理会议，布置整军工作。3 月 1 日，陆军处在武昌成立，陈诚为处长。同月，法肯豪森将军担任德国驻华军

图 12.6　蒋介石与德国军事总顾问法肯豪森（蒋介石身后戴礼帽者）

---

① 《德国外交档案中之中德关系》，载《传记文学》第 41 卷 6 期，第 116～123 页。
② 《中华民国重要史料初编——对日抗战时期·绪编（三）》，第 323～324 页。
③ 《战前的陆军整编》，载台湾"中央研究院"近代史研究所编《抗战前十年国家建设史会论文集》（下册）。

事顾问团总顾问。蒋介石向德国顾问请求"向我提供德国在军事和军事技术方面的丰富经验",帮助国民政府建立一支现代化的武装力量,并"在组织、训练、武器和装备新的中国军队上立足德国的体系"。① 法肯豪森领导下的顾问团满足了蒋的请求,在中国整军备战中发挥了重要作用。德国军事顾问对中国军队采用德式训练方法,装备德国武器。在佛采尔将军将蒋介石嫡系部队第 88 师训练成为教导师之后,德国顾问又陆续将中央军第 87 师、第 36 师、第 5 军及桂永清的教导总队等"于短期内练成新式劲旅"。② 至全面抗战前,全国接受德国顾问训练并配以德式装备的部队总计约有 19 个陆军师,达 30 万人。③

1935 年夏,蒋介石又令全国炮、骑、工兵均归陈诚督导整理,并于此年下半年开始第一期 10 个师的整编。这次整编,只在编制上作些调整、充实,武器装备基本仍旧。第一、二期共整编 20 个师,均在 1936 年完成,第三期整编 10 个师也在七七事变前基本完成,但原拟 1937 年上半年 10 个师、下半年 10 个师的整编计划未能实现,即全面抗战发生。60 个师的整军计划,仅成其半,即告终止。迄七七事变前夕,国民政府辖步兵 182 个师(含整编师),46 个独立旅,骑兵 9 个师又 6 个独立旅,炮兵 4 个旅又 20 个独立团,共约 170 万人,预定使用第一线作战者,计步兵 80 个师及 9 个独立旅,骑兵 9 个师,炮兵 2 个旅及 10 个团。④

同时,鉴于外祸日亟,南京政府加紧推行征兵制度。1933 年 6 月,南京政府公布《兵役法》,但未立即实行。至 1936 年,军政部加紧推行征兵制度,颁布《兵役法施行暂行条例》、《兵役及龄男子调查规则》、《陆军征募事宜暂行规则》及其他各项兵役法规,正式推行《兵役法》,从 7 月至 12 月共征集入营新兵 50000 人,受到军事训练的壮丁 50 余万,正在训练的约百万人,"以为征集现役兵之准备"。

中国空军实力在抗战前也有一定提高。1936 年夏天,两广事变发生,广东军

① 国民政府资源委员会档案,中国第二历史档案馆藏。
② 国民政府资源委员会档案,中国第二历史档案馆藏。
③ 王正华:《抗战时期外国对华军事援助》,第 67 页,台北环球书局 1987 年 4 月版。
④ 何应钦:《八年抗战之经过》,第 3~4 页。

阀陈济棠的空军为蒋收买，国民政府空军统一告成。同年为蒋介石五十寿辰而在全国掀起"购机祝寿"活动。在这外患严重的关头，各地及海外华侨热烈响应，截止 10 月下旬，各地共捐献 470 万元，[1] 购得飞机 68 架。[2] 1937 年 5 月，南京政府将全国划为 6 个空军区，实际上成立的有南京和南昌空军区司令部。七七事变前夕，全国空军总计有飞机 600 余架，作战飞机 305 架。[3]

国民党海军共有 3 个舰队，大小舰艇百余艘，但总吨位只约有 6 万余吨，[4]难以担负捍卫海防之责，只能谋求巩固江防。

经过整编，中国军队尤其是陆军的战斗力有所发展。后来美国记者斯诺评价说，在 1937 年，陆军是中国有史以来最大最强的军队。[5] 尽管如此，在 170 余万常备陆军中，各部队的系统、装备、编制各不统一，所以较难相互配合及协同作战。

## 五、交通事业的拓展

交通运输在战时具有重要的战略功能。随着日本侵略的加深，国民政府明显认识到交通备战的重要性，认为战争的准备，是整个国力的动员，而"此种国力之动员与其利用，则非交通莫属"。[6] 1934 年国民政府德国军事总顾问冯·塞克特向蒋介石建议，"独立地与有效地生产自己的武器以及发展具有战略性的交通系统，在日本入侵时，可以迅速地输送部队至危急之地区，实为当前首要之务"。[7] 在 1935 年召开的国民党五全大会上，也提出了交通准备问题，认为"值此中日战祸一触即发之秋，沿江沿海，随时有被封锁之虞，交通关系国防至巨"。[8] 国民政府因此加紧了赶筑铁路等交通设施的步伐。

---

① 《中华民国重要史料初编——对日抗战时期·绪编（一）》，第 281 页。
② ［日］古屋奎二：《蒋总统秘录》（全译本）第 10 册，第 126 页。
③ 何应钦：《八年抗战之经过》，第 4 页。
④ 蒋纬国：《抗日御侮》，第 1 卷，第 122 页。
⑤ 斯诺：《为亚洲而战》，载《斯诺文集》第 3 册，第 27 页，新华出版社 1984 年 8 月版。
⑥ 国民政府资源委员会档案，中国第二历史档案馆藏。
⑦ 《近代中国》第 45 期，第 122 页，近代中国出版社出版。
⑧ 《中华民国重要史料初编——对日抗战时期·绪编（一）》，第 384 页。

铁路位居交通之首，铁路的备战就成为交通备战中的头等大事。中国的铁路始于晚清，迄九一八事变时，全国通车里程仅为 14441 公里，[①] 且布局十分不合理，大都分布在东北及长江以北和沿海地区，而长江以南仅有不成系统的局部铁路，西南西北铁路更为稀有，桂、川、黔等省竟无一里干线铁路。华北事变发生后，中国的铁路建设出现了前所未有的景象，旨在扭转畸形的铁路布局。这些工程大多集中在长江以南，"以国防运输及沟通经济中心为原则，使之成为全国交通干线"。[②]

从 1935 年开始，国民政府从京沪铁路的苏州站修建一条长约 72.4 公里的铁路，到沪杭铁路的嘉兴站，翌年 7 月完工。它的建成可不经过上海就把京沪国防阵地和沪杭甬国防阵地连成一片，对战时淞沪战场的调兵很方便。粤汉铁路是贯通华中与华南的命脉，但多年来，株洲至韶关间 456 公里的路轨一直未能建成。1930 年开始动工兴建了韶关至乐昌段，1935 年至 1936 年 5 月，株洲至乐昌接轨通车，使粤汉、平汉两铁路连成一线。该铁路在抗战时期武汉、广州失陷之前发挥了重大作用。中国从国外购买的全部兵器、弹药、器材，主要取道香港通过粤汉铁路运往前线，共计送士兵达 200 余万，物资 54 万吨。[③] 1937 年 7 月，陇海铁路从西安延伸到宝鸡共 170.5 公里。同年 9 月，浙赣铁路从玉山至南昌，南昌至萍乡接轨通车，共 533.5 公里。这两条铁路对西北和东南地区的军事运输发挥了积极的作用，具有较大的国防价值。另外，还修筑了同蒲铁路风陵渡至太原段 452 公里，大同至太原段 350.4 公里，平遥至汾阳支线 33 公里，原平至阳明堡支线 35 公里，道清铁路道口至楚旺段 65.5 公里；京赣铁路宣城至歙县段 159.4 公里，陈营至贵溪段 49.6 公里；沪杭甬铁路闸口至百官段 77 公里，都具有较大的军事价值。据统计，九一八事变后至七七事变前，南京政府新筑铁路里程达 3150公里。[④] 此外，还修建了南京轮渡和钱塘江大桥，使津浦、京沪杭甬、浙赣诸铁

---

[①] 国民政府交通部档案，中国第二历史档案馆藏。
[②] 中国国民党中央党史委员会编：《革命文献》第 78 辑，第 256 页。
[③] 吴相湘：《第二次中日战争史》上册，第 295 页。
[④] 俞飞鹏：《十五年来之交通概况》（1946 年 4 月），国民政府交通部档案，中国第二历史档案馆藏。

路连成一线。

在修筑新路的同时，国民政府铁道部还对旧有铁路进行了改造。1935年，铁道部通令各铁路管理局，"对于人力、物力、各项设备加紧准备，期于战事爆发后可以应付巨艰"。[①] 改造的主要内容是更换铁轨、加固桥梁、添购车辆、改善信号系统。铁道部在1935~1936年间，从国外添购机车177台，客车163辆，货车1328辆。至1936年5月，全国共有机车1116台，货车14580辆，客车2090辆。到抗战爆发前夕的1937年5月，机车、货车和客车分别又增加了156台、1762辆、326辆。[②]

公路建设也有一定的成就。其总长度由1927年的1000公里增加到抗战前夕的109500公里，初步形成了全国公路网络，计有京闽桂、京黔滇、京川藏、京陕新、京绥、京鲁、绥川粤、闽湘川、鲁晋宁、浙粤、甘川、陕鄂、川滇等干线21条，支线15条，它对于抗战初期中国能在较短的时间内集结兵力发挥了重要的作用。

航空方面，1929年1月，南京政府设立了航空筹委会，依靠外资发展航空事业。至七七事变前，已拥有中国、欧亚、西南等3家航空公司，开辟航线12条，通航里程约15300余公里。航运方面，由于外国轮船公司几乎垄断了长江及沿海航运，所以我国航运业很不景气。截至1937年，中国轮船总吨位约680000吨。[③]

# 六、筹建西南西北后方基地

由于战前中国的政治、经济和军事重心集中在沿海沿江地区，在日益紧迫的日本侵略面前，开发建设内地，建设西南、西北后方基地，就成为国民政府实施抗日军事战略和事关民族存亡的战略性措施。

根据中国的地理态势，地形西高东低，西部多为高原山地，尤其是四川省山

---

① 国民政府交通部档案，中国第二历史档案馆藏。
② 张公权：《抗战前后中国铁路建设的奋斗》，第122~123页，台湾传记文学出版社出版。
③ 陈谦平：《试论抗战以前南京国民政府的交通建设》，载《民国档案与民国史学术讨论会论文集》，档案出版社1988年9月版。

河奇伟雄壮，地势险要，气候温和畅适，物产富饶丰盛，人口达 5000 多万，文化根基深厚，是抗战的最好后方。早在 1919 年孙中山制定的《实业计划》中，即强调要注重西北边地的开发。九一八事变后，国民党对后方国防基地的建设有所警觉，提出"基本工业之创办，重大工程之建筑均须择国防后方之安全地带而设置之"的方针。[1]

1934 年 1 月，国民党四届四中全会作出决议，决定将国民经济的中心置于内地，"于经济中心区附近不受外国兵力威胁之区域，确定国防军事中心地。全国大工厂、铁路及电线等项之建设，均应以国防军事计划及国民经济计划为纲领，由政府审定其地点及设备方法"。会议要求全国道路与航路的开辟，应以内地为"织网之中心，尤须著首先完成西向之干路，使吾国于海口外，尚有不受海上敌国封锁之出入口"，[2] 首次确立了以国防为中心的西南、西北腹地经济建设方针。日本侵略势力伸向华北后，国民党内有人提出以发展西南经济作为"救亡图存之根本大计"[3] 的主张，朝野各方对于应在什么地区建立后方基地发生争论，"或主张以西北为中心者，或主张以四川为中心者，或主张以汉口为中心者"，争论并无结果。1934 年秋冬，国民党军队"追剿"红军进入四川。次年春夏，蒋介石在四川、云南、贵州、陕西等省实际视察。7 月，蒋介石作出决定："对日应以长江以南与平汉铁路以西地区为主要阵线，以洛阳、襄阳、荆州、常德为最后阵线，而以四川、贵州、陕西三省为核心，甘肃、云南为后方。"[4] 至此，加紧建设西南、西北后方基地被提上了议事日程。

谋求西南政治的统一，是建设后方基地的先决条件。为此，经过南京政府多方努力，1935 年 2 月 10 日，四川省政府在重庆成立，结束了川境长期分裂割据

① 《中国国民党历次会议宣言决议案汇编》第 2 分册，第 247 页，中国国民党中央执行委员会训练委员会 1941 年编印。

② 荣孟源主编：《中国国民党历次代表大会及中央全会资料》（下），第 228 页，光明日报出版社 1980 年版。

③ 《中国国民党历次会议宣言决议案汇编》第 2 分册，第 201 页，中国国民党中央执行委员会训练委员会 1941 年编印。

④ 张其昀：《中华民国史纲》第 4 册，第 211 页，台北 1964 年版。

的局面。3 月，蒋介石亲自飞往重庆，设立军事委员会委员长重庆行营，把持了川省军政大权。1937 年 6 月，蒋介石派遣军政部长何应钦入川，召开川军整军会议，达成了控制川军武装的预期目标。同时，中央一体化政策也推行到贵州省和云南省。西南政治归于统一。

与此同时，国民政府加紧制订计划，促进后方基地的建设。1936 年 3 月，资源委员会制订"重工业五年建设计划"，准备投资 27120 万元，在内地湖南、湖北、四川、陕西和江西等省兴建冶金、化工、燃料、机械、电气等行业 30 余个大中型厂矿，并在内地筹建军事工业基地。[①] 为此，南京政府积极寻求外援。1936 年 2 月，与德国签订了《中德信用借款合同》。合同规定，德国向中国提供一亿金马克的信用贷款，供国民政府在德国购买军火及兵工设备，余下的约 10%，即 9819114 金马克用于购买重工业设备，[②] 并由德国帮助资委会建设钨铁厂和钢铁、电工器材等厂。在 1935 年 11 月举行的国民党五全大会上，通过了《西北国防之建设案》。1937 年国民党五届三中全会又决定了经济建设五年计划。

建设西南、西北后方基地的成效是有限的，国民政府制定的不少建设计划刚刚展开不久，就由于全面抗战爆发而夭折停止，或大受影响。但是后方基地的建设和筹划，使得中国抗战有了战略的后方和依托，为国民政府实施对日战略奠定了基础。

---

① 国民政府资源委员会档案，中国第二历史档案馆藏。
② 国民政府资源委员会档案，中国第二历史档案馆藏。

第 13 章
绥远之战

## 一、日伪势力侵入察绥

绥远位于内蒙古西部，东临察哈尔，南界晋陕两省北部，西南与宁夏、甘肃相连接，当时是一个只有 177 万人口的小省。在日本实行大陆政策的过程中，侵夺绥远是其重要一步。控制了绥远，有助于对华北、西北构成外线包围态势，从察绥而南，入侵冀、晋、陕等省，是日军进一步进攻中国的理想通道。绥远的得失对中日双方来说，战略影响十分重大。

绥远抗战是以"剿匪"的名义进行的。"匪"是指得到日本支持的武装，即伪"大汉义军"的王英、伪"蒙古军"的李守信等人指挥的队伍，他们奉内蒙古苏尼特右旗札萨克亲王德穆楚克栋鲁普（简称德王）为首领。

绥远境内的百灵庙本为大喇嘛庙，后来便以庙为地名。它地处归绥（呼和浩特）西北方约 250 公里处，北通外蒙古的库伦（今乌兰巴托），西达宁夏、新疆，东连察哈尔北部，是陆路交通要地。1933 年 7 月 26 日，一批蒙古族王公人等在此集会，讨论"内蒙古高度自治"问题，正式向中央政府请求"自治"，百灵庙一时成为内蒙古的政治焦点，而德王便是这个运动的核心人物。

图 13.1 投靠日本的德王

20世纪30年代的内蒙古仅是一个历史名词。昔日内蒙古的区域，早已于1914年划为热河、察哈尔、绥远三个特别区。国民党执政后，又将三特别区分别改为热河、察哈尔、绥远三省。自东北四省沦陷后，内蒙古的范围，仅锡林郭勒、乌兰察布、伊克昭三盟，及察哈尔十二旗群、归化土默特旗左右翼两旗。盟之下为旗，为内蒙古行政的基本单位。盟设盟长、副盟长各一人，旗主称札萨克，是世袭的封建领主。这种盟旗组织是清皇室统治蒙古的重要政策之一。自从改省之后，靠近南边土地肥沃人口众多的盟旗已经改为县治，只剩极北荒漠、人烟稀少的地方，尚未改县。不过，盟旗的王公、贝勒、贝子等称号，依旧保留，地方行政的实权，也仍操在他们手里。不仅盟旗如此，在已设县治的地方，他们对于蒙古族人尚有一部分统治权，这样一来，设县地区的蒙古人受到省县与盟旗双重的统治。

内蒙古的王公们对清室很眷恋，清帝以前对蒙古王公常有各种恩典与赏赐。北京政府也基本延续清代的做法，王公的收入有俸银、俸米、盔甲赏、旅费等，此外还有婚礼、优恤等费用，双方得以相安无事，就是北京政府崩溃时，也未有分离的迹象。但到国民政府时代，这一切优待都失去了，他们因此对国民党政府大为不满。德王就利用这一点，指责国民政府停付清代以来一直给予蒙人之款项，抱怨国民政府对蒙古王公不仅不如清帝，甚至不如北洋政府。

为了安抚蒙古王公们，1934 年，国民政府同意成立蒙古地方政务委员会（简称蒙政会），给予蒙古各旗一定的自治权。德王虽然只是蒙政会的秘书长，却握有该机构的实权。但他的真正目的并不只是"自治"，而是寻求内蒙古"独立"，实现其建立"蒙古帝国"的迷梦。

图 13.2　绥远省主席傅作义（前排中）会晤蒙古王公，缓和矛盾

关东军探知他的这一野心，利用部分蒙古王公与国民政府的矛盾，乘机迎合、拉拢德王，以为日本所用。继伪满洲国成立后，关东军试图将邻近的内蒙古地区纳入自己控制之下，使其成为伪满洲国的护翼和缓冲地带，并力求将其建成为进一步西侵的战略基地。为此，日本关东军主动为德王提供经费、枪支、军事顾问，甚至飞机。日本不仅控制察东，还寻机向察哈尔全境渗透，通过伪军李守信等部制造事变，逼迫中国方面撤出了察哈尔省长城以北地区。到 1935 年，日军势力已扩大到天津—北平—张家口地区，德王日益依附日本，从事分裂国家的分离活动。他去伪满洲国朝见溥仪，日本人为笼络他，让溥仪封他为所谓的"武德亲王"。到 1936 年初，李守信伪蒙军已经侵占了察东的张北、宝昌、康保、尚义、

沽源、商都、化德、崇礼等 8 县，并控制了察东的正兰、镶白、正白、镶黄、太仆寺等 8 旗。德王与李守信公开合流，在察东成立了"蒙古军总司令部"，德王自任总司令，李守信任副总司令。

1936 年 2 月，"蒙政会"保卫科长云继先等不满德王勾结日本、背叛国家，在绥远省主席傅作义所部的策应下率领保安队千余人起义。德王恼羞成怒，4 月间，在日本的指使下，在锡林郭勒盟乌珠沁右旗索王府召集"内蒙古王公全体大会"，公开提出了建立"蒙古国"的政治目标，与国民政府公开决裂。5 月 12 日，德王与李守信等在化德（嘉卜寺）成立了所谓"蒙古军政府"，德王任总裁（主席），李守信兼参谋部长，聘日本人村谷彦治郎、山内、稻茨、山本信亲、崛井德五郎等分任主席顾问及军事、财政、外交、教育等顾问。

1936 年 11 月初，日本关东军和德王、伪蒙古军副总司令李守信、伪"大汉义军"总司令王英召开军事会议，决定以李守信、王英两部进攻绥远。

在关东军侵略计划中，满洲和蒙古密不可分，简称"满蒙"。1933 年，日军占领热河，控制东内蒙古之后，又通过德王、李守信等控制位于察哈尔的中部内蒙古，夺取内含西部内蒙古的乌兰察布盟和伊克昭盟的绥远省，便成为完成"蒙古建国"的关键。

## 二、绥远军队成功反击

11 月 14 日，王英伪军主力从商都倾巢而出，全力西侵，向红格尔图方向推进。15 日，王英部 1500 余人开始向红格尔图猛攻。绥东到绥北，防线长达 500 多公里，防守不易。驻守绥远的傅作义指挥所部英勇抵抗，击退了伪军的多次进攻。18 日凌晨，绥远驻军在董其武的率领下，向伪军发起全线反攻。至当日 8 时半，绥远驻军骑 1 师师部胜利进入红格尔图。此役击毙敌军 500 余人，俘敌 20 余人，连同保卫红格尔图的三天之战，共毙敌 1000 余人。[1] 在红格尔图激战的同

---

① 傅作义：《绥战经过详记》，《军事杂志》第 100 期。

时，驻守兴和的晋军李服膺部一个团，在 17 日至 18 日与敌展开了攻防战，至 18 日中午终于将敌击退，20 日敌全部退出兴和。

红格尔图之战获胜的当晚，傅作义决心先发制人，立即发起百灵庙战役。蒋介石也于 11 月 16 日从洛阳致电阎锡山："应即令傅作义主席向百灵庙积极占领，对商都亦可相机进取，对外交决无顾虑，不必犹豫，以弟之意，非于此时乘机占领百灵庙与商都，则绥远不能安定也。"① 于是，进攻百灵庙之战的直接准备开始了。傅作义在 11 月 18 日上午于集宁发出电令，命令预定使用于百灵庙方向的各部队开始行动。11 月 20 日，傅作义在归绥召集骑 1 师师长孙长胜、步 211 旅旅长孙兰峰及参谋长袁庆荣，部署作战事宜，要求在 24 日前"以最迅疾动作，敏快手段，于增援之敌到庙之前，袭取成功，期能各个灭敌"。② 至 22 日晚 10 时，绥远各部队按指定地点集结完毕。24 日凌晨 1 时，环绕百灵庙的山中，敌我两军展开全面激战。绥远军分成左右纵队向前推进，伪军则组织猛烈炮火阻挡绥远军队前进。经过反复拼杀，4 时以后，绥军已进至山之内线，向伪军主力主阵地发动进攻，战斗更趋激烈，敌据工事顽抗，战局进入苦战状态。上午 7 时，天色已亮，战斗更烈。绥军拼力进攻，敌亦死守。

鉴于天色已明，绥军若再无进展，敌机将飞来助战，敌援兵也会接踵而至，使绥军陷入不利的境地。孙长胜、孙兰峰当即在战地发出"在拂晓前全歼百灵庙之敌，一举收复百灵庙"的突击命令。孙兰峰亲赴第一线指挥作战，各路纵队密切协同，向敌发起总攻。经过反复搏杀，绥军终于突破敌阵，冲入庙内，与敌展开巷战。至 24 日上午 9 时半，伪蒙军大部被歼，绥军收复了百灵庙。是役，"伪军伤亡 7800 人，（被）俘虏 300 余人，（绥军）夺获炮 3 门、重机枪 5 挺、步枪400 余支、电台 3 架"，③ 还缴获弹药一批，面粉两万余袋和大量汽油。绥军以伤亡官兵 300 余人的代价，取得了战役的全胜。11 月 29 日上午 9 点，蒋介石在出席

---

① 《中华民国重要史料初编——对日抗战时期．绪编（三）》，第 681 页。
② 傅作义：《绥战经过详记》，《军事杂志》第 101 期。
③ 《傅作义致蒋介石电》（1936 年 11 月 24 日），《绥远抗战实录》第 6 页。

洛阳军分校总理纪念周上训话时，评价绥远的胜利说："百灵庙之收复，实为吾民族复兴之起点，亦即为我国家安危之关键"。

图 13.3　收复百灵庙的 35 军骑兵第 1 师的军官们。右三为孙长胜

11 月 26 日，《大公报》发表题为"绥北大捷之意义"的评论："吾人为东亚大局计，甚望日本认识新中国的精神，制止援助扰绥之举动，由外交交涉，求一新两国关系之道，此其时矣！此其时矣。"但日本关东军打破了人们的幻想。11 月 27 日午后 3 时，关东军以谈话方式对绥远问题表示意见："关东军对于内蒙军之行动，有莫大之关心而愿其成功。同时万一满洲国之接壤地受此战乱之影响，治安为之紊乱，累及满洲国或发生中国全土濒于赤化之危殆的事态时，则关东军将不得不讲求认为适当之处置也。"中国朝野对关东军这种威胁性的宣言非常愤慨，中国外交部发言人发表了态度强硬的谈话："此次蒙伪匪军大举犯绥，政府负有保卫疆土戡乱安民之责；不问其背景与作用如何，自应予以痛剿。此任何主权国家应有之行为，第三者无可得而非议"，"惟领土主权之完整，为国家生存必具之条件，不容任何第三者以任何口实，加以侵犯或干涉。万一不幸发生此种非法之侵犯或干涉，必竭全力防卫，以尽国家之职责也"。绥远战事开始后，中国政府决定停止中日两国的外交谈判。

百灵庙收复后，为了部署歼击反攻之敌和进攻锡拉木楞庙之战，11 月 28 日，傅作义、晋军王靖国和骑兵军司令官赵承绥在归绥进行会商，决定集中绥军主力，予以各个击破，以实现既歼灭敌军，又保卫百灵庙和攻占大庙的目的。12 月3 日至 4 日，防守百灵庙的绥军粉碎了敌军的反攻，毙敌"大汉义军"副司令雷中田及伪军 500 余人。与此同时，中国守军骑兵第 2 师与王英骑兵展开激战。至 3日晨，骑 2 师将敌击溃。从百灵庙败退之敌残余和王英伪军退居于乌兰花以北草地附近，给绥军围困敌军创造了有利战机。王英所部"大汉义军"第 2 师金宪章等部在绥远方面策动下，决定投诚。12 月 9 日凌晨，金宪章手下突击队攻入锡拉木楞庙的日本顾问驻地，杀死日本军官 27 人，并袭击伪蒙古军。先后投诚的还有石玉山、安华亭、王子修等部。12 月 9 日上午，傅作义部李思温团进占锡拉木楞庙。王英所部主力丧失，失去战力。绥远战事急转直下，所余事务为收编投诚伪军，安抚战区民众和救济灾民。

图 13.4　绥远军队攻入锡拉木楞庙，俘获大量叛军

绥远抗战，历时数月，绥远的中国军队前后共歼灭和瓦解伪军 1 个步兵师、2个步兵旅和 2 个骑步旅，收复了百灵庙、锡拉木楞庙等战略要点多处，肃清了绥远境内的伪军，挫败了日军西侵绥远，妄图建立"蒙古帝国"的阴谋。绥远我军表现得富有攻击意识，这与傅作义平常练兵有方、战时用兵果断有关。顷刻间，他成了继马占山、蔡廷锴以后最知名的民族英雄。绥远抗战得到包括东北军、红

军、晋军、中央军等将士的一致声援，民众捐献助
饷也十分踊跃。绥远之战的胜利大大激励了国人的
爱国热情，在经受了长时间的失败和羞辱后，朝野
上下需要这样一个胜利来鼓舞斗志，数月间，民众
的抗日情绪持续处在亢奋之中。日本驻华大使馆武
官今井武夫记录了当时在北平的所见所闻："绥远傅
作义军击败内蒙军的捷报，瞬间传遍整个中国，新
闻纪录片也及时在北平及其他各地上映。我也曾身
着中国服，混在中国人中间去北平电影院观看。群
众随着影片的解说而鼓掌、跺脚，兴高采烈。每当
出现蒋介石和傅作义的特写镜头时，观众肃然起立，
对救国英雄报以雷鸣般的掌声。看到他们高昂的爱
国热情，穿着华服只身一人的我，被他们挤得推来
撞去，不禁有些毛骨悚然。"

图 13.5　绥远抗战的指挥官傅作义

　　绥远之战接近尾声时，猝然爆发了西安事变，全国、全世界的目光都被吸引
到西安，狼狈的德王借机宣布息兵，绥远的局势暂时缓和下来。

## 三、蒙古族抗日斗争的开展

　　日本帝国主义对中国的侵略给各族人民带来了深重的灾难。各少数民族，尤
其是北方的蒙、朝、满各族人民的抗日斗争，自九一八事变以来一直不断，至华
北事变前后，更得到了进一步的发展。

　　散居在东北、察哈尔、绥远等地的蒙古族人民，不甘受日本侵略者铁蹄的蹂
躏，进行了英勇顽强的斗争。早在日军铁蹄刚刚踏进东北之际，辽西、辽北一带
蒙汉两族人民，即于 1931 年 10 月，组成东北抗日军蒙边骑兵，1932 年后划归东
北义勇军第 5 军区，人数发展至数万人。1932 年在绥远成立的有蒙汉各阶层人民

参加的反帝大同盟，积极组织了蒙汉各族人民的抗日救亡运动。接着，在热河、察哈尔等地区成立了蒙汉抗日同盟会、救民抗日会和抗日十人团等组织，从事抗日宣传鼓动工作。1933 年 2 月，中国共产党人在热河、辽宁一带领导成立了蒙汉抗日同盟军军事委员会，并发表宣言，号召建立抗日武装。蒙汉人民纷纷响应号召，组织蒙汉同盟军，在热河前线英勇抗击日伪军的进攻。5 月，冯玉祥在张家口组织察哈尔民众抗日同盟军，有许多蒙古族民众参加。

华北事变发生后，日本加紧策动绥远百灵庙地区德王投靠日本，策划内蒙"独立"。1936 年 2 月 12 日，伪"蒙古军总司令部"宣告成立，德王公开背叛祖国，走上投靠日本帝国主义的道路。21 日夜，蒙政会驻百灵庙保安队的官兵在中国共产党长期的政治影响下，由保安处科长云继先等率领 1000 多名官兵，发动了著名的百灵庙起义。起义者兵分五路行动：第一路打开仓库，夺取武器；第二路袭击稽查处，打死主任李凤城，打开看守所，释放被关押的士兵；第三路攻占保安处干部训练班，解除德王乌滂守备队教官和学生的武装；第四路捣毁电台，切断百灵庙与苏尼特右旗德王的通讯联络；第五路包围留在百灵庙的德王的顾问敖云章等重要职员住处，缴获他们的枪支，并往会计科，打开银柜，焚烧账目。行动任务完成后，暴动人员最后在百灵庙南营盘集合，"听候中央及地方当局之援助"。① 由于起义爆发后，乌兰夫等共产党员进入起义部队继续领导斗争，因此绥远国民党当局不愿意蒙汉人民直接武装抗日。当起义部队冲出百灵庙后，他们调集兵力包围和解除了这支部队的武装，后来又用威胁和利诱等种种手段控制了一部分起义人员，制造了内部的分化和瓦解。百灵庙蒙政会保安队实行武装倒戈，冲出百灵庙，给予日本帝国主义及其蒙古族王公追随者一次严重打击，粉碎了他们的"高度自治"计划，打乱了日本侵入内蒙西部地区的部署。一些蒙古族王公也纷纷提高了觉悟。当时"每日有日本汽车数辆往来不绝，向索王并其他王公游说，劝其加入伪满洲国，但内蒙王公中已有不少知觉，故日本对蒙古王公之煽

---

① 《蒙古"自治运动"始末》，第 115 页，中华书局 1980 年版。

动，一时颇难发生效力"。①

百灵庙起义激发了内蒙广大人民群众的抗日斗志，打击了内蒙上层统治者中的亲日分子。6 月，中国共产党在伊克昭盟成立了蒙古工委，展开抗日宣传，武装农牧民群众，争取了大部分蒙古族上层人物同情抗日。伊盟的王公和伪蒙军中一些军官表示支持抗日。不久在鄂尔多斯草原上建立了不少蒙汉抗日游击队，成立了蒙汉游击司令部，对日展开武装斗争。9 月，伪蒙古军编成后，德王为向日本宣扬蒙古军的"武功"，举行阅兵典礼，引起蒙古族人民强烈不满和反对。当他下令在锡林郭勒盟各旗强行征兵时，乌珠穆沁右旗保安队官青阿、敖恒等人号召全旗牧民起来进行抵制，并且宣传说："现在蒙古军政府向我旗征兵要马，是我旗协理托克托胡勾通德王、吴鹤龄等投靠日本扩编军队所致，我们应当反对。"② 号召被征的牧民起来杀死托克托胡。托克托胡闻风而逃，德王再一次遭到广大蒙古族人民的痛击。12 月，在傅作义部队收复百灵庙的战斗中，伪蒙军 2000 余名官兵在战场上起义，调转枪口打击敌人。

---

① 国民政府蒙藏委员会档案，中国第二历史档案馆藏。
② 《蒙古"自治运动"始末》，第 137 页。

# 第 14 章
## 西安事变与国内和解

## 一、第二次国共合作的酝酿

华北事变发生，民族危机深重，面对强敌入侵，中国人，包括内战中的国共两党，均感受到切肤之痛，深陷于内战之中的两党开始实施政策的调整。

当红军还在长征途中，中国共产党驻共产国际代表团在莫斯科起草了"八一宣言"，随后以中国共产党的名义发表，公开呼吁建立抗日民族统一战线，停止内战，一致对外，建立"国防政府"和"抗日联军"，共同抵御日本军国主义，挽救民族的危亡。

日本在华北不停顿的蚕食行径危及中华民族生存的根基，蒋介石、汪精卫合力推行的先安内而后攘外的政策受到严重质疑，成为国民党内外政策转变的一大关键。国民党对中共的策略开始有所调整。蒋介石继续严令"剿共"，命令胡宗南、阎锡山以及东北军、第 17 路军围攻红军，但除武力解决外，也开始尝试通过政治途径寻求解决共产党及其领导的红军问题，以集中力量对付日本的压力，同时有助于中苏关系的持续改善。

1935年秋，国民政府驻苏使馆武官邓文仪回国述职，蒋介石令他设法与中共联系。邓文仪曾寻求苏联驻华大使鲍格莫洛夫协助，请苏联政府从中斡旋，但遭到拒绝。邓在苏联驻沪领事馆发现新出版的《共产国际》杂志刊载有王明在共产国际七大上的发言和论述抗日民族统一战线新政策的文章，便找人将上述文章译成中文，呈送蒋介石。蒋阅后遂决定从与中共驻共产国际代表团建立联系入手，他令邓文仪速返莫斯科。

1936年1月3日邓文仪抵达莫斯科，随即给共产国际执委会秘书处写信，请代转中共驻共产国际代表团团长王明，希望就国共两党关系进行商谈。未得到回复之后，他转请中华民族解放行动委员会驻莫斯科的代表胡秋原，代为介绍与王明见面。1月11日，中共代表团专门开会讨论邓的请求，决定先由中华苏维埃外交人民委员会副委员长潘汉年出面商谈。

1月13日晚，潘汉年在胡秋原的寓所与邓文仪进行了第一次秘密接触。17日，王明与邓文仪进行了第一次正式的谈判。谈判中，邓文仪代表蒋介石明确提出在苏维埃改制、红军改编的基础上，实行国共合作共同抗日的建议，双方还就中共代表团派员前往南京与国民政府就具体问题继续谈判问题，达成了一致意见。但在第二天举行的中共代表团内部会议上，多数成员反对依从国民党所提条件来进行谈判，要求王明务必坚持《八一宣言》中提出的"国防政府"和"抗日联军"的政治目标。双方磋商后确定，中共谈判代表将和邓一起于1月25日从莫斯科出发，前往南京。但邓文仪因公差前往柏林，参加由陈立夫主持的即将进行的中苏军事互助条约的谈判方案准备工作未能成行，而且因他一去不复返，国共两党在莫斯科的秘密接触自此中断。

在国内，蒋介石把打通同共产党关系的事交给陈立夫主持。1935年11月，陈立夫通过曾养甫、谌小岑与吕振羽联系，寻找共产党的关系。吕振羽当时受中共北平市委和北方局周小舟领导，他根据中共的指示于12月底到达南京，会见曾养甫，探明情况。随后周小舟往返津京之间约10余次，作为正式代表与曾养甫商谈合作抗日的条件。① 同时，谌小岑还通过左恭的关系，在上海与中共组织联系。

红军主力长征胜利到达陕北后，中国共产党面对华北事变以来民族危机空前严重的新形势，于 1935 年 12 月在瓦窑堡召开了中央政治局会议。会议根据国内政治形势的特点和内外关系的新变化，制定了反对日本帝国主义的新策略，即建立最广泛的抗日民族统一战线。

1935 年 12 月，中共方面派张子华到南京与曾养甫等会谈。南京会谈一度进行得较为顺利，国民党方面答应，国民党欢迎共产党如有政治上的意见，可以通过即将成立的民意机关提出，供中央采择；共产党可以选择一地区试验其政治理想。②

瓦窑堡会议后，为了团结抗日，把国内战争同民族战争结合起来，打通东进抗日路线，巩固扩大现有苏区，中共中央将红军第一方面军和原在陕北的各支红军改编为中国工农红军抗日先锋军，以彭德怀为司令员、毛泽东为政治委员、叶剑英为参谋长、杨尚昆为政治部主任，下辖红军第 1 军团、第 15 军团和第 28 军，共 20000 余人，奔赴抗日前线。1936 年 2 月 17 日，中华苏维埃人民共和国中央政府发布《东征宣言》，陕北红军渡河东征。2 月 20 日夜，红军主力由距中阳县三高镇 20 余里的王家坪渡口以羊皮筏子强渡黄河，突破国民党军队的防线，进入晋西地区。

时任国民政府太原绥靖公署主任的阎锡山闻讯，立即召开河防会议，商讨阻止红军入晋办法。会上阎锡山决定将晋军集中于汾阳、离石、孝义、中阳山地，对红军实行所谓"口袋阵"战术，任命杨爱源为作战总指挥，下辖 4 个纵队共 7 个师。杨将总部设在孝义城，指挥抗击红军。

红军第 1 军团和第 15 军团及第 28 军在刘志丹、徐海东的率领下渡河后，突破了阎锡山的碉堡封锁线，直捣三关镇，包围中阳；一部直逼汾阳、文水。阎锡

① 《周小舟给中共中央的报告》（1936 年 8 月 29 日），转引自《近代史研究》1990 年第 1 期，第 248 页。
② 谌小岑：《西安事变前一年国共两党关于联合抗日问题的一段接触》，见《文史资料选辑》第 71 辑，第 14~15 页。

山急调已入陕北的孙楚部回援，并令晋军第一纵队杨澄源部守汾城、稷山，确保晋南；第二纵队杨效欧部守孝义、汾阳，防红军东占太原；第三纵队李达生部守晋北兴宁、岢岚，阻红军第 28 军刘志丹部前进；第四纵队孙楚部由陕返离石后，与第一纵队协同，对付中阳、石楼一带的红军，同时调遣独立第 2 旅周原健部赶赴中阳关上镇阻击红军，3 月上旬，其第二纵队突入兑九峪地区，于 10 日被红军歼灭两团。周原健部在关上镇与红军展开激战，被红军全部歼灭。红军继续东进至孝义县，与杨效欧部发生激烈战斗，双方伤亡很大。3～4 月间，红 15 军团北上向太原挺进，红一军团挥师南下，截断了同蒲线，直趋临汾。

为支持阎锡山阻击红军，蒋介石任命陈诚为"陕甘宁青四省剿匪总指挥"，率领汤恩伯、李仙州、孙令恂、商震等中央军部队约 10 个师号称"15 万中央大军"，[①] 从 3 月上旬起，分两路进入：一路自风陵渡过黄河，沿同蒲路北上；一路沿正庆路西进，开赴晋中。同时，蒋介石又令驻守在黄河以西的部队沿河北上，向陕甘革命根据地进攻，滋扰红军后方，企图包抄东征红军后路。

1936 年 3 月中旬，红军第 15 军团等部绕过汾阳，挺进文水、交城；刘志丹第 28 军则从兴县向南推进，击败晋军的堵截，南进抵达白文镇。3 月底，红 15 军团从文水、交城放弃攻袭太原计划，回师白文镇与红 28 军会师。红军主力会师后继续南下进入离石、中阳地区，在三关镇与晋军陈长捷旅激战，红第 28 军军长刘志丹于 4 月 14 日在激战中不幸牺牲。红 28 军攻克三关镇后向西撤去。与此同时，红 1 军团由孝义南下到达灵石县，击溃晋军的阻拦，继续推进。由于晋军杨澄源部大部分调往晋西作战，晋南一带少数守军在红军的猛烈攻击下溃不成军，红军先后攻占襄陵、侯马，包围霍县、赵城、洪洞、浮山等地，直逼山西重镇临汾。负责守卫临汾的杨澄源部参谋长李鉴三手中无兵，连电告急。阎锡山电请中央军援晋关麟征师、汤恩伯军等部沿同蒲路急进救援。中央军进入山西增援使红军的作战遭遇困难。

---

① 《晋阳日报》（1936 年 3 月 7 日）。

东征战事激烈进行时，国共之间的谈判信使董健吾到达陕北苏区。1935 年底，宋子文奉蒋介石的指令，在同宋庆龄商议后，决定请董健吾牧师去陕北，直接向中共中央传递国民党愿意谈判的信息。① 董健吾在张子华陪同下于 1936 年 2 月底到达陕北瓦窑堡。当时，毛泽东、张闻天、彭德怀等在山西前线。秦邦宪等立即把董健吾前来传递国民党要求谈判信息一事电告他们。3 月 2 日，毛泽东、张闻天回电要博古、周恩来陪同董健吾到山西前线，共同讨论与国民党谈判的问题。但董急于返南京复命，不能前往。3 月 4 日，毛泽东、张闻天等致电秦邦宪并转准备返沪的董健吾，表示"弟等十分欢迎南京当局觉悟与明智的表示，为联合全国力量抗日救国，弟等愿与南京当局开始具体实际之谈判"。电文列举了合作抗日的五条意见："（1）停止一切内战，全国武装不分红白，一致抗日；（2）组织抗日政府与抗日联军；（3）容许全国主力红军迅速集中河北，首先抵御日寇迈进；（4）释放政治犯，容许人民政治自由；（5）内政与经济上实行初步与必要的改革。"3 月 5 日，董健吾携带中共中央给南京方面的信件离开陕北到西安，不久回到上海，向宋子文、宋庆龄汇报了陕北之行的结果。这样，国共两党高层中断了近十年的关系开始重新建立起来。

为保存抗日力量，促进广泛的抗日民族统一战线的实现，中共中央决定东征的红军回师陕北。5 月初，红军抗日先锋军分两路分别从永和、兴县境内西渡黄河，返回陕北革命根据地。5 月 5 日，中华苏维埃中央政府和红军革命军事委员会发表《停战议和一致抗日通电》，敦促南京国民政府在亡国灭种的紧急关头幡然改悔，以"停止'兄弟阋于墙而外御其侮'的精神，在全国范围，首先在陕甘晋停止内战，双方互派代表，磋商抗日救亡具体办法"；并表示："愿意在一个月内与所有一切进攻抗日红军的武装队伍，实行停战议和，以达到一致抗日的目的。"②

红军东进抗日和受阻后主动回师清楚地表明：迅速建立广泛的抗日民族统一

---

① 参见《党史通讯》1987 年第 5 期，第 19 页。

② 《停战议和一致抗日通电》，载《红色中华》（1936 年 5 月 16 日）。

战线已迫在眉睫。共产党对蒋介石的态度也从抗日反蒋转变成逼蒋抗日。改变"抗日反蒋"的方针从 1936 年初就已开始酝酿。在该年 2 月洛川会谈时，张学良对蒋介石的分析和"不同意讨蒋"的意见，就引起毛泽东、张闻天、周恩来等中共领导人的重视。董健吾的到来更直截了当地把"抗日反蒋"是否继续并提的问题提到了中共领导人的面前，促使中共及时改变对蒋方针，即使蒋介石派 10 个师兵力到山西阻拦红军，已回后方的张闻天和仍在山西前线的毛泽东、彭德怀，都认为"目前不应发讨蒋令"，"而是讨日令"，"中心口号在停止内战"。

但国共双方的谈判并不顺畅，南京方面的条件很苛刻，而且丝毫不放松对红军的围攻。蒋介石在谈判中的强硬态度令中共领导人很无奈，只能继续将联合东北军和成立西北国防政府视为"全局关键"和工作的中心，并在实际中继续执行"抗日反蒋"的方针。

1936 年 6 月至 9 月，正逢两广事变，急于解决华南问题的国民党中央将谈判条件稍微放宽松了一些，国民党在其五届二中全会之后给共产党的"八月来信"就是如此。该信的中心思想是"先统一后抗日"，即在国民党、南京政府和蒋介石的"集中统一"指挥与领导之下，实际解决军事、政治问题，然后进行抗日。要点为：军队统一编制，统一指挥，取消工农红军名义；政权统一，取消苏维埃政府名义；容纳各派，集中全国人才；共产党停止没收地主土地等政策。

8 月，中共中央正在起草《中共关于逼蒋抗日问题的指示》时，于 8 月下旬接到共产国际执委会书记处 8 月 15 日致中共中央书记处的电报，该电报指出："必须采取停止红军同蒋介石军队之间的军事行动，并同蒋介石军队协同抗日的方针"；"最好由中国共产党发表声明，建立统一的中华民主共和国"；"争取同国民党及其军队达成协议和建立抗日民族统一战线。"[1] 8 月 25 日中共中央发出《中国共产党致中国国民党书》，在这封信里，中共中央向国民党中央委员和全体党员疾呼："立即停止内战，组织全国的抗日统一战线，发动神圣的民族自卫战

---

[1]　参见《中共党史研究》1988 年第 2 期。

争，抵抗日本帝国主义的进攻。"信中还宣布：在全中国民主共和国建立时，苏区可成为其"一个组成部分"，红军愿意服从抗日联军总司令部的指挥。信中还明确提出"国共重新合作"的建议。《中国共产党致国民党书》事实上是对南京方面"八月来信"中所提统一条件作出的公开答复。从"抗日反蒋"到"逼蒋抗日"、从"人民共和国"到"民主共和国"的重大政略转变，是促成抗日民族统一战线最终建立的关键。

8 月 25 日，潘汉年在西安得到与南京政府谈判的指令，后因中共中央决定派张子华返南京邀请国民党负责人来陕谈判，① 又改变了这一计划。但到了 10 月 21 日，中共中央又复令在西安的张子华电告曾养甫、陈立夫，决定先派潘汉年与其谈判。22 日，南京方面复电同意，中共中央正式电令潘赴南京同陈立夫举行会谈。但解决了两广事变后，蒋介石又恢复强硬态度。1936 年 11 月 10 日，潘汉年在上海沧州饭店与陈立夫会谈，并面交了周恩来给陈氏兄弟的信，口头转达了中共中央起草的《国共两党抗日救国协定草案》，并希望以此作为谈判的基础。然而，蒋介石从一开始"打通共产党关系"时起，只是主观认为红军在第五次反"围剿"失败后，"军事上已走到了绝境"。因此他对中共的策略是在解除中共武装的基础上，再给以政治上的"出路"，以实现其"溶共"的目的，也就是通过政治谈判的方式来"收编"红军。潘陈谈判中，陈立夫强调蒋介石的中心意旨是必须先解决军事，其他一切都好办，并提出请周恩来出来谈判。潘汉年明确答复：停战问题不解决，周恩来是不可能出来谈判的。之后，潘汉年和陈立夫又进行了两次谈判。陈立夫虽同意将保留红军 3000 人改为 30000 人，但是企图收编红军的立场没有改变。至此，会谈已无法继续进行。后来，国民党方面张冲屡次会见潘汉年，表示国共谈判不宜中止。

尽管西安事变前国民党对中共实行剿抚兼施、以剿为主的政策，与共产党的接触和谈判也只是一种试探的性质，并无联共抗日的诚意，国共两党虽经过多渠

---

① 《周恩来致陈果夫、陈立夫的信》(1936 年 9 月 1 日)，见《近代史研究》1990 年第 1 期，第 255 页。

道的秘密接触建立了联系，但期间的多次谈判并未达成任何实质性的协议。不过，在当时国难深重的情况下，刀兵相向已近十年的两党愿意进行初步接触和会谈，双方开始试探国共两党实现和解共同抗日的可能性，其所具有的深刻内涵已不可低估。

## 二、西北地区抗日力量的联合

中国工农红军长征到达西北后，蒋介石企图一举歼灭之。驻西北地区的东北军和第 17 路军，在民族危亡面前，抗日救国情绪日益高涨；同时，由于不满蒋介石的排挤以及对红军"围剿"的失败，日益对内战感到厌倦。中共为打破蒋介石的"围剿"，实现立足西北和准备抗日的方针，必须争取红军与张学良的东北军、杨虎城的西北军联合，结成"三位一体"的统一战线。

1935 年 10 月，中央红军完成了长征。张学良就任"西北剿匪副总司令"后，会同杨虎城的西北军，共同"围剿"红军。但是，事与愿违，从 1935 年 9 月至 11 月间，在劳山、榆林桥、直罗镇战役中，东北军三战三败，损失兵力近 3 个师，109 师师长牛元峰、110 师师长何立中和参谋长范驮洲等被击毙，近万名东北军被红军俘虏。对此，蒋介石不仅不予补充，还宣布撤销被歼灭的 109 师、110 师两个师的番号。并对张学良加以申斥，这对张学良的震动很大。

此时，中共中央加强了对张学良的争取工作。1936 年 1 月，毛泽东、彭德怀等人致书东北军全体将士，表示中华苏维埃政府与工农红军"愿意与任何抗日的武装队伍联合起来，组织国防政府与抗日联军，去同日本帝国主义直接作战"，并"愿意首先同东北军来共同实现这一主张"。① 这在东北军中产生了很大影响。2～3 月间，张学良和东北军第 67 军军长王以哲先后在洛川会见了共产党代表李克农，就联合抗日等问题交换了意见，并为下一步更高级的会谈作了安排。4 月 9

---

① 《中共党史参考资料》(3)，第 192 页，人民出版社 1979 年版。

日，张学良、王以哲在肤施（延安）与中共代表周恩来、李克农正式举行会谈。会谈达成九点协议：（1）为了准备抗日，红军愿意接受视察、整编与集训；（2）须保证红军不受欺骗或解除武装；（3）在江西、海南岛及大别山的红军也进行整编；（4）取消红军称号，改为统一番号；（5）中共党员不在军队内活动；（6）停止发动各种斗争；（7）释放被俘的中共党员；（8）中共之非军事人员得住在陕北；（9）抗战胜利后，中共将成为合法政党。同时，双方还在互不侵犯、互相帮助、互派代表及红军帮助东北军进行抗日教育等方面达成了协定。这是东北军走上联共抗日道路的重要一步，对于西北地区抗日力量的联合以及全国抗日民族统一战线的实现都具有重要意义。至此，东北军与红军前线部队的敌对基本结束，关系越来越密切。东北军接受红军代表叶剑英常驻西安，帮助改造部队，准备抗日。东北军的一些前线部队，也直接同对峙的红军签订了停战协定。9月18日，东北军骑兵第6师代表汪容与红军代表朱瑞在固原西北的杨朗镇签订了"停止内战，抗日救国"协定，宣告骑兵第6师与红军结成"亲密的联盟"。骑兵第6师向红军作出了"不受命进攻红军；事先向红军通报行动及骑兵师位置，以免误会；万一须敷衍，则不打或不作杀伤射击，不前进"等四项保证。① 9月22日，毛泽东代表中国工农红军，张学良代表东北军，分别在《抗日救国协定》上签字。至此，红军与东北军的联合更加巩固了。

以杨虎城为首的第17路军，也不断与中国共产党及红军接触。杨虎城早在北伐战争后期即与共产党人有所交往和合作。1933年在陕南与红军第四方面军达成互不侵犯、互派代表的协议。直罗镇战役后，毛泽东派遣曾在第17路军做过地下工作的红军第26军政委汪锋赴西安，向杨虎城转交自己的亲笔信，杨对信中提出的西北大联合、共同抗日的主张表示赞同。1936年春，由杨虎城资助去德国留学的王炳南回国后，被派到杨部作联络工作。经过多方面的工作，1936年5月，双方商定：红军与第17路军各守原防，互不侵犯；互派代表，密切联系；共同为抗

---

① 《西安事变资料》第1辑，第72页，人民出版社1980年版。

日进行准备工作。① 之后，双方的敌对状态逐渐停止，红军的秘密交通站、运输站，在杨虎城部队的掩护下，于西安、鹿县等地建立起来。双方逐步走上了联合抗日的道路。

张学良、杨虎城在分别与中国共产党进行联络的同时，由于共同的命运、处境和共产党人的促进，他们之间也逐渐消除了隔阂，增进了友谊，两军关系逐步改善。最后，张、杨两将军坦诚相见，倾吐真言，成为挚友。1936 年 10 月，毛泽东等 40 多名红军将领写信给国民党在西北的将领，提出："红军誓与你们合作到底。"② 第一次公开称国民党军为友军。至此，红军、东北军、西北军三支西北地区的主要抗日力量的联合得以确立。它的确立，为国共两党的再度合作和抗日民族统一战线的建立奠定了重要基础。

## 三、西安事变的爆发及和平解决

在张学良、杨虎城以抗日大局为重，与红军实行停战、合作，逐步实现西北地区抗日力量大联合的同时，以蒋介石为代表的国民政府，却与全国人民的愿望相反，一意孤行，继续调集重兵入陕，并逼迫张、杨"剿共"。

蒋介石平息两广事变后，1936 年 10 月下旬匆忙赶到西安，召见张、杨，向他们宣布"剿共"计划，要他们迅速向陕北红军进攻。但张、杨不仅不听指挥，反而要求他停止内战，一致抗日。③ 27 日，蒋介石为动员下级军官，特意到王曲军官训练团讲话，声称："我们最近的敌人是共产党，为害也最急；日本离我们很远，为害尚缓。"声称对"不积极剿共而轻言抗日"者，一定"要予以制裁"。④ 蒋介石在威逼张、杨的同时，加紧了军事部署，把解决两广事变的嫡系精锐部队 30 个师，全部调到潼关以东地区，把唯一的一支装甲部队放在豫西。下令

---

① 罗瑞卿、吕正操、王炳南：《西安事变与周恩来同志》，第 19 页，人民出版社出版。
② 解放军政治学院编：《中共党史参考资料》第 7 册，第 436 页。
③ 《西安事变与周恩来同志》，第 28 页。
④ 《西安事变资料》第 1 辑，第 11 页。

扩建西安、兰州机场，集中 100 架飞机待命，调蒋鼎文、卫立煌等 20 多名高级军政人员到西安。一切部署妥当后，12 月 4 日，蒋介石由洛阳再赴西安，以临潼华清池为"行辕"，约集秦陇围攻红军的诸将领，按日接见，咨询情况，面授机宜，扬言将于一个月内完全消灭红军。蒋介石威胁张、杨：若违抗"剿共"命令，将给以"相当的处置"；东北军和第 17 路军如不全部开赴陕甘前线对红军作战，则将分别被调往闽、皖，由中央军进驻西北"剿共"。张、杨既不愿与红军再开战端，亦不愿离开西北而为蒋介石所改编、吞并。在进退两难的情况下，张、杨深切认识到，蒋介石的"主张和决心，用口头或当面的劝谏，是决不能改变的"，①遂毅然采取了非常措施实行兵谏，逼蒋停止内战，联共抗日。

12 月 12 日拂晓，在张、杨的共同指挥下，东北军派兵包围了华清池，迅速解除了蒋介石卫兵的武装，将蒋介石扣留，并移送西安新城大楼。与此同时，第 17 路军解除了中央宪兵第 2 团、省公安局、警察大队等军警机构的武装，接管了飞机场，将陈诚、蒋鼎文、卫立煌等 10 多名军政大员拘捕。张、杨并于当日发出关于救国八项主张的通电，提出：（1）改组南京政府，容纳各党各派，共同负责救国；（2）停止一切内战；（3）立即释放上海被捕之爱国领袖；（4）释放全国一切政治犯；（5）开放民众爱国运动；（6）保障人民集会结社等一切政治自由；（7）确实遵行总理遗嘱；（8）立即召开救国会议。②此即震惊中外的"西安事变"。事变发生后，张、杨随即采取了一系列重大军政措施：邀请中共派代表参加谈判；撤销"西北剿匪总司令部"，组织以张、杨为正副主任委员的抗日联军临时西北军事委员会；释放西安的政治犯等。

西安事变发生后，中共中央应张、杨要求，立即派周恩来率秦邦宪、叶剑英等参加在西安的谈判。19 日，中华苏维埃中央政府和中共中央联名发表通电，坚决支持张、杨的抗日主张，提出了"团结全国，反对一切内战，一致抗日"的基本纲领。21 日，中共中央书记处电示周恩来以"扶助左派，争取中间派，打倒右

---

① 《西安事变资料》，第 1 辑，第 123 页。
② 《西安事变资料》第 1 辑，第 3~4 页。

派，变内战为抗战"的策略，"争取蒋介
石、陈诚等与之开诚谈判"，并在其对和平
解决的条件有相当保证时，采取"恢复蒋
介石之自由"的行动方针。①

西安事变的爆发，在国内外产生了巨
大的反响。全国各界人士对张、杨的爱国
行动给予了广泛的支持和同情。事变发生
后三天内，仅山西、湖南、贵州、四川、
广西五省的民众团体和救亡组织，发到西
安响应张、杨通电的电报就有一千数百件。
各国和国内各派政治势力由于立场、利益
和认识不同，对事变采取不同的态度，提
出了不同的主张，呈现出一种极为错综复

图 14.1　发动西安事变、扣押蒋介石的张学
良和杨虎城

杂而又紧张的局势。国际上，日本政府表示，南京若与西安妥协，联共抗日，则
将"强硬反对"，"断然抨击"；苏联强调支持和平解决事变，但又认为张、杨的
行动客观上易引发内战，被日本利用而对日本方面有利，故不支持西安事变的扩
大、发展，由此强化了西安事变和平解决的条件；英美则主张蒋介石与张、杨妥
协，和平解决事变。国内各地方实力派对事变反应不一，如桂系李宗仁、白崇禧
等人于16日通电全国，对张、杨表示支持，并反对内战；四川刘湘、云南龙云等
则对张、杨的行动表示反对。15日龙云发出致南京政府及军委会电，表示要"讨
灭国贼，营救委座"。②

国民政府在经过短暂的混乱后，以宋子文、宋美龄等为代表的主和派压倒了
以军政部长何应钦为代表的讨伐派，南京当局遂采用"正面处置严正，营救则多

---

① 《西安事变资料》第1辑，第166页。
② 《西安事变资料》第1辑，第253、75页。

方运用”的原则。① 23 日、24 日，在西安的宋子文、宋美龄代表蒋介石与张学良、杨虎城正式谈判。中共全权代表周恩来参加了谈判，并会见了蒋介石。最后双方达成了改组国民党与国民政府、停止“剿共”政策、联合红军抗日等六项协议，蒋介石承诺停止内战，联共抗日。12 月 25 日，蒋介石由张学良陪同，经洛阳飞返南京。西安事变得到了和平解决。

## 四、国共谈判与内战的停止

西安事变的和平解决，宣告了十年内战的基本结束，为国共两党再度合作、共同抵御外侮创造了有利条件。但要实现这一目标，还有着艰难的历程。

1937 年 2 月，中共为了继续推动国民党最高当局走向联共抗日，致书国民党提出了著名的五项要求和四项保证。届时，国民党为商讨西安事变后的国共关系和对日方针，召开了五届三中全会。会议通过了《关于根绝赤祸之决议》，提出了解决共产党问题的四项办法，即“彻底取消其所谓红军”；“彻底取消所谓苏维埃政府及其他一切破坏统一之组织”；“根本停止其赤化宣传”；“根本停止阶级斗争”。② 蒋介石这时坚持“编共而不容共”，③ 实际上在联共问题上处于徘徊之中。在这种思想指导下，国民党同中共进行了一系列谈判。

从西安事变后到七七事变前，国共间主要进行了三次会谈，即 1937 年 2～3 月间的西安谈判，3 月下旬至 4 月初的杭州谈判和 6 月的第一次庐山谈判。谈判主要围绕军队问题、国共合作形式和政权问题等进行。

首先是军队问题。双方在这个问题上的争论非常激烈，争论的焦点是关于红军的编制人数、指挥系统和干部配备等问题，实质是改编还是收编的问题。

---

① 《西安事变资料》第 1 辑，第 253、75 页。
② 《中国国民党历次代表大会及中央全会资料》下册，第 435 页。
③ ［日］古屋奎二：《蒋总统秘录》（全译本）第 10 册，第 192 页。

图 14.2　1937 年 5 月，国民党中央考察团到延安，与红军总司令朱德（前排右二）等合影

西安谈判开始后，蒋介石给其代表顾祝同的谈判原则是：在人数上，只许红军编两师一万五千人；在干部上，要求"各师之参谋长与师内各级之副职，自副师长至副排长人员，皆应由中央派充"。① 取消军队中的政治工作人员，服从国民党一切命令等。很明显这是收编的条件，实质是要红军放弃独立性，成为国民党的附庸，自然为中共所拒绝。

为了使谈判真正获得成果，周恩来于 3 月下旬赴杭州与蒋介石直接谈判。周明确提出：红军改三师四万余人，并设总指挥部，国民党方面不派副佐及政训人员等。蒋迫于形势表示：中共提出的各项均可考虑。但 6 月中旬，蒋与周在庐山会谈时又一反前态，只允许中共军队编三师四万五千人，并不同意设某路军总指挥部，而设政训处指挥，并要毛泽东、朱德出洋。这种无理要求被中共所拒绝，直到七七事变爆发时，双方仍无法达成一致意见。

其次是关于两党的合作形式问题。蒋介石为了让共产党失去独立性，绞尽脑汁，恩威并施，最初在杭州谈判时，赞扬中共有民族意识和革命精神，是新生力量。所以他个人很希望共产党与他永久合作，并请中共提出一个与他长期合作的

---

　① 　申伯纯：《西安事变纪实》，第 213 页，陕西人民出版社 1981 年版。

办法。① 蒋的用意是不满足于党外合作，想寻求一条更好的溶共办法。根据蒋的提议，中共中央认真起草了一个统一战线纲领，并向国民党建议组织一个包含国共两党和一切赞成这个纲领的党派团体参加的新的民族联盟，毛泽东还尖锐地提出了在联盟中共产党的领导责任。这和蒋的愿望相差甚远。于是，到 6 月庐山会谈时，蒋的态度便发生了变化，他撇开周恩来带来的按他提议定的共同纲领，提出要成立国民革命同盟会，但只能由国共双方参加，对其他党派无合作可言，只能收容；并提出蒋任同盟会主席，有最后决定权，同盟会还可视情况的发展扩大为两党合组的党，并可代替共产党与第三国际发生关系。② 蒋这一提议的实质就是要从组织上控制共产党，使其丧失独立性。中共为顾全大局，同意在确定共同纲领和组织独立、政治批评自由的基础上建立国民革命同盟会，承认蒋依据共同纲领有最后决定权。同时中共还认真起草了同盟会的组织原则与共同纲领，但该文件交蒋后，又是石沉大海。可见蒋在联共问题上一直动摇不定，忧虑重重。

还有一个边区政权问题。双方在西安谈判时曾先商定，陕甘苏区政权改为中华民国特区政府，直接受国民政府指导，特区行政人员由地方选举，中央任命。但中共建立独立政权是国民党所极力反对的，遂又提出将陕甘苏区分属各省，人员不经民选，其目的是对苏区实行分割，以削弱共产党的独立地位。杭州谈判时，周恩来明确表示：陕甘宁边区不能分割。蒋则表示希望中共在边区问题上，推荐一南京方面的人来主持。6 日蒋再次表示：边区政府人选，由国民党方面派正职长官（可由中共推荐国民党方面人员），边区自选副职。中共遂向蒋推荐张继、宋子文、于右任三人择一任边区行政长官。结果遭蒋反对，而提出由坚定的反共分子丁惟汾任边区长官，被中共断然拒绝。这样直到七七事变时，在边区问题上仍无进展。

从西安事变到七七事变半年多的谈判中，国民党在表面上虽未拒绝联共抗日，但设置了种种障碍，从而使谈判未取得实质性结果。蒋介石之所以在联共问

---

① 杨奎松：《第二次国共合作的形成》，载《近代史研究》1985 年第 3 期。
② 杨奎松：《第二次国共合作的形成》。

题上忧虑徘徊，其根本原因是对日本还有所幻想。他不仅认为中日关系还没有到"最后关头"，而且还"渐信日本已有较具理性的人物当政，其结果或能使狂热分子稍具戒心"。① 由于蒋介石联共主要是为中日关系的恶化作准备，所以只要日本不放弃侵略，他就感到有联共的必要；但只要中日关系还有一线缓和的希望，他就下不了联共的决心。所以直到七七事变前，蒋介石仍不断地劝告日本当局："错误的道路，走的还不算远"，如能停止进攻，两国关系"当会好转"。② 然而日本并不为其所动，正在密谋发动更大规模的侵华行动，这也就必然推动蒋介石加快联共抗日的步伐。

## 五、七七事变前夜的中日关系

西安事变后，中日关系表面上暂显平寂，但平静的背后隐藏着更大的危机。日本加快了从经济、军事和政治上实际控制华北的步伐。

1937年2月20日，日本外务省制定《第三次处理华北问题纲要》，明确提出为全面控制华北，"必须全力以赴，进行以华北民众为对象的经济工作"。3月，中国国民党五届三中全会闭幕，大会迫于形势，接受中国共产党的抗日民族统一战线政策，第二次国共合作趋于实现。为破坏中国抗日民族统一战线和达到占领华北的实际目的，日本外务、大藏、陆军和海军四大臣会议决定在新形势下采取的对华政策措施，是设法具体促使"南京政权逐渐抛弃容共的依靠欧美的政策，而和帝国接近，特别在华北方面，使其自动地实现对日满华提携互助的各种措施进行合作"。明确规定在新形势下对华北的方针：加紧控制华北的经济命脉，除了对华北政权进行内部争取和抓住不放外，对南京政权采取措施，使该政权实质承认华北的特殊地位；并进而对日满华提携互助的各种措施进行合作。③

---

① 《卢沟桥》，第14页，前导书局发行，1937年9月版。
② ［日］古屋奎二：《蒋总统秘录》（全译本）第11册，第12页。
③ 日本外务省编：《日本外交年表和主要文书（1840～1945）》下卷，第361～362页，1969年再版本。

图 14.3　1936 年日本增兵华北，图为日本华北驻屯军司令官田代皖一郎

　　日本加紧掠夺华北经济的具体计划，是要努力完成 1936 年 9 月宋哲元与日本华北驻屯军司令田代皖一郎达成的中日经济提携八要项中未曾实现的部分，这就是赶筑津石铁路、垄断华北棉业、恢复龙烟铁矿和收购井陉煤矿。关于津石铁路，还在 1936 年 8 月 31 日，由亲日分子潘毓桂任局长的冀察政务委员会津石路工程局与日本兴中公司驻津理事平山枚三，就在天津召开了技术会议，决定当年 10 月动工，来年 10 月通车，"以便利用此条铁路支配平汉、津浦、正太等路"。①并直接由天津运兵南下，威胁鲁、豫、晋等省。同时为垄断华北棉业，日人先后组织成立了冀东棉业委员会、秦晋棉业产销合作社等，并通过冀察当局强迫农民种棉。日本华北驻屯军极力要求冀察当局将"宋田协议"付诸实施。

　　为配合经济上的掠夺，日本加大了华北特殊化的步伐。一方面壮大华北伪组织的力量。首先扩大已有的伪组织，将冀东伪组织的民政、财政、建设、实业、教育五科改为处，将保安队改成保安旅。其次是制造几个类似冀东伪组织的伪政权，分布于晋、绥、鲁、豫各省内。1937 年春，郑州破获日本特务机关收买汉

---

　　①　公敢：《华北的新动态》，《申报周刊》第 1 卷第 36 期（1936 年 9 月）。

奸、组织伪政权的计划，便是其中一例。在冀察两省，日本华北驻屯军采用种种方法企图迫使冀察当局宣布脱离南京中央政府，但均遭到拒绝。日军遂收买北洋军阀余孽程国瑞、赵文俊等组织恐怖团体，冒充共产党名义，破坏平汉、津浦等铁路交通，扰乱平津治安，制造恐怖气氛，然后借口"防共"，对宋哲元施加压力，逼迫他与日本"携手合作"。1937 年 2 月间天津警署破获的假冒共产党案，便是日本这种企图的例证。

另一方面，日本华北驻屯军特务机关加紧对中国第 29 军进行离间分化，别有用心地将第 29 军分为抗日的中央派与和平的地方派，或拉拢利用，或攻讦诋毁，并收买汉奸窥探第 29 军将领言行，搜集第 29 军部署的情况。然而，冀察当局出于不能沦落为中华民族千古罪人的良心，对日本的阴谋进行了种种抵制，维护了华北的主权，日本企图控制华北的阴谋难以得逞。

日本遂加快了军事控制华北的行动。日本国内在"佐藤外交"的掩饰下加紧进行战争准备。2 月 1 日，日海军军令部第 3 部在《综合情报》中要求对既定的对华政策再作研究，准备和战两手，使之万无一失。① 3 月上旬，日军参谋本部将驻华武官喜多诚一少将、华北驻屯军参谋和知鹰二中佐和关东军参谋大桥熊三人召回东京汇报华北形势，他们主张"莫如以开战来整顿一切战备和指导适应国际形势的外交"，应"走在对苏行动之前，首先对华一击，挫伤蒋政权的基础"。认为"采取软弱政策的结果，只会使现地形势逐步恶化"。② 3 月 24 日，70 艘日本军舰开到中国青岛，准备以中国为假想敌演习沿海登陆作战。4 月 1 日，日本海军派野村勘察天津塘沽港口形势。第二天，日本海军武官又齐集天津会商，议决兴筑塘沽港口，以备开战后运送军队和给养弹药。5 月 4 日，关东军司令官植田在承德召开军事会议。8 月，关东军一个旅团开进了毗连河北、平津的热河。从 4 月 25 日起，华北驻屯军开始在平津近郊举行战斗演习。6 月，这种演习突然频繁起来，尤其是驻丰台的第一联队，竟以攻夺宛平城为目标，不分昼夜地举行演

---

① 《现代史资料 8·中日战争 1》，第 420 页。
② 日本防卫厅研究所编：《中国事变陆军作战史》第 1 卷，第 1 分册，第 115～116 页。

习。据《中国驻屯步兵第一联队战斗详报》记载，驻屯军幕僚大部聚集在一文字山（即沙岗），对第一联队日军进行检阅和现场指导，并派遣部队辅佐官对丰台进行勘察。6 月 21 日，华北驻屯军紧急成立临时作战课。一时间，平津气氛紧张，风声鹤唳。东京私下盛传着："七夕晚上，华北将重演第二个柳条沟一样的事件。"① 战争的乌云笼罩在华北上空。

自绥远抗战之后，中日外交交涉已进入停顿状态。国民政府抱着明知不可为而为之的态度，继续寻求用外交交涉的方式以化解战争的危机。1937 年 1 月 20 日，日本大使馆秘书须磨、武官雨宫巽奉调回国，向张群辞行。张群坦诚指出："华北问题为调整工作之中心问题，'满洲国'问题虽可不谈，但华北现状急需改善，此为我方最低限度之调整。此项工作具有成效，然后始能考虑互相平等而合法之提携。"同时告知日本"我国决由外交途径进行调整交涉，而同时在其他方面又不能放弃抗日之准备"。② 显然，日本方面对此是不能接受的。1 月 25 日，日本所谓"稳健派"的主要代表、参谋本部第一部长石原莞尔，以参谋本部的名义向政府提出："为完成战争准备……应改变对华政策，即以互惠互荣为目的，将主要力量投入经济和文化工作中。"③ 石原的建议，是日本政府政策转变的一个信号，同时也表明日本方面避开了政治交涉的层面，企图迂回曲折，以经济和文化的交涉取而代之，并积极备战，从而达到迷惑中国，使中国不战而屈的目的。2 月，日本广田内阁倒台，林铣十郎组阁，以佐藤尚武为外相，标榜"不尚武"的佐藤外交，向中国展开了微笑攻势。3 月间，以儿玉廉次为团长、由日本银行家和实业家组成的经济使节团来华访问，称此行"只谈经济，不谈政治"。儿玉等人几次与蒋介石、张群、吴鼎昌等头面人物接洽会晤，一改过去责问、刁难的神气，态度缓和。同时在华北，日本政府采取措施改善与华北当局的关系，邀请宋哲元、张自忠赴日参观陆海空军联合演习，并对访日的张自忠等热情招待。

① 《今井武夫回忆录》，第 16 页。
② 《中日外交史料丛编》（四），第 96～100 页。
③ 《现代史资料 8·中日战争 1》，第 384 页；《现代史资料 9·中日战争 2》，第 303 页。

　　然而面对"出于战争前夜日本侵略政策的战术上的必要"[1] 的佐藤外交，中国方面坚持不能把政治交涉同经济等交涉分而待之。1937 年 4 月 19 日，张群召见即将返国的川越大使时，要他转告佐藤外相，"对于华北问题与经济提携问题，宜同时加以全盘之研究，不必分前别后"。[2] 表明了中国政府在交涉中政经不能分离的原则立场。日本则在"中日提携"的宣传和一些外交步骤缓和的幌子下加紧准备施行全面侵华战争，对中国的要求一概未予置理。中日政治交涉至此完全失败。不久，近卫文麿上台组阁，华北形势更显紧张。日本妄图迫使中国屈服的全面战争已是一触即发。

---

① 《毛泽东选集》合订本，第 236 页。
② 《中华民国重要史料初编——对日抗战时期·绪编（三）》，第 695 页。

# 小　结

华北事变的发生，使国民党的统治进一步受到威胁，国民政府逐步走向全面抗战的道路，其内外政策有了较大的转变和进步。在对日交涉中，态度渐趋强硬，由妥协开始转向抵制；国防准备也逐步加强；同中国共产党开始了初步接触，但仍未彻底放弃内战政策。西安事变和平解决后，国民政府开始筹划全国抗战，加紧国防准备，拨出巨额国防建设经费。1937年度经国民党中政会通过军费普通预算4.12亿元，军费建设专款2.22亿元,[①] 创自九一八事变以来国民政府军费预算史上的空前纪录。由于停止了内战，免除了这部分最大的消耗，军费更显出其抗日价值。经济建设和交通建设也加紧进行，并拟订了具体的对日作战计划。国民政府在抗日道路上迈出了较大的步伐。

但是，国民政府的抗战准备，成效并不显著。一方面是因长期以来它的军事重心放在"剿共"上，"攘外必先安内"的政策造成了连年内战，军费浩繁，内外债沉重，入不敷出的财政使国防建设费用受到极大的限制，国防计划难以实施，耽误了宝贵时间，消耗了有限的国力；另一方面则因中国经济不发达、工业落后，尤其是化学、钢铁、机械、光学仪器等工业的薄弱，使中国几乎没有生产如飞机、舰艇、坦克及各种重武器的能力。在日本帝国主义加紧发动全面侵华战争的面前，国民政府难以在短期内扭转被动局面，这就在客观上加重了中国抗日战争的艰苦性和曲折性，中国必须付出重大牺牲和代价才能取得抗战的最后胜利。

---

① 《何上将抗战期间军事报告》（上），第115页。